ENTRE NOUS

TOUT EN UN

MÉTHODE DE FRANÇAIS
GUIDE PÉDAGOGIQUE - NIVEAU B2

AUTEURES

Stéphanie Witta
Lisa Prunières (Corrigés)

www.emdl.fr/fle

INTRODUCTION

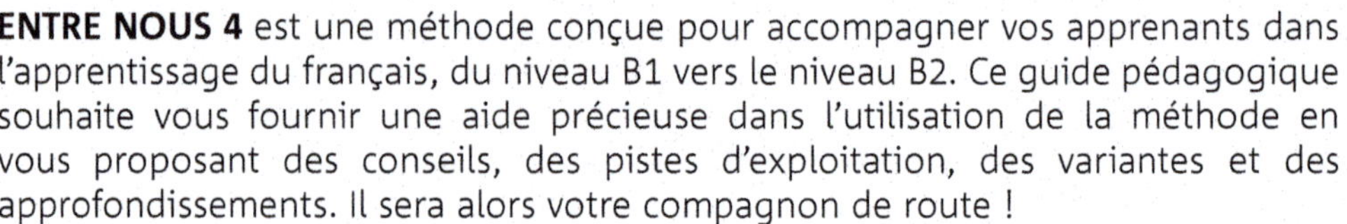

ENTRE NOUS 4 est une méthode conçue pour accompagner vos apprenants dans l'apprentissage du français, du niveau B1 vers le niveau B2. Ce guide pédagogique souhaite vous fournir une aide précieuse dans l'utilisation de la méthode en vous proposant des conseils, des pistes d'exploitation, des variantes et des approfondissements. Il sera alors votre compagnon de route !

La méthode

Structurée en huit unités didactiques, toutes composées de 5 étapes (Découverte, Observation et entraînement, Méthodologie, Regards culturels et Tâches finales), il vous sera facile de naviguer au sein de la méthode et ainsi de créer vos propres séquences ou parcours d'apprentissage qui s'adaptent le mieux à votre classe.

« DÉCOUVERTE »

Première étape de chaque unité, ces deux doubles-pages se focalisent sur la découverte de l'unité didactique selon deux approches différentes : une entrée visuelle et une entrée textuelle.

Premiers regards

Située en première double-page, **Premiers regards** propose une entrée dans l'unité et dans la thématique avec des supports visuels. Ces documents déclencheurs permettent aux apprenants d'entrer en douceur dans l'unité et de se confronter petit à petit à la langue française. Les activités de compréhension écrite et orale conduisent en fin de double-page à une prise de parole et à une interaction entre apprenants notamment grâce à la rubrique **Et vous ?**

Premiers textes

Cette double-page propose aux apprenants d'approfondir les thématiques de l'unité par le biais de documents textuels. Les documents authentiques ou semi-authentiques présentés offrent la possibilité de s'entraîner à la compréhension écrite dans des situations réelles. Il est important de souligner que, compte tenu du niveau des apprenants, ce sont avant tout les compétences de lecture qui sont visées dans les premières unités. L'objectif ne sera donc pas, dans un premier temps, de comprendre l'intégralité des textes, mais de mettre en place des mécanismes d'observation et de compréhension.

« OBSERVATION ET ENTRAÎNEMENT »

Constituée de deux doubles-pages de **grammaire** et d'une double-page de **lexique**, cette deuxième étape permet d'aborder dans le détail les contenus linguistiques. Dans les deux premières pages, les documents déclencheurs proposés sont toujours porteurs du fait de langue à étudier dans l'unité. Les apprenants seront donc exposés, dans un premier temps, à ces points tout en étant amenés à compléter leurs connaissances lexicales par des questions sur le sens. Les activités suivantes permettront aux apprenants d'aborder les points grammaticaux observés précédemment de façon inductive afin de construire leur propre règle lorsque cela s'avère possible ou de la compléter.
Les différents types d'exercices proposés dans la colonne de droite de la double-page ainsi qu'en fin de manuel dans le cahier d'activités offriront la possibilité de s'entraîner et de systématiser les nouvelles structures étudiées. Enfin, des activités de production écrite et orale offriront aux apprenants la possibilité de réemployer dans d'autres contextes, proches du quotidien des apprenants, les faits de langue, et donc de se les approprier. Après les 8 unités, vous trouverez les pages de phonétique leur correspondant.

Exercices d'entraînement et de systématisation

La colonne d'exercices située sur la droite reprend exactement les points grammaticaux abordés dans la double-page. Cette colonne propose entre trois et cinq exercices de types différents afin de permettre aux apprenants d'utiliser les points grammaticaux dans différentes situations et de les manipuler : exercices à trous, exercices de transformation, exercices de substitution, exercices d'appariement, dialogues à compléter... Ces exercices sont proposés en fin de double-page mais ils peuvent être réalisés à tout moment en fonction de vos besoins. Vous pouvez en effet les proposer en fin de double page afin de contrôler les acquis ou bien durant la phase d'apprentissage, avant la phase de réemploi, pour fixer les acquis. Utilisez-les aussi en tant qu'exemples pour illustrer les règles de grammaire. Ainsi, la méthode **Entre Nous 4** est extrêmement flexible et facilement adaptable à votre classe.

« MÉTHODOLOGIE »

Cette double-page a été conçue pour aider les apprenants à acquérir des techniques utiles pour passer les épreuves du DELF ou pour suivre des études universitaires en France. Elle propose de travailler sur des modèles pour ensuite passer à la pratique. Des conseils sont donnés aux apprenants.

« REGARDS CULTURELS »

Troisième étape de l'unité didactique, cette double-page permet de compléter les connaissances culturelles et sociologiques des apprenants tout en réinvestissant les différents points grammaticaux et lexicaux étudiés dans les pages précédentes. Les documents, visuels et/ou textuels, abordent des thèmes d'actualité de façon originale et toujours en lien avec la thématique de l'unité. Cette étape permet de favoriser les interactions au sein du groupe-classe puisque, après la compréhension globale du document, des discussions et des débats sont proposés. Le parcours proposé dans cette double-page permet donc aux apprenants de débuter par une compréhension globale pour ensuite l'affiner et d'élargir sur une interaction culturelle et interculturelle.

« TÂCHES FINALES »

Dernière étape de chaque unité didactique, les tâches finales ont un double objectif : permettre à l'apprenant de réemployer les connaissances et les compétences acquises et vous permettre à vous, enseignant, de contrôler la progression de chacun. Les deux tâches étant distinctes, elles permettent de vérifier des acquis différents : l'une est à dominante orale, alors que l'autre est à dominante écrite (toutes deux signalées par des pictogrammes différents). Si des conseils et des parcours y sont proposés, ces tâches sont facilement adaptables à différentes situations de classe. Ce guide vous proposera par ailleurs des exemples et des variantes possibles. Comme pour les exercices d'entraînement et de systématisation et le Cahier d'activités, vous pouvez utiliser ces supports selon vos besoins. En effet, vous pouvez, par exemple, n'en choisir qu'une en fonction de votre groupe-classe et de la compétence que vous voulez travailler/évaluer ou encore n'en réaliser qu'une en groupe-classe et proposer la seconde en évaluation.

Favoriser l'interaction

Les activités mises en place dans la méthode ainsi que les thématiques abordées visent à développer les échanges et le travail collaboratif en classe. Les activités à réaliser en binôme ou en groupe sont nombreuses et permettent aux apprenants de travailler entre pairs, de s'entraider, de partager des idées et de débattre collectivement. Les thématiques proposées sont basées sur le quotidien des apprenants et sont issues

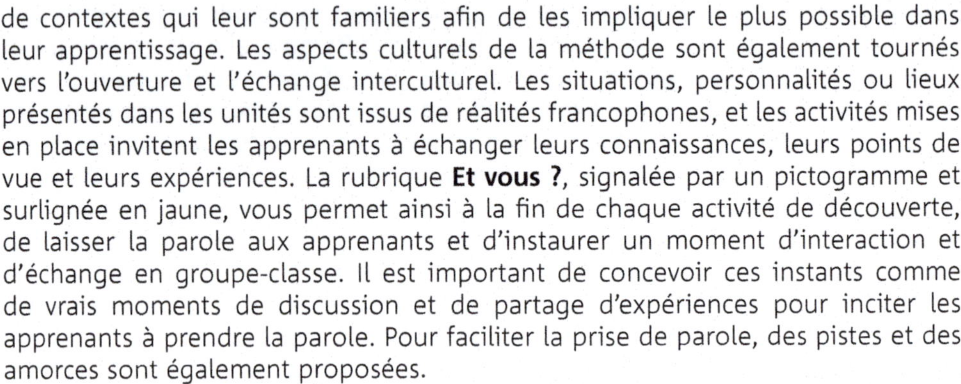

de contextes qui leur sont familiers afin de les impliquer le plus possible dans leur apprentissage. Les aspects culturels de la méthode sont également tournés vers l'ouverture et l'échange interculturel. Les situations, personnalités ou lieux présentés dans les unités sont issus de réalités francophones, et les activités mises en place invitent les apprenants à échanger leurs connaissances, leurs points de vue et leurs expériences. La rubrique **Et vous ?**, signalée par un pictogramme et surlignée en jaune, vous permet ainsi à la fin de chaque activité de découverte, de laisser la parole aux apprenants et d'instaurer un moment d'interaction et d'échange en groupe-classe. Il est important de concevoir ces instants comme de vrais moments de discussion et de partage d'expériences pour inciter les apprenants à prendre la parole. Pour faciliter la prise de parole, des pistes et des amorces sont également proposées.

Suivi de la progression et correction

Pour guider et accompagner vos apprenants dans leur apprentissage, il est important de s'assurer que les compétences et les connaissances sont bien acquises. Grâce à la variété des documents et des activités proposés, plusieurs types de correction s'offrent à vous : autocorrection, correction en binôme, correction en groupe-classe. L'autocorrection permettra à l'apprenant d'observer son propre travail et de repérer ses erreurs, ce qui développera son autonomie. La correction en binôme est un excellent moyen pour favoriser l'entraide et le travail entre pairs. Parfois une règle (ou un exemple) proposée par un camarade est plus facilement comprise et retenue. Enfin, la correction en groupe-classe permettra de s'assurer de la bonne compréhension d'un point par tous. L'objectif est de faire de l'apprenant un véritable acteur de son apprentissage et de sa progression.

Le Cahier d'activités

Le Cahier d'activités situé en fin de manuel reprend l'ensemble des points de langue vus dans les unités du manuel et dans le même ordre. Il vous sera alors facile de repérer et de venir y piocher des exercices selon vos besoins. Pour chaque unité didactique, trois pages d'activités sont proposées afin de retravailler les points de grammaire vus dans l'unité et le lexique appris. Enfin, une page est proposée pour travailler la compréhension des écrits, la compréhension de l'oral et la production écrite. Vous pouvez réaliser ces exercices à tout moment, selon vos besoins : en fin d'unité pour un contrôle et une évaluation sommative, au cours de l'unité pour permettre aux apprenants de réemployer les faits de langue et le lexique dans différents contextes, en guise de préparation au DELF...

Navigation au sein de la méthode

Un système de renvoi, indiqué par un bandeau orange en bas des pages **Observation et entraînement**, vous permet de retrouver facilement les exercices supplémentaires proposés dans le Cahier d'activités.

Espace virtuel

Afin de compléter le manuel, un espace virtuel est mis à votre disposition *(espacevirtuel. emdl.fr)*. Vous y trouverez de nombreuses ressources pour compléter vos séquences/parcours d'apprentissage telles que des activités autocorrectives (grammaire/lexique/CE/CO) et la carte mentale de l'unité à compléter.

En espérant que les pages qui suivent vous seront utiles, nous vous souhaitons un très bon travail.

Composé de 7 pages, ce dossier permet à l'apprenant d'entrer en contact avec la langue française et la réalité francophone. Situé au début du manuel, il peut s'utiliser de différentes façons et accompagnera l'apprenant tout au long de son apprentissage.

QUAND L'UTILISER ?

En début d'apprentissage

Sa position en ouverture du manuel permet d'utiliser le dossier de l'apprenant en début d'apprentissage, avant même d'entrer dans l'étude de la langue et des unités. Le recours aux supports visuels permet aux apprenants de comprendre les activités à réaliser et de s'exprimer. Ce dossier peut donc être utilisé pour entrer en contact avec les apprenants et faire le point sur leurs connaissances. Il propose par ailleurs des ressources utiles que les apprenants pourront consulter par la suite. Il peut donc être très intéressant d'attirer leur attention sur ces pages.

Tout au long de l'apprentissage

Le dossier de l'apprenant peut être utilisé en autonomie par l'apprenant tout au long de son apprentissage. Il jouera ainsi le rôle de portfolio. Les sujets abordés dans ces pages suivent les thèmes et la progression mis en place dans le manuel. Le dossier pourra ainsi être utilisé par l'apprenant en fin d'activité ou d'unité pour contrôler ses acquis de façon autonome et observer sa progression.

COMMENT L'UTILISER ?

Le dossier de l'apprenant est à utiliser de préférence en autonomie. Sa mise en page favorise en effet le travail individuel (les consignes, les exemples et le lexique sont accompagnés de photos et de pictogrammes pour faciliter l'accès au sens) et il est, la plupart du temps, demandé aux apprenants d'exprimer leur point de vue, leur préférence (aucune bonne réponse n'est donc attendue). Votre rôle d'enseignant sera donc avant tout de rappeler la présence du dossier et de signaler à quel moment il peut être utilisé.

Vous pourrez tout de même utiliser le dossier de l'apprenant en invitant ponctuellement les apprenants à commenter leurs réponses afin de mettre en place des moments d'interaction et de corriger d'éventuelles erreurs.

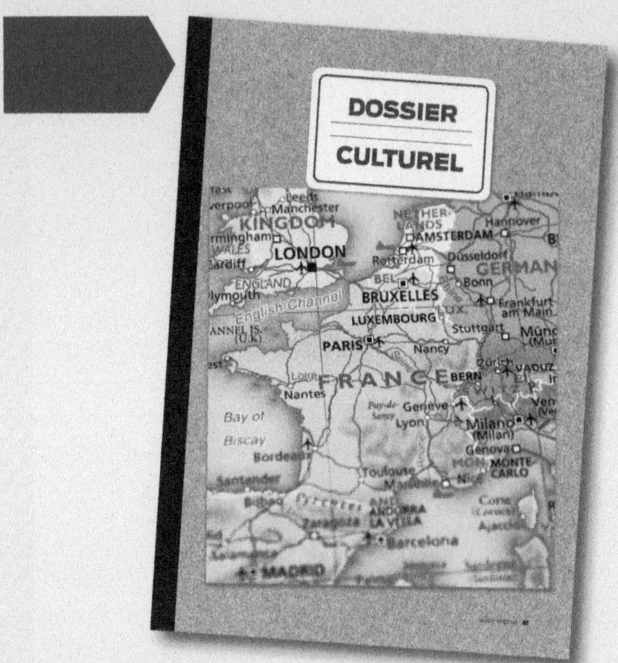

Le dossier culturel situé au centre du manuel propose de découvrir la culture et la gastronomie de 4 lieux francophones (Marseille, Nantes, Dakar, Mayotte) et une page dédiée à la francophonie au naturel.

QUAND L'UTILISER ?

Tout au long de l'apprentissage

Vous pouvez utiliser ces pages en fonction de vos besoins et de vos attentes tout au long de l'apprentissage. Vous pouvez également proposer de mettre en place un rituel « culturel » en fin d'unité. De cette manière, vous permettrez aux apprenants de revoir les acquis de l'unité et de les compléter grâce au dossier.

COMMENT L'UTILISER ?

Le dossier culturel propose un approfondissement sur la culture et la gastronomie d'un lieu, le tout sur une double-page afin d'avoir en un seul coup d'œil un aperçu complet sur la ville/la région. Les informations sont présentées de façon visuelle (photographies) et textuelle.

Compréhension écrite

Ces doubles-pages peuvent être utilisées comme support pour un travail de compréhension écrite tout en approfondissant un point culturel. En fonction de votre groupe-classe et de vos besoins, vous pourrez les utiliser collectivement pour une compréhension globale ou individuellement en proposant aux apprenants d'en prendre connaissance et de répondre à un questionnaire de compréhension que vous aurez préparé à l'avance pour les guider.

Production écrite

Ces doubles-pages peuvent être analysées en groupe-classe, puis servir de support pour la production d'un nouveau document écrit. Vous pouvez par exemple demander aux apprenants de résumer les doubles-pages sous forme de collage, affiche, présentation, carte mentale, dépliant touristique... Ils pourront également compléter les informations recueillies dans ces pages en effectuant des recherches complémentaires sur Internet.

Vous trouverez en page 137 un encart spécial pour exploiter le dossier culturel en classe. Chaque double-page du dossier culturel fait l'objet d'une fiche pédagogique avec des idées d'activités sollicitant toutes les compétences des apprenants. Des fiches photocopiables complétant ce dossier sont téléchargebles sur espacevirtuel.emdl.fr

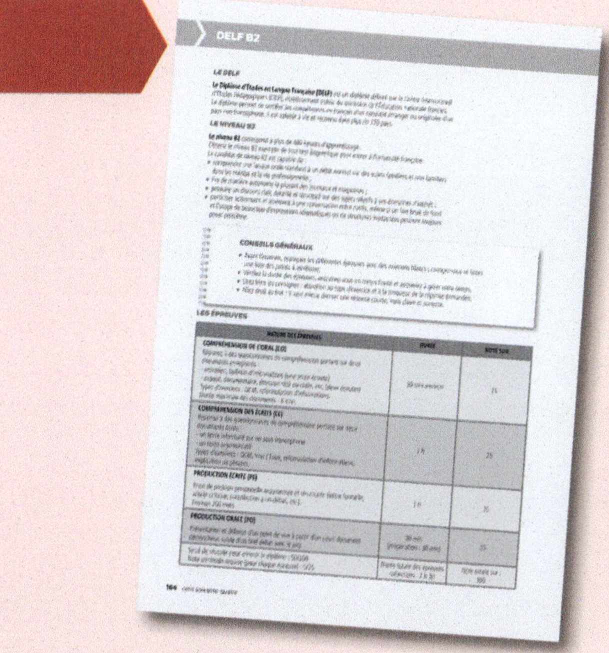

DELF B2

LE DELF

LE NIVEAU B2

CONSEILS GÉNÉRAUX

LES ÉPREUVES

COMPRÉHENSION DE L'ORAL (CO)

COMPRÉHENSION DES ÉCRITS (CE)

PRODUCTION ÉCRITE (PE)

PRODUCTION ORALE (PO)

COMMENT SE PRÉPARER ?

La méthode **Entre Nous 4** propose aux apprenants de se préparer à l'épreuve du DELF B2. Les thématiques abordées dans les 8 unités de ce manuel ainsi que les points grammaticaux constituent déjà une préparation à l'examen. De plus, la progression mise en place correspond au niveau établi dans le Cadre européen commun de référence pour les langues (CECRL). Ainsi, un apprentissage régulier et réussi constitue la première étape vers le DELF.

Un livret de 6 pages est par ailleurs proposé à la fin du manuel afin de permettre aux apprenants de prendre connaissance de la structure de l'examen (types d'épreuves, déroulement, compétences et connaissances demandées).

À QUOI SERT LE LIVRET ?

• Vos apprenants passent le DELF B2

Si vos apprenants ont décidé de passer le DELF B2, prenez le temps avant tout d'expliquer la structure de l'épreuve. La page 164 du manuel vous permettra d'avoir tous les détails nécessaires. Pensez à lire le tableau avec les apprenants afin de les informer sur la nature des épreuves, la durée de l'examen et la notation. Cela les rassurera.
Les quatre compétences évaluées dans le DELF sont reprises dans le livret, dans le même ordre d'apparition qu'à l'examen : compréhension de l'oral (page 165), compréhension des écrits (pages 166-167), production écrite (page 168) et production orale (page 169). Vous pouvez alors décider de les traiter ainsi, « par bloc », en préparant vos apprenants par compétence, mais vous pouvez aussi composer vos propres sujets d'examens en « piochant » parmi les exercices proposés.
N'oubliez pas que les tâches finales proposées à la fin de chaque unité sont aussi d'excellentes préparations à la production orale et à la production écrite.

• Vos apprenants ne passent pas le DELF B2

Ce livret peut tout de même vous être très utile pour évaluer le niveau de vos apprenants. Vous pouvez, par exemple, utiliser ces exercices comme support pour des devoirs à réaliser en classe. Vous pouvez également utiliser d'autres exercices en complément de ceux proposés dans le manuel puisque les thèmes abordés sont similaires.

1 LA SANTÉ DANS L'ASSIETTE

DÉCOUVERTE

Premiers regards
- Découvrir des idées reçues sur la santé et l'alimentation
- Parler de ses goûts alimentaires

Premiers textes
- Découvrir les dernières tendances alimentaires
- Parler du phénomène de la passion pour la cuisine
- Découvrir les enjeux actuels de l'alimentation

OBSERVATION ET ENTRAÎNEMENT

Grammaire
- Les verbes introducteurs (rappel)
- Le discours rapporté (rappel)
- Les pronoms relatifs composés
- La nominalisation

Méthodologie
- Analyser un graphique
- Commenter des données chiffrées

Lexique
- La santé
- L'analyse des données chiffrées
- Les expressions idiomatiques
- L'alimentation
- Les habitudes alimentaires

Phonétique p. 155
- Les semi-voyelles [ɥ] – [w] – [j]
- L'enchaînement après [j]

REGARDS CULTURELS

Document
- *La Valse lente des tortues*, Katherine Pancol

TÂCHES FINALES

Tâche 1
- Réaliser une vidéo sur les tendances alimentaires

Tâche 2
- Réaliser un dictionnaire de nos produits alimentaires préférés

AVANT D'ENTRER DANS L'UNITÉ

Arrêtez-vous en groupe-classe sur l'intitulé de l'unité « La santé dans l'assiette » et sur la photographie qui l'accompagne. Demandez aux apprenants de décrire le dessin, de dire quels produits sont représentés (fruits : tomate, prune, groseille, pomme ; légumes : radis, betterave, brocoli, oignon, ail, pomme de terre, poivron/graines : graine de lin, graine de chia blanc, quinoa) et quels objets et formes sont utilisés pour illustrer la santé (stéthoscope, cœur). Ensuite, amenez-les à faire le lien entre le titre de l'unité et la photographie (notre alimentation détermine notre état de santé/certains aliments sont plus sains que d'autres). Continuez à questionner les apprenants : Mangez-vous ces aliments ? Pourquoi ?

DÉCOUVERTE

PREMIERS REGARDS

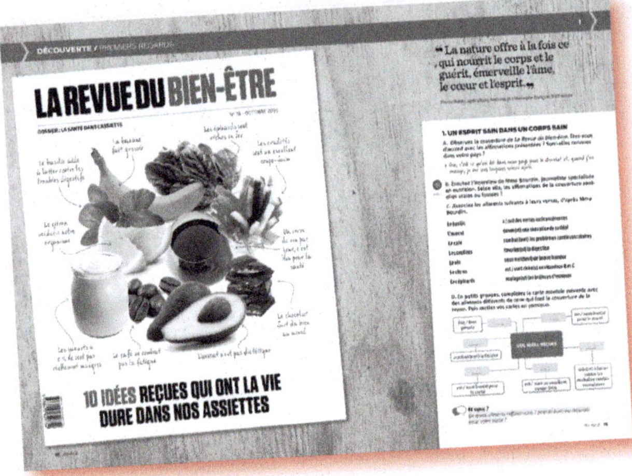

Objectifs

- Découvrir des idées reçues sur la santé et l'alimentation
- Parler de ses goûts alimentaires

1. UN ESPRIT SAIN DANS UN CORPS SAIN

Mise en route

Invitez les apprenants à identifier la nature du document page 18 (couverture d'une revue dédiée à la santé). Demandez-leur s'ils connaissent d'autres revues de ce type, s'ils les lisent et pourquoi. Ensuite, demandez-leur ce que présente la couverture (des produits alimentaires et les idées reçues à leur sujet) et à quel sujet est consacré le dossier (« La santé dans l'assiette »). Faites expliquer les expressions suivantes : « idée reçue » (opinion faite d'avance et généralement fausse) et « avoir la vie dure » (continuer à exister, persister).

Déroulement

A. Laissez aux apprenants le temps de prendre connaissance des idées reçues sur la couverture. Puis, invitez-les à commenter ces affirmations : Sont-elles connues dans votre pays ? Pensez-vous qu'elles soient correctes ? Amenez-les à justifier leur réponse à l'aide d'un exemple concret comme dans l'exemple. Procédez à un tour de table.

PISTE 1

B. Expliquez aux apprenants qu'ils vont entendre une interview de Mme Bourdin, journaliste spécialisée en nutrition qui donne son point de vue sur les affirmations de la couverture. Lors de la première écoute, invitez-les à repérer les affirmations vraies et fausses selon la journaliste. Corrigez avec le groupe-classe.

PISTE 1

C. Lors de la deuxième écoute, demandez aux apprenants d'associer chaque aliment à ses vertus d'après Mme Bourdin. Corrigez avec le groupe-classe. Il est possible de demander aux apprenants de commenter les propos de la journaliste : Êtes-vous surpris ou non par ces résultats ?

D. Formez des petits groupes et demandez aux apprenants de compléter la carte mentale avec des aliments qui correspondent à des vertus spécifiques (grossissantes, énergisantes, saines, apaisantes, etc.). Ils peuvent réaliser la carte mentale sur une feuille à part ou un ordinateur. Précisez-leur qu'ils doivent proposer d'autres aliments que ceux de la couverture de la revue. Procédez à la mise en commun des réponses. Incitez les apprenants à commenter les propositions des autres groupes.

Et vous ?

En groupe-classe, invitez les apprenants à discuter de leurs aliments préférés et à dire s'ils sont sains ou non. Demandez-leur à quel moment ils les mangent (repas, situation particulière, fête...) et le sentiment éprouvé lorsqu'ils les consomment. Il est également possible de leur demander quel ingrédient est le plus consommé dans leur pays et d'expliquer pourquoi.

Pour aller plus loin

Invitez les apprenants à lire la citation de Pierre Rhabi qui se trouve en haut à droite de la page 19. Demandez aux apprenants à quelle nourriture l'auteur fait référence (alimentation, ce qui s'ingère, ainsi que la beauté de la nature, ce qui s'observe/ la nature est doublement nourricière, elle nourrit le corps et l'âme). Ils peuvent ensuite exprimer leur accord ou leur désaccord avec la citation en justifiant leur réponse et en faisant appel à leur propre expérience (un lieu dans la nature qui les réconforte, les inspire, où ils se réfugient...). Laissez les apprenants s'exprimer librement au sein du groupe-classe.

PREMIERS TEXTES

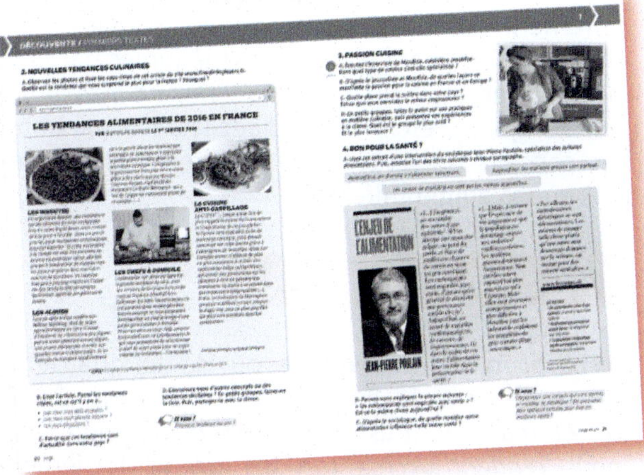
LES TENDANCES ALIMENTAIRES DE 2016 EN FRANCE

L'ENJEU DE L'ALIMENTATION

JEAN-PIERRE POULAIN

Objectifs

- Découvrir les dernières tendances alimentaires
- Parler du phénomène de la passion pour la cuisine
- Découvrir les enjeux actuels de l'alimentation

2. NOUVELLES TENDANCES CULINAIRES

Mise en route

Demandez aux apprenants d'expliquer le terme « tendance » (orientation, évolution de quelque chose). Puis posez-leur les questions suivantes : Qu'est-ce qui a été tendance et ne l'est plus du tout ? Laissez les apprenants s'exprimer librement au sein du groupe-classe.

Déroulement

A. Demandez aux apprenants de regarder les photographies et les titres de l'article. Questionnez-les sur le sujet abordé (les tendances alimentaires de 2016 en France) et ce qui les surprend en matière de tendances pour la France. Amenez-les à justifier leur réponse.

B. Demandez aux apprenants de lire individuellement l'article. Une fois la lecture terminée, demandez à l'ensemble des apprenants quelles tendances ils ont déjà essayées, celles qu'ils souhaiteraient adopter ou encore celles qui les dégoûtent. Incitez-les à réagir en se rapprochant ou en s'opposant aux remarques des autres.

C. En continuité de l'activité B, les apprenants expliquent si ces tendances sont d'actualité dans leur pays et pourquoi : D'où viennent les nouvelles tendances dans votre pays ? Amenez les apprenants à réfléchir au phénomène de propagation des tendances d'un pays à l'autre.

D. Demandez aux apprenants de lister d'autres concepts ou tendances du même genre. Faites-les travailler en petits groupes. Pour dynamiser l'activité, délimitez le temps de sa réalisation. En guise de correction, invitez les groupes à présenter un concept à tour de rôle. Encouragez le reste de la classe à réagir.

Et vous ?

En groupe-classe, demandez aux apprenants s'ils sont tendance ou non. Amenez-les à justifier leur position à l'aide d'un exemple concret. Il est possible de leur poser d'autres questions comme : Qu'avez-vous déjà mangé de très bizarre ? Êtes-vous prêts à changer votre alimentation pour préserver la planète ? De quels aliments ne pourriez-vous pas vous passer ? Laissez-les s'exprimer librement.

3. PASSION CUISINE

Déroulement

PISTE 2

A. Annoncez aux apprenants qu'ils vont écouter l'interview de Moufida, une cuisinière amateure. Lors de la première écoute, demandez-leur de relever les informations générales sur Moufida : spécialité culinaire, naissance de sa passion, sources d'inspiration, coût de cette passion. Procédez à la mise en commun des réponses.

PISTE 2

B. Lors de la deuxième écoute, demandez aux apprenants de repérer de quelles façons se manifeste la passion pour la cuisine en France ainsi qu'en Europe. Procédez à la mise en commun des réponses.

C. C'est maintenant au tour des apprenants de s'exprimer sur la place qu'occupe la cuisine dans leur pays et d'expliquer s'ils constatent le même engouement, s'il existe par exemple les mêmes émissions culinaires à la télévision. Demandez-leur s'ils les regardent et pourquoi. Laissez-les s'exprimer et interagir librement.

D. Formez des petits groupes et demandez-leur de se présenter leurs pratiques culinaires. Invitez chaque groupe à désigner un rapporteur pour résumer le contenu de la discussion au reste de la classe. Vous pouvez guider les échanges à l'aide des questions suivantes :

- Cuisinez-vous régulièrement ? Pourquoi ?
- Suivez-vous une recette ou improvisez-vous ?
- Où trouvez-vous votre inspiration ?
- Quelles sont vos spécialités ?
- Avez-vous beaucoup d'ustensiles de cuisine ?

Après la mise en commun, demandez aux apprenants de désigner le groupe le plus actif et innovant en cuisine.

Pour aller plus loin

Proposez aux apprenants de cuisiner un mets au cours de l'année. Ils pourront ainsi décrire les ingrédients et expliquer ce qui est sain dans leur recette.

4. BON POUR LA SANTÉ ?

Mise en route

Avant de faire lire l'extrait d'une interview, demandez aux apprenants comment l'alimentation a évolué depuis un siècle. Amenez-les à réfléchir aux aliments particulièrement consommés, à la période à laquelle on les consomme (perte de saisonnalité des produits), aux produits alimentaires tout prêts (biscuits, sauces, plats surgelés, etc.).

A. Invitez les apprenants à lire l'extrait de l'interview du sociologue Jean-Pierre Poulain. Demandez-leur quel sujet il aborde (les changements dans notre mode d'alimentation). Ensuite, proposez-leur d'associer chaque paragraphe à l'un des trois titres. Précisez que chaque colonne correspond à un paragraphe. Procédez à une mise en commun des réponses.

B. Faites lire la consigne aux apprenants. Interrogez-les sur la signification d'« embonpoint » (état d'une personne un peu grasse). Demandez-leur pourquoi les embonpoints étaient regardés avec envie et si c'est toujours le cas aujourd'hui et pourquoi.

C. Après une deuxième lecture, et avant de répondre à la question posée dans la consigne, invitez les apprenants à échanger librement à partir des questions préparatoires suivantes :

- Avec l'augmentation de l'espérance de vie, quelle cause de mortalité s'est développée ?
Les maladies cardiovasculaires.
- Quelle en est la cause ?
Les matières grasses.
- Pourquoi les matières grasses sont-elles communément utilisées ?
Ce sont des exhausteurs de goût.
- Quel impact tout cela a-t-il sur notre alimentation ?
On mange pour des raisons sanitaires.

Demandez maintenant aux apprenants de quelle manière notre alimentation influence notre santé (elle joue un rôle dans la préservation de la santé).

Et vous ?

En groupe-classe, invitez les apprenants à échanger librement sur les conseils donnés en matière de diététique (manger cinq fruits et légumes par jour, ne manger du pain que le matin, ne pas boire en mangeant, etc.). Encouragez-les à commenter les conseils présentés et à décrire leurs propres habitudes alimentaires.

Pour aller plus loin

À partir de la couverture ou de la quatrième de couverture du livre de Michael Moss, *Sucre, sel et matières grasses : comment les industriels nous rendent accros* (on les trouve facilement sur Internet), invitez les apprenants à échanger à propos de la responsabilité des industriels de l'agroalimentaire en matière de santé sanitaire.

OBSERVATION ET ENTRAÎNEMENT

GRAMMAIRE ET LEXIQUE

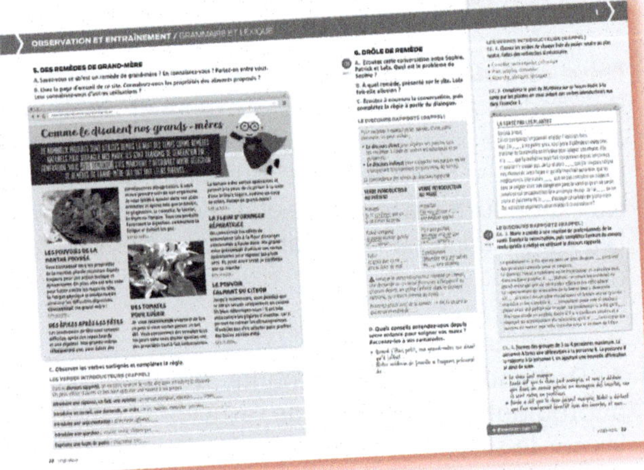

OBSERVATION ET ENTRAÎNEMENT / GRAMMAIRE ET LEXIQUE

5. DES REMÈDES DE GRAND-MÈRE

Comme le disaient nos grands-mères

6. DRÔLE DE REMÈDE

5. DES RECETTES DE GRAND-MÈRE

Déroulement

A. Commencez par demander aux apprenants d'expliquer ce qu'est une recette/un remède de grand-mère (remède naturel pour guérir un mal). Puis, formez des petits groupes et proposez-leur de présenter leurs recettes ou remèdes de grand-mère. En guise de correction, demandez à quelques apprenants d'en présenter une à la classe.

B. Faites identifier la nature du document (site Internet). Avant de lire l'article, vous pouvez demander aux apprenants de commenter le dessin qui l'accompagne (super-mamie : elle porte une cape, cheveux blancs tirés en chignon, lunettes...) : cette représentation est-elle réaliste ou cliché ? Puis, faites-leur lire le chapeau et amenez-les à identifier le sujet de l'article (présentation de remèdes de grands-mères). Sans avoir lu l'article, demandez-leur s'ils utilisent ces produits et dans quel but. Vous pouvez aussi proposer aux apprenants d'émettre des hypothèses sur les vertus des produits mentionnés. Les apprenants lisent ensuite l'article individuellement afin de vérifier leurs réponses. Puis, ils commentent les remèdes et expliquent s'ils y croient ou non en justifiant leur opinion.

C. Demandez aux apprenants d'observer les verbes (introducteurs) soulignés dans l'article et d'expliquer à quoi ils servent (ils permettent de rapporter les propos d'une personne). Invitez-les ensuite à les reporter dans le tableau en fonction de leur signification (introduire une réponse, introduire un conseil, introduire une augmentation, introduire une question, exprimer une façon de parler). Assurez-vous qu'ils connaissent le sens de ces verbes. Procédez à une mise en commun des réponses au sein du groupe-classe.

Pour aller plus loin

En classe, les apprenants peuvent réaliser les exercices 1 et 2 page 23 sur les verbes introducteurs avant l'activité C.

Les apprenants pourront s'exercer en autonomie en effectuant l'exercice page 171.

6. DRÔLE DE REMÈDE

Déroulement

PISTE 3 **A.** Annoncez aux apprenants qu'ils vont écouter une conversation entre Sophie, Patrick et Lola. Lors de la première écoute, les apprenants se concentrent sur le problème de Sophie. Ils le résument en quelques mots.

B. Demandez aux apprenants d'identifier quel remède de grand-mère propose Lola. Pour les guider, posez-leur les questions suivantes (elles respectent la chronologie du dialogue) :

- Quelle est la suggestion de Patrick ? *Le dentifrice.*
- Qu'en pense Lola ? *Elle dit que cela va aggraver la blessure.*
- Quel remède propose plutôt Lola ? *Elle propose de frotter la brûlure avec de la tomate.*
- Qui ne croit pas à l'efficacité de la proposition de Lola ? *La mère de Sophie.*
- Lola a-t-elle une preuve de son efficacité ? *Oui, elle l'a déjà testée.*

PISTE 3 **C.** Demandez aux apprenants de prendre connaissance du tableau sur le discours rapporté. Faites réécouter l'enregistrement, puis expliquez-leur qu'ils vont devoir relever sept occurrences de discours rapporté dans le dialogue pour compléter la règle. Procédez ensuite à une mise en commun des réponses au sein du groupe-classe.

D. Formez des groupes de 3 ou 4 apprenants et invitez-les à échanger sur les conseils entendus depuis leur enfance pour soigner leurs maux. Incitez-les à utiliser des verbes introducteurs différents. En guise de correction, proposez à chaque groupe de sélectionner deux conseils et d'en faire part au reste de la classe.

Pour aller plus loin

En classe, les apprenants peuvent réaliser les exercices 3 et 4 page 23 sur le discours rapporté avant l'activité D.

Les apprenants pourront s'exercer en autonomie en effectuant les exercices pages 171 et 172.

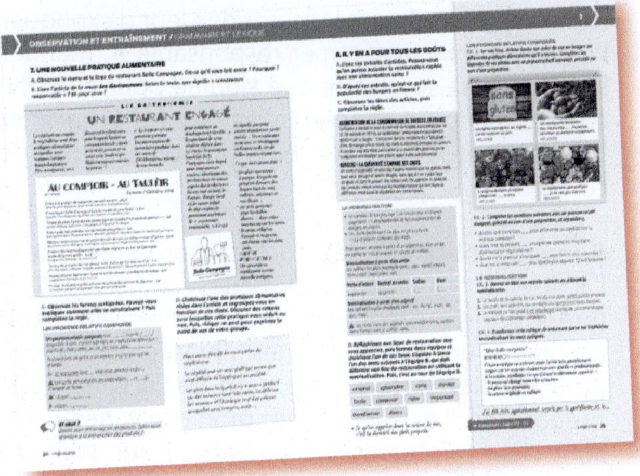

7. UNE NOUVELLE PRATIQUE ALIMENTAIRE

Mise en route

Avant d'aborder cette page, écrivez au tableau « un gastronome ». Demandez aux apprenants de définir ce terme (gourmet, amateur de bonne chère) et à quoi s'intéresse ce type de personnes (art de la table, nouvelle gastronomie, origine des produits, respect des produits, etc.). Il est possible de leur demander s'ils sont eux aussi amateurs de bonne chère.

Déroulement

A. Dans un premier temps, faites observer le document de la page 24 et posez-leur quelques questions à l'oral pour commencer :

- De quel document s'agit-il ? *C'est un article sur un restaurant. Il y a aussi le menu du restaurant.*
- Qu'est-ce qu'un restaurant engagé à votre avis ? *C'est un restaurant qui propose peut-être des plats sans viande. Il se peut qu'il propose de ne pas gaspiller la nourriture.*

Invitez ensuite les apprenants à observer le logo du restaurant *Belle Campagne* et à le décrire, puis à prendre connaissance du menu. Attirez leur attention sur sa particularité (mention de l'origine des aliments). Demandez-leur enfin si le menu leur donne envie. Incitez-les à justifier leur réponse. Retrouvez plus d'informations sur le restaurant Belle Campagne sur Internet : http://www.belle-campagne.fr/restaurant-locavore-bordeaux

B. En continuité de l'activité A, faites lire l'article de la revue *Les Gastronomes* individuellement. Invitez les apprenants à relever les différents régimes alimentaires mentionnés (végétarisme, végétalisme, flexivore, locavore). Assurez-vous qu'ils connaissent le sens de ces différents modes d'alimentation. Ensuite, demandez-leur d'expliquer l'expression « consommer responsable » (manger local et de saison) et ce que signifie pour eux une consommation responsable. Laissez-les s'exprimer librement et reformulez leurs propos en guise de correction.

C. Faites observer les formes surlignées dans l'article : comment sont-elles construites ? (préposition + pronom relatif). Si nécessaire, vous pouvez « décomposer » les phrases au tableau pour faciliter la compréhension de l'origine de la préposition (Le végétarisme comme le végétalisme sont deux pratiques alimentaires. Nous sommes habitués à ces pratiques alimentaires depuis longtemps. Plus récemment, on a découvert les flexivores. Pour les flexivores, limiter sa consommation de viande permet de préserver sa santé et la biodiversité...). Interrogez les apprenants sur l'utilité des pronoms relatifs (ils servent à éviter la répétition d'un terme, à rédiger des phrases complexes). À l'issue de cette explication, demandez-leur de compléter la règle. Procédez à une mise en commun des réponses au sein du groupe-classe.

D. Proposez aux apprenants de choisir une des pratiques alimentaires citées dans l'article et de se regrouper selon leur choix. Dans un premier temps, laissez-les échanger librement quelques minutes pour expliquer pourquoi cette pratique les séduit ou non. Ils rédigent ensuite un post pour exprimer le point de vue du groupe. Précisez qu'un post est un bref message déposé sur Internet (réseaux sociaux, blogs et sites), généralement pour diffuser une information renseignée et informative. Précisez-leur qu'ils peuvent s'appuyer sur l'exemple fourni et qu'ils doivent employer des pronoms relatifs composés dans leur production écrite. Proposez aux groupes de lire, à tour de rôle, leur post à la classe. Pour vous assurer que les informations sont bien comprises, invitez les apprenants à reformuler les arguments de chaque groupe en employant le discours rapporté.

Et vous ?

En groupe-classe, demandez aux apprenants s'ils font attention à la provenance des produits quand ils choisissent un restaurant ou quand ils commandent au restaurant.

Pour aller plus loin

Activité de prolongement :

Vous pouvez faire visionner la vidéo du ministère de l'Agriculture sur les divers logos français et européens certifiant l'origine et la qualité des produits (http://agriculture.gouv.fr/mieux-connaitre-les-produits-de-lorigine-et-de-la-qualite). Demandez ensuite aux apprenants si les mêmes pratiques existent dans leur pays et s'ils y prêtent attention en faisant leurs courses.

Exercices :

En classe, les apprenants peuvent réaliser les exercices 1 et 2 page 25 sur les pronoms relatifs composés avant l'activité D.

Les apprenants pourront s'exercer en autonomie en effectuant les exercices page 172.

8. IL Y EN A POUR TOUS LES GOÛTS

Mise en route

Demandez aux apprenants ce qu'est la restauration rapide (emporter rapidement les plats commandés pour un prix généralement moindre que la restauration traditionnelle), à quels mets ils l'associent (pizza, sandwich, hot-dog, etc.) et s'ils estiment que c'est un mode d'alimentation sain. Laissez les apprenants s'exprimer librement au sein du groupe-classe.

Déroulement

A. Proposez aux apprenants de lire individuellement les extraits d'articles. Interrogez-les d'abord sur le mets présenté (burger) et sa popularité (en voie de détrôner le jambon-beurre). Demandez ensuite à toute la classe s'il est possible d'associer la restauration rapide à une alimentation saine et de justifier leur réponse en citant les extraits d'articles. Reformulez leurs réponses en guise de correction.

B. Demandez aux apprenants de relever les raisons de la popularité des burgers dans les extraits d'articles. Procédez à une mise en commun des réponses au sein du groupe-classe. Puis demandez-leur quels ingrédients ils apprécient le plus dans un burger ou de quoi était composé le meilleur burger qu'ils ont mangé.

C. Faites observer le premier titre (« Augmentation de la consommation des burgers en France ») et posez les questions suivantes aux apprenants : Quelle est la particularité de ce titre ? (Absence de verbes) Est-ce courant pour un titre ? Pourquoi ? (L'emploi d'un nom permet de fournir une information concise.) Demandez ensuite au groupe-classe comment le titre pourrait être reformulé (La consommation de burgers a augmenté en France). Proposez finalement aux apprenants de compléter la règle.

D. Demandez aux apprenants quels lieux de restauration ils apprécient (les food trucks, la cantine de l'école, etc.). Écrivez leurs propositions au tableau. Vous pouvez ensuite faire retrouver la forme nominale des termes dans les étiquettes (original/l'originalité, apparaître/l'apparition, varié/la variété, réputer/la réputation, facile/la facilité, composer/la composition, riche/la richesse, important/l'importance, transformer/la transformation, divers/la diversité). Notez-les au tableau. Puis, divisez la classe en deux équipes : chaque équipe, à tour de rôle, choisit un des lieux de restauration mentionnés précédemment qu'il défendra en utilisant la forme nominale appropriée comme dans l'exemple.

Pour aller plus loin

En classe, les apprenants peuvent réaliser les exercices 3 et 4 page 25 sur la nominalisation avant l'activité D.

Les apprenants pourront s'exercer en autonomie en effectuant les exercices page 173.

MÉTHODOLOGIE

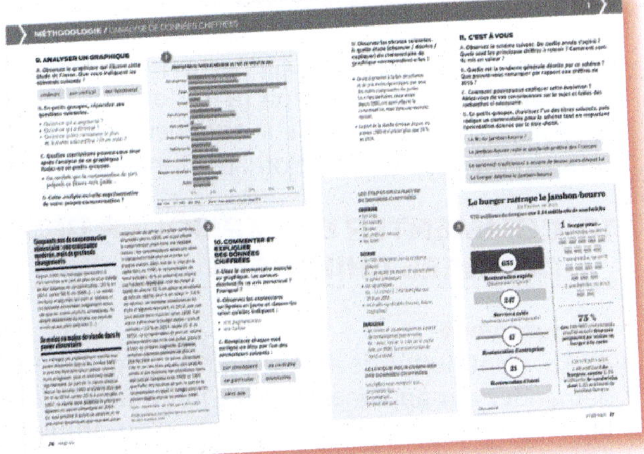

9. ANALYSER UN GRAPHIQUE

Mise en route

Faites observer le document 1 page 26 dans son ensemble. Posez aux apprenants les questions suivantes : De quel type de document s'agit-il ? (Un graphique) Quel est le sujet de cette étude ? (Composition du panier alimentaire en 1960, 1990 et 2014) Qui a mené cette étude ? (Insee : Institut national de la statistique et des études économiques) Laissez les apprenants s'exprimer librement au sein du groupe-classe.

Déroulement

A. Poursuivez l'observation du document et faites repérer à quoi correspondent les trois couleurs (année), l'axe vertical (produit) et l'axe horizontal (pourcentage) du graphique.

B. Formez des petits groupes et demandez-leur d'identifier quels produits ont vu leur consommation augmenter et diminuer, ainsi que les produits les plus et les moins consommés en 1960 et en 2014. Procédez à une mise en commun des réponses au sein du groupe-classe.

C. Gardez les mêmes groupes pour lancer les discussions. Proposez-leur de tirer des conclusions de l'évolution de la consommation des Français. Attirez leur attention sur l'exemple. Il est possible de demander aux apprenants de chercher des synonymes de « constater » (remarquer, observer, noter, s'apercevoir, repérer, pouvoir voir) pour varier les formulations à l'oral. En guise de correction, invitez chaque groupe à énoncer une constatation et à l'écrire au tableau.

D. Cette activité amène les apprenants à comparer les résultats de l'étude à leur propre consommation. En groupe-classe, laissez-les en discuter librement et encouragez-les à interagir.

Pour aller plus loin

Proposez aux apprenants d'apporter un graphique illustrant la consommation d'un ou plusieurs produits dans leur pays, de le commenter et de le comparer à la consommation des Français.

10. COMMENTER ET EXPLIQUER DES DONNÉES CHIFFRÉES

Déroulement

A. En continuité de la séquence précédente, demandez aux apprenants de lire individuellement les commentaires associés au graphique (document 2) en se demandant si les auteurs donnent un avis personnel. Précisez-leur de justifier leur réponse. Partagez les réponses au sein du groupe-classe.

B. Invitez les apprenants à observer à nouveau le document 2 et attirez leur attention sur les expressions surlignées en jaune : expriment-elles une augmentation ou une baisse (à l'exception de « stagner » indiquant qu'il n'y a pas d'évolution) ? Il est possible de tracer un tableau à deux colonnes et d'y reporter les mots en jaune (diminuer, une hausse, une décroissance, etc.). Dans un deuxième temps, invitez les apprenants à effectuer des recherches sur Internet pour trouver des synonymes de « stagner » ou d'autres manières d'exprimer une stagnation (piétiner, ne pas bouger, ne pas évoluer, peiner à augmenter...) Pour aider les apprenants à mémoriser ce lexique, proposez-leur d'échanger sur les changements liés à l'alimentation dans la société en réutilisant les mots en jaune dans des phrases (la consommation d'avocats progresse, les sites dédiés à la cuisine végétarienne prennent de plus en plus de place sur la toile, etc.).

C. Demandez aux apprenants à quoi correspondent les termes surlignés en bleu (connecteurs logiques). Assurez-vous qu'ils ont compris le sens de tous ces termes. Ensuite, proposez-leur de travailler la synonymie en remplaçant les termes surlignés en bleu par ceux proposés dans les étiquettes. Procédez ensuite à une mise en commun des réponses au sein du groupe-classe.

D. Demandez aux apprenants de prendre d'abord connaissance des étapes de l'analyse des données chiffrées (observer, décrire, expliquer). Invitez-les ensuite à lire les commentaires individuellement et à identifier à quelle étape ils correspondent. Procédez ensuite à une mise en commun des réponses au sein du groupe-classe.

Pour aller plus loin

Vous pouvez proposer aux apprenants de commenter l'évolution de statistiques sur le site Planétoscope (http://www.planetoscope.com/). Invitez-les à sélectionner un sujet et à le présenter à l'oral ou à l'écrit.

11. C'EST À VOUS

Mise en route

Invitez les apprenants à observer le document 3 dans son ensemble. Demandez-leur de quoi il s'agit (une infographie) et quel en est le sujet (l'augmentation de la consommation de burger).

Déroulement

A. Demandez aux apprenants de relever la date et les principaux chiffres à retenir, et comment ces chiffres sont mis en valeur. Procédez à une mise en commun des réponses au sein du groupe-classe.

B. Amenez les apprenants à décrire la tendance générale exprimée par le schéma. Faites comparer les données de 2013 et de 2015 : les apprenants doivent constater que les chiffres de 2015 pour les burgers sont très proches de ceux du jambon-beurre.

C. Formez des petits groupes et proposez-leur de trouver des arguments pour expliquer l'évolution du burger qu'ils utiliseront pour la rédaction du commentaire à l'étape suivante. Incitez-les à réemployer les explications des extraits d'articles de la séquence 8, page 25 (qualité des produits, valeur nutritionnelle, diversité des recettes) et à compléter leurs connaissances en faisant des recherches sur Internet. Laissez-les travailler en autonomie. Procédez à une mise en commun des réponses au sein du groupe-classe en demandant à chaque groupe d'énoncer ses arguments.

D. Faites lire les différents titres proposés et demandez aux apprenants d'en dire plus sur l'orientation de chacun (n° 1 et 4 valorisent le burger, n° 2 et 3 défendent le jambon-beurre). Gardez les groupes formés lors de l'activité C et demandez-leur de choisir un titre (assurez-vous néanmoins que tous les titres sont sélectionnés au moins une fois), puis de rédiger leur commentaire tout en respectant l'orientation du titre choisi. Une fois la rédaction terminée, proposez à chaque groupe de lire son commentaire à l'ensemble de la classe.

Pour aller plus loin

Inter(culturel)
Pour approfondir la question des sandwichs et burgers, consultez ce lien : http://www.sandwichshows.com/Le-Salon/Actus-Marche/Indice-Jambon-beurre-2016/. Puis demandez aux apprenants si, dans leur pays, il existe un sandwich emblématique tel le « jambon-beurre » en France et s'il y a des études sur le sujet. Ce produit concurrence-t-il le burger ? Après avoir fait quelques recherches, suggérez aux apprenants de préparer un document de présentation avec chiffres à l'appui.

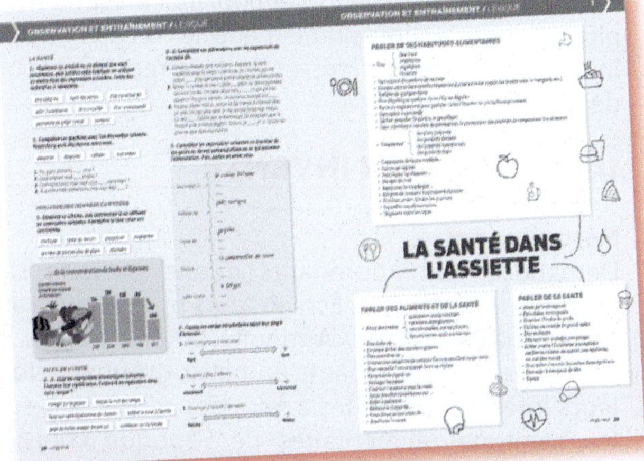

LEXIQUE

La plupart des exercices de cette page peuvent être réalisés en autonomie, que ce soit en travail à la maison ou en complément des exercices et activités des pages précédentes.

Exercice 1
Cette activité orale peut s'effectuer en classe. Demandez aux apprenants de prendre connaissance des expressions dans les étiquettes. Invitez-les à se regrouper par trois ou quatre et à expliquer leurs goûts en employant le lexique fourni.

Exercice 5
Assurez-vous que les apprenants connaissent le sens de tous les verbes. Après leur avoir demandé de compléter le document en fonction de leurs goûts ou de leurs préoccupations, formez des groupes de trois ou quatre apprenants pour qu'ils en parlent entre eux. À l'issue des échanges, proposez à quelques-uns de présenter leurs propositions au reste de la classe.

Exercice 6
Faites travailler les apprenants en binômes afin de classer les verbes introducteurs selon leur degré d'intensité. Pour les guider, invitez-les à se reporter aux définitions données lors de l'activité 5. C. Procédez à la mise en commun des réponses.

Carte mentale
La page 29 reprend l'ensemble des éléments lexicaux présentés dans l'unité 1 sous la forme d'un schéma qui permet de faciliter la mémorisation par la visualisation. N'hésitez pas à vous référer à cette page au cours de l'étude de l'unité ainsi qu'à la fin, pour effectuer un bilan sur l'ensemble des éléments lexicaux abordés. Vous pouvez effectuer différentes activités à partir de cette page :

- **Nutritionniste en herbe :** Pour travailler le lexique lié aux aliments et à la santé, préparez avant l'activité une liste (ou des photos) d'aliments, de plats et de boissons. Divisez la classe afin de former deux équipes. Énoncez un mot ou montrez une photo. Les apprenants mentionnent une de ses vertus en employant chaque fois une structure différente. À la fin du tour, comptez les points pour découvrir quel groupe a retrouvé le plus d'expressions.
- **Mime :** La carte mentale comporte beaucoup de verbes, vous pouvez donc proposer un jeu de mime. Commencez par constituer deux équipes. Puis expliquez aux apprenants qu'ils auront 2 minutes pour mimer le plus d'actions (verbes) possible présentes sur la page. Une fois le temps écoulé, comptez le nombre d'actions devinées et faites le total des points.

REGARDS CULTURELS

12. AUTRES ÉPOQUES, AUTRES MŒURS ?

Mise en route
Avant d'aborder l'extrait du livre de Katherine Pancol, écrivez le nom de l'auteure au tableau. Demandez aux apprenants s'ils la connaissent.

Invitez-les à faire des recherches sur Internet si nécessaire. Pour dynamiser l'activité, divisez la classe en deux équipes. Les apprenants ont trois minutes pour trouver le maximum d'informations sur cette auteure.

Déroulement

A. Invitez les apprenants à observer les deux illustrations associées à l'extrait. Vous pouvez projeter les images en grand pour faciliter la description (https://en.wikipedia.org/wiki/Medieval_cuisine). Dans un premier temps, demandez-leur de décrire les deux images (ce sont des banquets. Image 1 : les nobles mangent assis, des serviteurs leur amènent les plats ; photographie 2 : les personnes mangent debout autour d'une grande table) et d'identifier l'époque (Moyen Âge). Puis, formez des binômes et invitez-les à discuter de la crédibilité des affirmations. Précisez-leur que les images et la crédibilité des informations ne sont pas liées. À l'issue des échanges, l'ensemble de la classe se met d'accord afin d'harmoniser ses réponses.

B. Dites aux apprenants de lire individuellement l'extrait en le comparant avec les réponses qu'ils ont données au cours de l'activité précédente. Pour les affirmations 1, 2 et 3, demandez aux apprenants de reformuler les éléments du texte afin d'en expliquer la raison (1. Il n'y avait pas de cuisine dans tous les logements./Les hommes non mariés mangeaient dehors. 2. La nourriture vient de plusieurs régions : Majorque, la Marne, Corbeil, Normandie, Ventoux. 3. Le temps de cuisson correspondait au temps de récitation de prières.). Amenez les apprenants à échanger sur ce qui les surprend le plus. Incitez-les à réagir aux remarques des autres.

13. DES COULEURS ET DES SAVEURS

Déroulement

A. En continuité de la séquence précédente, proposez aux apprenants de relever tous les plats ou accompagnements cités dans l'extrait à partir de la ligne 40 en identifiant leur point commun (couleur). Pour une compréhension plus détaillée, vous pouvez leur poser les questions suivantes :

- Pourquoi la couleur était-elle importante dans la cuisine ? *Elle incitait à manger.*
- Pourquoi les malades mangeaient des aliments blancs ? *Pour ne pas les exciter.*
- Pourquoi les plats changeaient-ils de couleur ? *Pour être en accord avec les saisons.*

B. Créez autant de groupes que de plats proposés dans l'activité (5) et attribuez une recette différente à chaque groupe. Les apprenants doivent faire des recherches sur Internet dans l'objectif de présenter une recette à la classe. Vous pouvez indiquer les liens suivants pour les recettes : sauce bleu céleste (http://www.cuisinealafrancaise.com/fr/recettes-anciennes/sauces/sauce-bleu-celeste), sauce cameline (http://www.cuisineaz.com/recettes/sauce-cameline-28999.aspx), tarte blanche (http://www.cuisineaz.com/recettes/tarte-blanche-38577.aspx), brochet sauce verte et blanc-manger (http://www.histoire-pour-tous.fr/dossiers/95-moyen-age/4455-recettes-culinaires-du-moyen-age.html). Laissez-les travailler en autonomie.

C. Laissez les apprenants travailler en autonomie. Incitez-les à prendre des notes pour leur présentation plutôt que de lire simplement la recette. Puis, invitez les groupes à présenter leur recette à tour de rôle.

14. ON N'A RIEN INVENTÉ

Déroulement

Demandez aux apprenants quelle période de l'histoire les intéresse. Écrivez leurs propositions au tableau (la Préhistoire, l'Antiquité, la Renaissance...). Regroupez les apprenants en petits groupes selon leurs intérêts. Invitez-les à faire des recherches sur les habitudes alimentaires de l'époque choisie. Attirez leur attention sur l'exemple et les rubriques (époque, civilisation, aliments/boissons, mets typiques, modes de consommation, divers). En guise de correction, invitez chaque groupe à présenter les informations collectées sur la période qu'il a choisie au reste de la classe.

TÂCHES FINALES

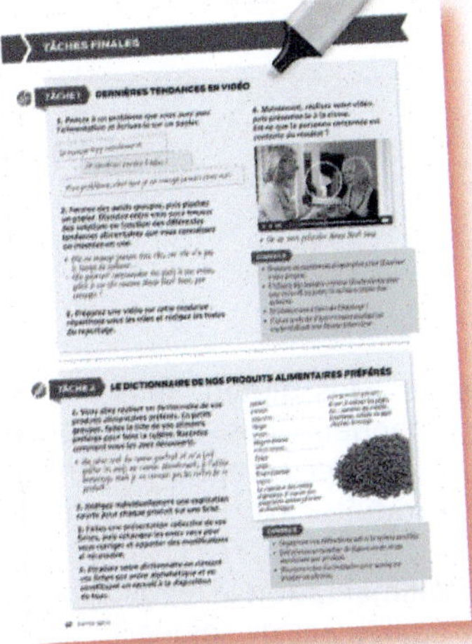

Tâche 1 : Dernières tendances en vidéo
Cette tâche étant à dominante orale, invitez les apprenants à parler et à intervenir le plus possible. Vous pouvez introduire cette activité en demandant aux apprenants quelles sont, selon eux, les particularités des vidéos (journaux télévisés et émissions grand public) présentant des nouvelles tendances (musiques dynamiques, couleurs vives, images rapides, effets de montage, voix énergique du présentateur/de la présentatrice, donne du relief à ses phrases en accentuant la première syllabe, l'attaque, et les mots-clés, etc.).

1. Demandez à chaque apprenant de noter un problème (formulé en une phrase courte) qu'il a avec l'alimentation sur un morceau de papier. Faites prendre connaissance des exemples pour les aider. Ramassez les papiers.

2. Formez des groupes de trois ou quatre apprenants et invitez-les à piocher un papier. Les apprenants discutent entre eux pour proposer des solutions au problème alimentaire inscrit sur le papier en fonction des différentes tendances alimentaires qu'ils connaissent. Ils peuvent aussi en inventer une. S'ils sont en panne d'inspiration, proposez-leur d'effectuer des recherches sur Internet ou de piocher un autre papier. Parmi les différentes solutions trouvées, invitez-les à sélectionner celle qu'ils pensent être la plus appropriée pour être présentée dans une vidéo.

3. Invitez les apprenants à lire les conseils présentés en bas à droite de l'encadré pour choisir entre une voix off enregistrée, une scène jouée ou une interview réelle ou imaginaire. Une fois le type de reportage choisi, demandez-leur de se répartir les rôles et de rédiger leur texte ou questionnaire (dans le cas de l'interview). Passez dans les groupes pour corriger les productions. Suggérez ensuite aux apprenants de répéter leur séquence avant de la filmer.

4. Les apprenants peuvent filmer leur séquence avec un smartphone ou emprunter une caméra vidéo à la médiathèque. En guise de correction, diffusez les vidéos en classe. Incitez la personne concernée à commenter le résultat pour savoir si elle pense adopter la tendance. Les vidéos pourront être mises en ligne (sur le fil Twitter, la page Facebook de la classe ou le site Internet de l'école).

Tâche 2 : Le dictionnaire de nos produits alimentaires préférés
Vous pouvez commencer cette activité en demandant aux apprenants à quoi peut servir un dictionnaire consacré à l'art de la cuisine (trouver des images d'aliments qu'on ne connaît pas, comprendre des termes culinaires, apprendre l'origine d'un aliment ou d'une recette) et s'ils en ont déjà consulté un et dans quel but. Préalablement à la séance, préparez des fiches de présentation vierges sur le modèle de celle présentée à droite de l'encadré.

1. Annoncez aux apprenants qu'ils vont réaliser un dictionnaire de leurs produits alimentaires préférés. Formez des petits groupes et demandez-leur de lister leurs aliments préférés pour cuisiner, de raconter comment ils les ont découverts et dans quels plats ou recettes ils les utilisent.

2. Faites prendre connaissance de la fiche donnée en exemple et des différentes entrées (produit/rédacteur, nom de l'apprenant/origine/type de produit/saison/vertus/plats que l'on peut faire avec). Parmi les ingrédients présentés précédemment, chaque apprenant en choisit un pour lequel il complète sa fiche d'identité (sur le modèle de celle donnée en exemple). Les apprenants se mettent d'accord sur le nombre de mots maximum à rédiger par ingrédient. Afin d'illustrer leur fiche, ils cherchent ensuite une photographie.

3. En groupe-classe, demandez aux apprenants de présenter leur fiche respective, puis de se les échanger afin d'apporter d'éventuelles corrections/modifications.

4. Finalement, proposez aux apprenants de rassembler toutes leurs fiches en les classant par ordre alphabétique et de choisir ensemble la photographie de couverture de leur dictionnaire. Utilisez une relieuse pour créer un recueil qui sera à la disposition de tous. Il est possible aussi de le proposer en consultation libre dans le centre de ressources de l'établissement.

DÉCOUVERTE

PREMIERS REGARDS

1. UN ESPRIT SAIN DANS UN CORPS SAIN

A. Réponse libre.

B. Selon elle, certaines informations de la couverture sont fausses.

C.
Le basilic : favorise la digestion.
L'avocat : a des vertus anticancéreuses, est riche en vitamines B et C.
Le café : combat les problèmes cardio-vasculaires, nous met de bonne humeur.
Les crudités : donne une sensation de satiété.
Le vin : combat les problèmes cardiovasculaires.
Le citron : soulage les brûlures d'estomac.
Les épinards : sont riches en vitamines B et C.

D. *Suggestion de réponses :*

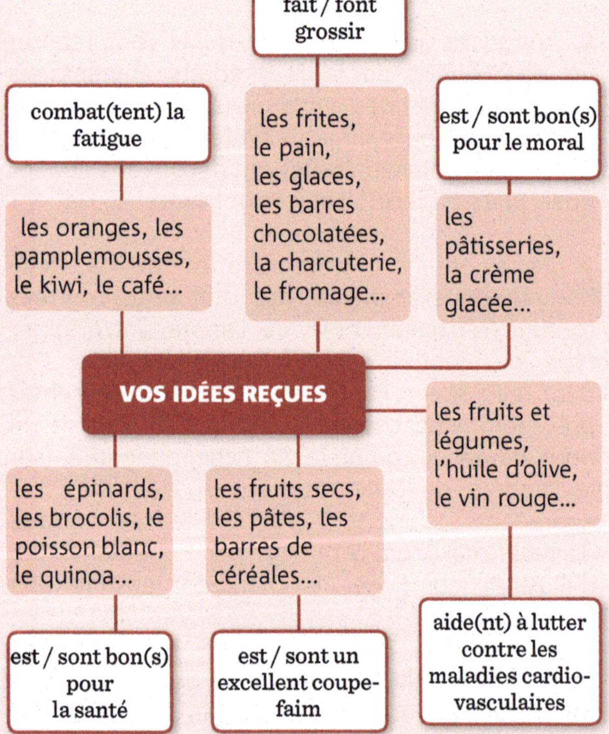

PREMIERS TEXTES

2. NOUVELLES TENDANCES CULINAIRES

A. Réponse libre.

B. Réponse libre.

C. Réponse libre.

D. *Suggestion de réponses :*
La tendance des « sans » : sans gluten, sans viande (végétariens = qui ne mangent pas de viande/le flexitarisme = s'autoriser à manger exceptionnellement de la viande), sans produits d'origine animale (végétaliens).
La tendance « la santé par l'alimentation » : les alicaments (aliments qui permettent également de soigner).
La tendance « préservation de l'environnement » : les locavores (acheter uniquement des produits locaux).

3. PASSION CUISINE

A. Elle s'est spécialisée dans la pâtisserie.

B. La passion pour la cuisine en France et en Europe se manifeste par le développement ou la multiplication des livres de cuisine dans les rayons des librairies, des ateliers de cuisine, des émissions de cuisine à la télévision, des magasins spécialisés qui vendent des ustensiles.

C. Réponse libre.

D. Réponse libre.

4. BON POUR LA SANTÉ ?

A.
Paragraphe 1 : Les causes de mortalité ne sont pas les mêmes aujourd'hui.
Paragraphe 2 : Aujourd'hui, les matières grasses sont partout.
Paragraphe 3 : Aujourd'hui, on cherche à s'alimenter sainement.

B. Être légèrement en surpoids était perçu comme quelque chose de positif car les personnes qui avaient de l'embonpoint étaient des personnes riches et/ou en bonne santé (donc plus résistantes aux maladies).
Aujourd'hui, c'est plutôt le contraire ; être en surpoids est généralement perçu comme quelque chose de négatif.

C. Grâce à la démocratisation des connaissances diététiques, nous sommes conscients du fait que l'alimentation a des effets sur notre santé. Il est donc possible d'améliorer son état de santé grâce à ce que l'on mange. Bien manger peut donc aider à préserver sa santé.

OBSERVATION ET ENTRAÎNEMENT

GRAMMAIRE ET LEXIQUE

5. DES REMÈDES DE GRAND-MÈRE

A. Un remède de grand-mère est une recette, un « truc » pour soigner des problèmes de santé mineurs en utilisant généralement des ingrédients naturels (plantes, fruits, huiles...).

B. *Suggestion de réponses :*
Menthe poivrée : soulage les infections respiratoires, combat le mal des transports, soulage les démangeaisons (piqûres d'insecte).
Épices : soulagent les nausées (gingembre), stimulent la circulation sanguine (cannelle), ont des effets positifs sur l'humeur (cardamone).
Tomates : permettent de lutter contre le cancer, améliorent la texture de la peau, facilitent la digestion.
Fleur d'oranger : tonifie la peau, aide à lutter contre l'insomnie, soulage les douleurs d'estomac et les maux de tête.
Citron : facilite la digestion, donne de l'éclat aux cheveux.

C. LES VERBES INTRODUCTEURS (RAPPEL)

Dans le **discours rapporté**, on emploie souvent le verbe *dire* pour introduire le discours. On peut utiliser d'autres verbes pour apporter une nuance à ses propos.
Introduire une réponse, un fait, une opinion : *annoncer, répliquer, répondre,* ***rétorquer****, croire,* ***penser***
Introduire un conseil, une demande, un ordre : *prier, supplier, conseiller, interdire,* ***recommander, préconiser, inviter à***
Introduire une argumentation : *démontrer, affirmer,* ***confirmer***
Introduire une question : *vouloir savoir, s'interroger,* ***se demander***
Exprimer une façon de parler : *chuchoter, crier,* ***s'exclamer***

6. DRÔLE DE REMÈDE

A. Elle s'est brûlée en sortant un plat du four.

B. Elle fait référence aux vertus apaisantes et cicatrisantes de la tomate en cas de brûlure.

C. LE DISCOURS RAPPORTÉ (RAPPEL)

Pour raconter à quelqu'un les paroles d'une autre personne, on peut utiliser :
- **Le discours direct** pour répéter ses paroles sans les modifier, à l'aide de verbes introducteurs et de guillemets.
- **Le discours indirect** pour rapporter ses paroles en les transposant (changement de personne, de temps).

La concordance des temps au discours rapporté :

VERBE INTRODUCTEUR AU PRÉSENT	VERBE INTRODUCTEUR AU PASSÉ
Présent *Je te confirme que ça* ***aide*** *à cicatriser la peau.*	Imparfait *Elle m'a dit que c'****était*** *une brûlure légère.*
Passé composé *Je pense surtout qu'elle n'****a*** *jamais* ***essayé****.*	Plus-que-parfait *Ma mère m'a dit que ça n'****avait*** *jamais* ***marché****.*
Futur *Je crois que ça ne* ***pourra*** *pas te faire de mal.*	Conditionnel *Ma mère m'a dit qu'elle me* ***laisserait*** *une cicatrice.*

⚠ Lorsque le verbe introducteur reprend un conseil, une demande ou un ordre (formulés à l'impératif au discours direct), on utilise l'infinitif dans le discours rapporté, au présent comme au passé.
Frotte-toi plutôt avec de la tomate. → *J'ai lu un article qui recommandait de* **se frotter avec de la tomate.**

D. Réponse libre.

EX. 1.
conseiller – recommander – préconiser
demander – prier – supplier
répondre – répliquer – rétorquer

EX. 2.
Bonjour à tous,
Est-ce que quelqu'un pourrait m'aider ? Voici les faits. Hier, j'ai **conseillé** à ma petite amie, tout juste diplômée en médecine, d'utiliser de la cannelle en infusion pour soigner son rhume. Elle m'a **répondu** que la médecine avait fait ses preuves depuis longtemps et qu'elle n'y croyait pas. Je lui ai alors **répliqué** que j'avais toujours soigné mes rhumes de cette façon et qu'elle marchait aussi bien que les médicaments. Elle a alors **rétorqué** que ne pas consulter un médecin pour se soigner était très dangereux pour la santé et qu'on ne savait jamais ce qui se cachait derrière un simple rhume. Je l'ai **priée** de me croire et j'ai même dû la **supplier** d'essayer ce remède de grand-mère. Qui a d'autres arguments pour m'aider à la convaincre ?

EX. 3.
[...] de plus en plus de gens **utilisaient** des produits naturels pour se soigner. [...] dans un futur proche, il **faudrait** recenser les remèdes de grand-mère [...] Le

représentant du ministère de la Santé leur a demandé s'il **existait** des études statistiques sérieuses [...] et les a invités à enquêter. Le professeur G. a dit qu'il **avait lu** une étude en anglais [...] et a rétorqué au représentant du ministère qu'il n'**avait** pas les moyens.

EX. 4. Réponse libre.

7. UNE NOUVELLE PRATIQUE ALIMENTAIRE

A. Réponse libre.

B. Selon le texte, consommer responsable signifie choisir des ingrédients produits localement et de saison afin de réduire l'émission des gaz à effet de serre et donc de contribuer au développement durable.

C. LES PRONOMS RELATIFS COMPOSÉS

Les pronoms relatifs composés sont : ***lequel***/*laquelle*/***lesquels***/*lesquelles*. Ils sont souvent précédés de prépositions telles que : *auprès de, chez, contre, de, en, par, sans, sous,* ***pour, dans, à propos***.
Ils s'accordent en genre et en nombre avec le nom qui les précède.
Ex. : *Le restaurant dans* ***lequel*** *nous nous sommes rendus...*
⚠ Lorsqu'ils sont précédés des prépositions *de* et *à*, ils changent de forme.
de : *duquel*, ***de laquelle, desquels, desquelles***
à : *auquel*, à ***laquelle, auxquels, auxquelles***

D. Réponse libre.

8. IL Y EN A POUR TOUS LES GOÛTS

A. Il est possible d'associer la restauration rapide à une alimentation saine en utilisant des ingrédients variés et des produits de bonne qualité.

B. Les consommateurs apprécient la diversité des produits utilisés, les recettes originales et le fait que ces hamburgers sont préparés par des restaurateurs célèbres.

C. La nominalisation

- Le nombre de burgers que l'on consomme en France augmente.
➞ *Augmentation de la consommation de burgers en France.*
- Les chefs deviennent de plus en plus créatifs.
➞ *La créativité s'empare des chefs.*

Pour former un nom à partir d'un adjectif ou d'un verbe, on utilise le radical auquel on ajoute un suffixe.

Nominalisation à partir d'un verbe
Les suffixes les plus employés sont : *-age, -ment/-ement, -ition /-ion/ -tion/-ation, -ure*.

Verbe d'action	Radical du verbe	Suffixe	Nom
augmenter	*augment-*	*-* ***ation***	*l'****augmentation***

Nominalisation à partir d'un adjectif
Les suffixes les plus employés sont : *-ce, -ité/-té, -esse, -ise, -eur, -isme*.

⚠ Les noms issus des adjectifs sont tous féminins, sauf les noms formés avec le suffixe *-isme*.

D. Réponse libre.

EX. 1.
Le régime sans gluten, un régime à cause duquel j'ai dû renoncer au pain.
Les restaurants locavores, des restaurants **pour lesquels** la cuisine constitue un véritable engagement.
Le régime flexivore, le régime alimentaire **auquel** je crois.
Le végétalisme, une pratique **avec laquelle** je ne suis pas d'accord.

EX. 2.
Quelles sont les raisons **pour lesquelles** vous défendriez ou combattriez la pratique omnivore ?
Quels sont les produits **auxquels** vous pensez quand on vous parle d'alimentation végétalienne ?
Quelle est la pratique alimentaire **à laquelle** vous êtes le plus attaché(e) ?
Quel est le restaurant **dans lequel** vous allez le plus souvent ? Est-il locavore ?

EX. 3.
1. Le succès de la cuisine de rue est dû à la variété des plats qu'elle propose.
2. Les chefs sont attentifs à la composition des produits de leurs burgers.
3. Les consommateurs soucieux de s'alimenter sainement ont contribué au développement du concept de fast-food.

EX. 4.
J'ai été agréablement surpris par la gentillesse et le professionnalisme des serveurs ainsi que par l'excellence de la cuisine. Ce que j'ai particulièrement apprécié :
– le changement de menu toutes les semaines,
– la présentation des plats,
– l'originalité et le raffinement de la cuisine.

MÉTHODOLOGIE

9. ANALYSER UN GRAPHIQUE

A.
Couleurs : les chiffres pour différentes années (1960, 1990, 2014).
Axe vertical : les catégories de produits.
Axe horizontal : le pourcentage que représentent les différents produits dans le panier alimentaire des Français.

B.
Qu'est-ce qui a augmenté ? Le poisson, les œufs et laitages, les plats préparés, les produits sucrés, les boissons non alcoolisées.
Qu'est-ce qui a diminué ? Le pain et les céréales, la viande, les fruits et légumes, les boissons alcoolisées et « autres ».
Qu'est-ce qu'on consomme le plus et le moins aujourd'hui ? Le plus : la viande ; le moins : les plats préparés.
Qu'est-ce qu'on consomme le plus et le moins en 1960 ? Le plus : la viande ; le moins : les plats préparés.

C. *Suggestion de réponse :*
Même si la consommation de viande a baissé, elle reste toujours la part la plus importante dans le panier alimentaire des Français. La consommation de pain et de céréales et de fruits et légumes a baissé mais ces produits constituent toujours une part importante du panier des Français. On constate aussi que malgré le style de vie qui a énormément changé, la consommation de plats préparés en France reste faible.

D. Réponse libre.

10. COMMENTER ET EXPLIQUER DES DONNÉES CHIFFRÉES

A. Ils ne donnent pas leur avis personnel ; ils s'en tiennent à la présentation des informations présentées dans le graphique 1. Il s'agit là d'une enquête dont le but est de présenter des chiffres bruts et non une opinion personnelle. L'Institut national de la statistique et des études économiques (Insee) collecte, produit, analyse et diffuse des informations sur l'économie et la société françaises.

B.
Une augmentation : « croissance », « progressent », « a bondi », « augmente », « prennent de plus en plus de place », « avoir pris de l'ampleur ».
Une baisse : « réduite », « cèdent [...] du terrain », « recule », « diminue », « n'atteint plus que ... », « moindre », « a chuté ».
Aucune évolution : « stagne ».

C.
par conséquent : ainsi
au contraire : à l'inverse
en particulier : notamment
néanmoins : toutefois
alors que : tandis que

D.
• Ce recul provient [..] → Expliquer
• La part de la viande [...] → Décrire

11. C'EST À VOUS

A. Il s'agit de l'année 2013.
Principaux chiffres à retenir : 655, 247, 47 et 21.
Ces chiffres sont placés dans l'illustration d'un hamburger afin d'être mis en valeur.

B. La consommation des hamburgers en France rattrape peu à peu celle des sandwichs au jambon-beurre.

C. Causes pouvant expliquer le succès grandissant des hamburgers en France :
– le fait que de grands chefs étoilés aient proposé des recettes de hamburgers revisités en utilisant des ingrédients originaux et de qualité ;
– le succès des *food-trucks* qui ont démocratisé la nourriture à emporter.

D. *Suggestion de réponse :*
Le fin du jambon-beurre ?
Depuis le début des années 2000, le succès du hamburger prend de l'ampleur en France. Sur neuf sandwichs achetés en 2000, seulement un était un hamburger. Ce chiffre a bondi, passant à un sur sept en 2007. En 2013, près d'un sandwich sur deux acheté était un hamburger. En 2015, la tendance se confirme : on constate que les jambon-beurre ont cédé pratiquement la moitié du terrain aux hamburgers. Le hamburger reste associé à la restauration rapide : 67,5% sont servis dans des établissements de restauration rapide et 25,4 % dans des restaurants dits « traditionnels ». Le hamburger est bel et bien rentré dans la culture culinaire française : 75 % des restaurants traditionnels en proposent au moins un à la carte.

LEXIQUE

1. Réponse libre.

2.
1. De quels aliments raffolez-vous ?
2. Quels aliments vous dégoûtent le plus ?
3. Comment faites-vous pour vous alimenter sainement ?
4. À quelle mode alimentaire avez-vous déjà succombé ?

3. *Suggestion de titre :* Baisse de la consommation de fruits et légumes.
Suggestion de réponses :
La consommation de fruits et légumes a légèrement progressé/augmenté jusqu'en 2008 avant de stagner pendant plusieurs années.
Ce chiffre a ensuite diminué pour atteindre 109 kilogrammes par ménage en 2011. C'est peut-être à mettre en rapport avec le fait que les produits sucrés ont pris de plus en plus de place dans le panier alimentaire des Français.

4. A.
Manger sur le pouce : manger rapidement sans se mettre à table.
Depuis la nuit des temps : depuis toujours.
Faire son petit bonhomme de chemin : progresser tout doucement.
Avoir la puce à l'oreille : se douter de quelque chose.
Avoir de belles années devant soi : rencontrer un succès certain dans le futur.
Continuer sur sa lancée : action déjà commencée qui continue sur un élan.

B.
1. « [...] C'est le cas de l'oignon qui est utilisé depuis la nuit des temps pour ses vertus nutritionnelles et antioxydantes. »
2. « [...] L'idée a fait son petit bonhomme de chemin grâce au développement des food-trucks. On peut désormais manger sur le pouce, ce qui est apprécié par les gens pressés. Un nouveau concept qui a de belles années devant lui. »
3. « [...] Ça m'a mis la puce à l'oreille. [...] Depuis, je continue sur ma lancée et je l'utilise de plus en plus dans ma cuisine. »

5. Réponse libre.

6.
1. Chuchoter → s'exclamer → crier
2. Dire → affirmer → soutenir
3. Demander → interroger → insister

PHONÉTIQUE

1. *Échauffement vocal*

2.

	Aliments
[ɥ]	fruit, huile
[w]	poivre, sandwich, fenouil
[j]	volaille

3.

	1 SYLLABE	2 SYLLABES	3 SYLLABES
1.	X		
2.			X
3.	X		
4.		X	

4.

	[i]	[ij]
1.		X
2.	X	
3.	X	
4.		X

5. T**ro**is petites **vieill**es font la c**ui**sine sans br**ui**t.

6. *L'enchaînement après [ij]*

7.
1. **Éloi** dit qu'il surv**eille une** casserole sur le feu.
2. **Sofiane** dit que ses **papilles** apprécient ton repas.
3. Madame **Dupuis** dit de **veiller à** ne pas se tromper dans les mesures.

8.
1. Par a**ill**eurs, les connaissances d**ié**tétiques se sont démocratisées.
2. Si l'on attrape une mauvaise grippe, on perd du p**oi**ds, et l'on a de me**ill**eures chances de survie en étant un peu enveloppé.
3. Aujourd'h**ui**, on favorise les bons prod**ui**ts régionaux pour faire la cuisine.
4. Dep**uis** 2016, les Français sont les plus gros consommateurs de **wh**isky.

REGARDS CULTURELS

12. AUTRE ÉPOQUE, AUTRES MŒURS ?

A. Réponse libre.

B. Toutes les affirmations du point A sont vraies.

13. DES COULEURS ET DES SAVEURS

A. Le civet rosé, la tarte blanche, la sauce cameline, le poisson frit, le potage de tripes brun ou jaune, la sauce italienne « bleu céleste », les plats de gelée décorés avec des armoiries, des grains de grenade ou des fleurs de violette, les entremets surprises.
Pour tous ces plats, l'aspect visuel (en particulier les couleurs) est aussi recherché que les saveurs.

B. Réponse libre.

14. ON N'A RIEN INVENTÉ

Réponse libre.

2 LE CHOC DES GÉNÉRATIONS

DÉCOUVERTE

Premiers regards
- Donner son avis sur ce que signifie « être vieux » et « être adulte »

Premiers textes
- Découvrir des initiatives intergénérationnelles
- Évoquer le lien et la transmission intergénérationnels
- Parler des défis de la jeunesse

OBSERVATION ET ENTRAÎNEMENT

Grammaire
- La comparaison et les moyens lexicaux pour comparer
- La progression (*plus... plus...*) et l'intensité (*d'autant plus que...*)
- Le futur antérieur
- L'expression de l'opposition et de la concession

Méthodologie
- Faire un exposé

Lexique
- Les âges de la vie et de l'intergénérationnel
- L'entraide et la solidarité
- Les conflits

Phonétique p. 156
- Les consonnes [n] - [ŋ] - [ɲ]
- L'enchaînement après [ŋ] - [ɲ]

REGARDS CULTURELS

Document
- *Ensemble, c'est tout*, Anna Gavalda

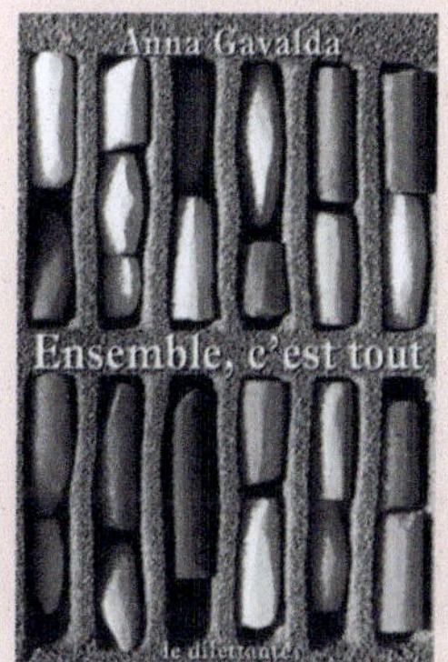

TÂCHES FINALES

Tâche 1
- Écrire une chanson pour les générations futures

Tâche 2
- Réaliser une publicité qui renverse les clichés

AVANT D'ENTRER DANS L'UNITÉ

Arrêtez-vous en groupe-classe sur l'intitulé de l'unité « Le choc des générations » et sur la photographie qui l'accompagne. Proposez aux apprenants de les expliquer à l'aide des questions suivantes :

- Dans quelle position les mannequins en bois sont-ils représentés ? Qu'exprime cette posture ? *Ils sont penchés l'un vers l'autre. Leurs têtes se touchent. Ils sont en désaccord, en opposition.*
- Quel lien pouvez-vous faire entre l'image et le titre ? *Les différences entre les générations génèrent des conflits.*

DÉCOUVERTE

PREMIERS REGARDS

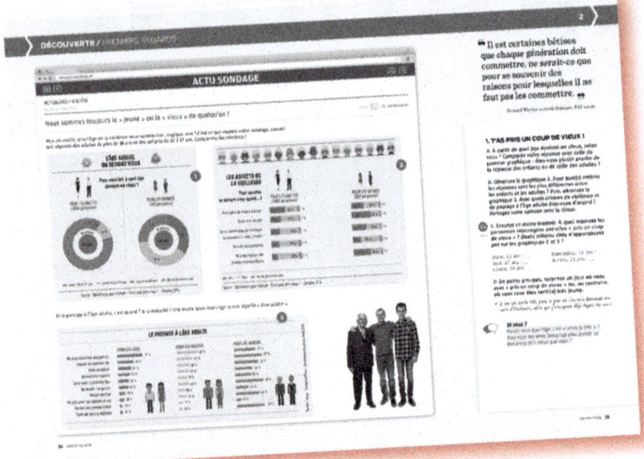

Objectif

- Donner son avis sur ce que signifie « être vieux » et « être adulte »

1. T'AS PRIS UN COUP DE VIEUX

Mise en route

Demandez aux apprenants d'observer le document pages 34-35 dans son ensemble et posez-leur les questions suivantes : De quel document s'agit-il ? (Un site Internet dédié aux sondages.) Quels éléments y figurent ? (Des données chiffrées sous la forme de graphiques.) Qu'illustrent-ils ? (L'âge auquel on devient vieux, les aspects de la vieillesse et le passage à l'âge adulte.) Qui a été interrogé ? (Des enfants, des adultes et des seniors). Faites expliquer le terme *senior* (fait référence aux personnes retraitées, évite d'employer *personne âgée*, jugé péjoratif.)

Déroulement

A. Faites tout d'abord expliquer l'expression « prendre un coup de vieux » (vieillir brutalement). Demandez ensuite aux apprenants à quel âge, selon eux, on devient vieux. Incitez-les à réagir aux opinions des autres. Puis, demandez-leur de prendre connaissance du premier graphique et de repérer les codes couleurs (tranche d'âge à laquelle on devient vieux) et les moyennes (70 ans pour les adultes et 46 ans pour les enfants). Amenez-les à comparer leurs propres réponses à celles de l'enquête et à voir s'ils sont plus proches de la réponse des adultes ou de celle des enfants.

B. À présent, proposez aux apprenants d'observer le deuxième graphique. Faites-leur repérer les critères pour lesquels l'opinion des enfants et des adultes divergent le plus. Procédez de même avec le troisième graphique (se marier, ne plus avoir ses parents en vie, faire son service militaire). Demandez-leur avec quels critères ils sont d'accord. Incitez-les à interagir entre eux. Plus globalement, demandez-leur quels résultats les surprennent le plus et pourquoi.

PISTE 5

C. Annoncez aux apprenants qu'ils vont écouter un micro-trottoir. Lors de la première écoute, les apprenants notent à quel moment les personnes interviewées se sont senties vieilles. Mettez les réponses en commun. Demandez aux apprenants quels critères n'apparaissent pas sur les graphiques n°2 et n°3. Faites réécouter le document afin de faire repérer les expressions employées pour marquer un changement (passer un cap, une page se tourne, ne plus être dans le coup).

D. Amenez les apprenants à partager leur expérience en petits groupes : Quand vous êtes-vous senti vieux ou, au contraire, très jeune ? Demandez-leur de contextualiser leur souvenir (où, avec qui...). À l'issue des échanges, chaque groupe sélectionne l'anecdote la plus amusante pour la raconter au reste de la classe.

Et vous ?

En groupe-classe, abordez les questions suivantes : Pensez-vous que l'âge, c'est dans la tête ? Avez-vous des amis beaucoup plus jeunes ou bien plus vieux que vous ? Comment les avez-vous rencontrés ? De quoi discutez-vous avec eux ? Vous pouvez prolonger la discussion en demandant aux apprenants de citer les avantages d'avoir des amis d'une génération différente (partage, découverte, expérience...).

Pour aller plus loin

Vous pouvez proposer aux apprenants de lire la citation de Bernard Werber en haut à droite de la page 35. Demandez-leur d'expliquer dans un premier temps ce que veut dire l'écrivain (besoin de faire ses propres erreurs / la connaissance vient de l'expérience empirique). Ensuite, constituez des petits groupes et demandez-leur de lister les bêtises qui, selon eux, doivent être commises par chaque génération (*faire le mur, faire l'école buissonnière, faire la fête alors qu'on travaille le lendemain*...). Mettez en commun les idées.

PREMIERS TEXTES

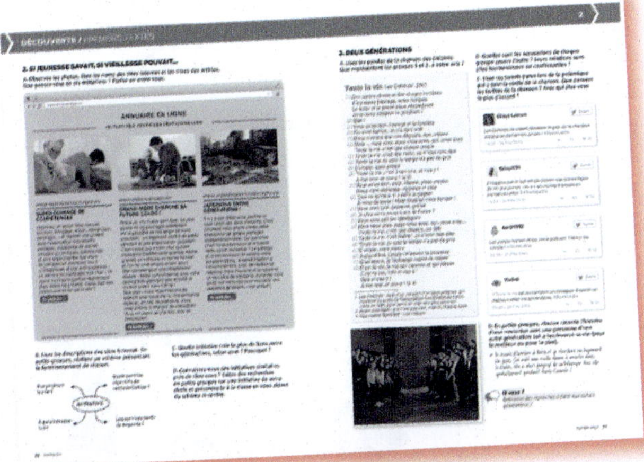

Objectifs
- Découvrir des initiatives intergénérationnelles
- Évoquer le lien et la transmission intergénérationnels
- Parler des défis de la jeunesse

2. SI JEUNESSE SAVAIT, SI VIEILLESSE POUVAIT...

Mise en route

Faites lire le titre de cette section « Si jeunesse savait, si vieillesse pouvait » et questionnez les apprenants sur sa signification. Il s'agit d'une citation tirée des Prémices (1594) d'Henri II Estienne (1528-1598) qui signifie : les jeunes ont la force, mais pas d'expérience, alors que les personnes âgées n'ont plus de force, mais ont acquis de l'expérience. Demandez-leur ensuite s'ils sont d'accord avec ce proverbe et de justifier leur opinion à l'aide d'un exemple concret.

Déroulement

A. Proposez aux apprenants d'observer les photographies, les noms des sites Internet et les titres des articles. Posez-leur les questions suivantes pour guider leur réflexion :

- De quoi s'agit-il ? *Un annuaire en ligne.*
- Que contient cette page ? *Des sites qui proposent des initiatives entre différentes générations.*
- Quelles sont ces initiatives ? *Un échange de compétences, une colocation, du jardinage.*
- Quel terme est employé pour décrire des initiatives entre différentes générations ? *Intergénérationnel.*
- Qu'en pensez-vous ?

Stimulez les échanges dans le groupe-classe en relançant les interactions.

B. Formez des petits groupes de 3 ou 4 élèves et demandez-leur de lire les descriptions des sites en relevant les informations requises pour compléter leurs schémas. Procédez à la mise en commun des réponses au sein du groupe-classe. Faites ensuite expliquer les termes : « échanger des procédés » (échanger une chose pour une autre), « promouvoir » (faire la promotion de quelque chose), « transmettre des savoirs » (faire passer à quelqu'un des connaissances), « tisser des liens » (nouer des liens avec quelqu'un, se lier à une personne).

C. Gardez les mêmes groupes et demandez aux apprenants leur opinion à propos de l'initiative créant le plus de liens entre les générations. Pour les guider, faites-les réfléchir à ce qu'elle apporte aux deux générations. Amenez-les à défendre leur point de vue à l'aide d'exemples concrets et personnels.

D. Expliquez aux apprenants que c'est maintenant à leur tour de présenter une initiative de leur choix. Gardez les mêmes groupes et demandez-leur de partager leurs connaissances à propos d'autres initiatives intergénérationnelles (troupe de théâtre, crèche, atelier d'écriture...). Parmi celles abordées, ils en sélectionnent une qu'ils présenteront à la classe. Afin de compléter leur schéma (B), invitez-les à effectuer des recherches sur Internet (sur leur smartphone ou l'ordinateur de la classe). Vous pouvez leur proposer de réaliser leur schéma sur des feuilles A4, voire A3. Affichez-les au tableau. Après la présentation de chaque initiative, le reste de la classe doit identifier à quel schéma elle correspond.

3. DEUX GÉNÉRATIONS

Mise en route

Faites visionner le clip de la chanson *Toute la vie* des Enfoirés (https://www.youtube.com/watch?v=gcILWXCIA7c&list=RDgcILWXCIA7c#t=2). Lors de la première écoute, ne donnez aucune consigne particulière, laissez simplement les apprenants le découvrir. Après le visionnage, interrogez-les sur les éléments suivants :

- Comment les chanteurs étaient-ils regroupés ? *Les chanteurs sont divisés en deux groupes qui se font face à face : les jeunes et les adultes/vieux.*
- Quel est le sujet de la chanson ? *La vie : ses difficultés et le plaisir de vivre.*
- Quel sentiment anime le groupe de jeunes ? *La colère.*
- Que se disent les deux groupes ? *Ils se font des reproches mutuels.*

Laissez les apprenants s'exprimer librement au sein du groupe-classe.

Déroulement

A. Proposez aux apprenants de lire les paroles de la chanson et d'identifier à quel groupe sont associées les deux générations. Après avoir fait prendre connaissance de la note 1 en dessous de la chanson, demandez-leur si un tel collectif existe dans leur pays. Si certains apprenants connaissent Les Enfoirés, ils peuvent présenter d'autres chansons à la classe *(La Chanson des Restos, On ne demande pas la lune…).*

B. Formez des binômes et faites-leur repérer les accusations mutuelles. Procédez à une mise en commun des réponses. Puis, demandez au groupe-classe si les relations entre les deux générations sont harmonieuses ou conflictuelles en citant des éléments du texte.

C. Invitez les apprenants à lire individuellement les documents et questionnez-les : De quoi s'agit-il ? (De tweets.) De quoi parlent-ils ? (De la chanson des Enfoirés.) Qu'en pensent les twittos ? (Les 3 premiers commentaires sont négatifs et le dernier est positif.) Demandez à l'ensemble du groupe avec qui ils sont le plus d'accord. Encouragez les échanges en amenant les apprenants à contester ou à soutenir les commentaires des internautes.

D. Proposez aux apprenants de raconter une rencontre avec une personne d'une autre génération qui a bouleversé leur vie. Faites-les travailler en petits groupes. À l'issue des échanges, chaque groupe désigne l'histoire qui lui a le plus plu pour la partager avec le reste de la classe.

Et vous ?

Demandez aux apprenants si leurs parents critiquent/critiquaient la jeune génération. Le cas échéant, demandez-leur d'en donner les raisons. Puis, formez des petits groupes et proposez-leur de lister les leurs. Si la classe est composée d'apprenants de différentes générations, regroupez-les par tranche d'âge. Procédez à une mise en commun des réponses. Pour chaque reproche cité, il est possible d'inviter le reste de la classe à imaginer ce que leur répliquerait l'autre génération.

OBSERVATION ET ENTRAÎNEMENT

GRAMMAIRE ET LEXIQUE

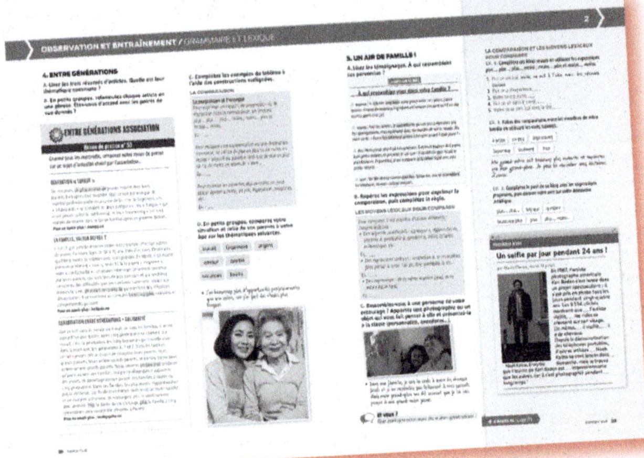

4. ENTRE GÉNÉRATIONS

Mise en route

Faites observer la photographie en bas à droite de la page 38 et demandez aux apprenants de la décrire : Qui sont ces personnes ? (Elles se ressemblent : c'est probablement une mère avec sa fille ou une grand-mère et sa petite-fille.) Quels liens/sentiments semblent les unir ? (Amour, complicité, protection…) Ensuite, écrivez le titre de la séquence au tableau *Entre générations*. Demandez aux apprenants de choisir un adjectif de leur choix pour caractériser la vie familiale (*paisible, solidaire, énergisante, chaotique, conflictuel…*).

Déroulement

A. Demandez aux apprenants de prendre connaissance du document et notamment du chapeau pour identifier sa nature (une revue de presse.) Demandez-leur alors d'expliquer ce qu'est une revue de presse (synthèse de la presse sur un sujet spécifique, en général accompagné d'extraits d'articles). Invitez-les ensuite à lire individuellement les trois résumés d'articles en repérant la thématique commune. Vous pouvez faire relever les adjectifs employés dans les articles pour décrire la vie familiale et les comparer à ceux listés dans l'activité de mise en route.

B. Formez des groupes de deux ou trois apprenants et demandez-leur de résumer en une phrase chaque article. Procédez à une mise en commun des réponses. Proposez aux apprenants de désigner la formulation la plus adéquate. Invitez-les ensuite à discuter des trois tendances et des points de vue formulés dans les articles. Pour guider les échanges, amenez les apprenants à comparer ces situations avec leur propre expérience et culture.

C. Attirez l'attention des apprenants sur les constructions surlignées en jaune (pour plus de clarté, reportez les occurrences au tableau) et questionnez-les :

- Qu'expriment ces structures ? *L'augmentation ou la diminution d'un phénomène.*
- À quel rythme s'opère la progression ou la régression dans les deux premières occurrences ? *Elles sont constantes.*
- Dans les deux occurrences suivantes, à quoi servent les termes « beaucoup » et « un peu » ? *Ils permettent de quantifier la progression.*
- Dans la dernière phrase, quel est le lien entre les deux phénomènes ? *Il y a un rapport de progression : si l'un augmente, l'autre augmentera également.*

Puis, demandez-leur de compléter la règle sur la comparaison. Procédez à une mise en commun des réponses au sein du groupe-classe.

D. Formez des petits groupes et demandez-leur de comparer leur situation à celle de leurs parents en abordant les diverses thématiques proposées. Précisez-leur qu'ils doivent réemployer les structures introduites précédemment. En guise de correction, notez au tableau les constatations de certains apprenants.

Pour aller plus loin

En classe, les apprenants peuvent réaliser l'exercice 1 page 39 avant l'activité D.

Les apprenants pourront s'exercer en autonomie en effectuant les exercices 1 et 2 page 175.

5. UN AIR DE FAMILLE

Déroulement

A. Demandez tout d'abord aux apprenants de lire le titre de cette séquence et d'expliquer l'expression *avoir un air de famille* (ressembler à). Après les avoir invités à prendre connaissance du document dans sa globalité (titre, sous-titre, mise en page), demandez-leur d'identifier sa nature et son sujet (c'est un fil de discussion dans lequel les intervenants expliquent à quel membre de leur famille ils ressemblent). Invitez-les ensuite à lire individuellement les témoignages en relevant à qui ressemblent les intervenants. Mettez en commun les réponses au sein du groupe-classe.

B. En groupe-classe, invitez les apprenants à repérer quelles expressions sont employées pour indiquer ces ressemblances (termes surlignés en jaune). Quels sont les différents moyens lexicaux pour comparer ? (Verbe, adjectif et expression.) Dessinez trois colonnes au tableau et faites écrire les expressions relevées à la bonne place dans chacune. Faites un remue-méninges pour compléter avec d'autres expressions (*identique à, différent de, similaire à, de la même manière*...).

C. C'est maintenant au tour des apprenants de décrire leurs ressemblances avec des membres de leur famille. Demandez-leur de préparer cette activité à la maison et d'amener une photographie ou un objet en lien avec la personne décrite. Au cours suivant, invitez-les à la présenter à la classe.

Et vous?

En groupe-classe, demandez aux apprenants ce qu'ils partagent avec les autres générations. Quelles similitudes avez-vous avec vos enfants, vos parents ou vos grands-parents ? Quelles habitudes avez-vous reprises de vos parents ? Que faites-vous différemment d'eux ? Sur quels sujets n'avez-vous pas les mêmes points de vue ? Laissez les apprenants s'exprimer librement au sein du groupe-classe.

Pour aller plus loin

Les apprenants peuvent réaliser les exercices 2 et 3 page 39 avant l'activité C. Si l'exercice 3 est traité en classe, faites découvrir le travail de Karl Baden (http://kbeveryday.blogspot.fr/) ou celui de Noah Kalina (https://www.youtube.com/watch?v=6B26asyGKDo) avant de faire lire le texte. Demandez aux apprenants ce qu'a réalisé l'artiste (il a créé une vidéo en mettant bout à bout des autoportraits pris sur plusieurs années).

Les apprenants pourront s'exercer en autonomie en effectuant les exercices 3 et 4 page 175.

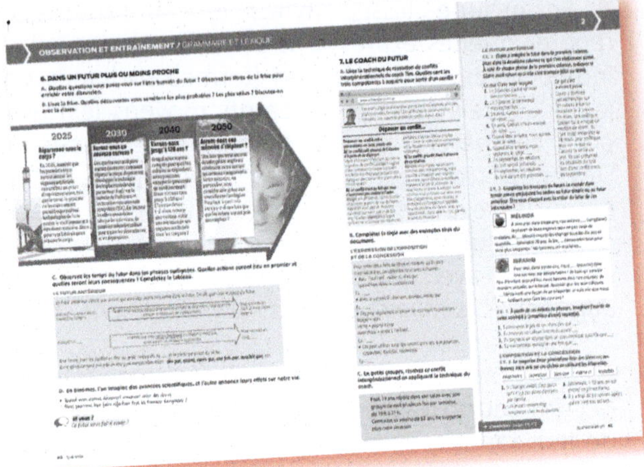

6. DANS UN FUTUR PLUS OU MOINS PROCHE

Mise en route

Reportez au tableau ou sur une feuille une frise identique à celle de la page 40 en ne conservant que les dates et interrogez les apprenants : Selon vous, de quoi sera capable la médecine dans le futur ? Faites-les travailler en petits groupes. Procédez ensuite à une mise en commun de leurs réponses. Chaque groupe présente ses prédictions à la classe.

Déroulement

A. Demandez aux apprenants quelles questions ils se posent sur l'homme du futur. Afin de stimuler les échanges, invitez-les à lire les questions de la frise. Amenez-les ensuite à émettre des hypothèses sur les moyens qui permettront ces avancées médicales (implant, puce, organe artificiel, organe cloné…). Laissez les apprenants s'exprimer librement au sein du groupe-classe.

B. Les apprenants lisent individuellement les textes de la frise. Afin de s'assurer de la bonne compréhension des prouesses médicales, demandez à quatre apprenants de les présenter, par exemple en réemployant la nominalisation (réparation du corps grâce à des organes artificiels, lutte contre certaines maladies grâce aux implants cérébraux, enrayement du processus de vieillissement, augmentation des capacités de notre cerveau). Écrivez leurs réponses au tableau. Proposez ensuite une discussion avec l'ensemble de la classe à l'aide des questions suivantes : Quelles découvertes vous semblent les plus probables ? Les plus utiles ? Encouragez les apprenants à réagir aux points de vue des autres.

C. Demandez aux apprenants d'observer les phrases surlignées en jaune dans les textes de la frise, puis posez-leur les questions suivantes :

- Quand réparerons-nous des organes artificiels ? *Dès que les premiers tests auront abouti.*
- Quand lutterons-nous contre certaines maladies grâce aux implants cérébraux ? *Dès que les scientifiques auront découvert comment réparer le corps.*
- Quand enrayerons-nous le processus de vieillissement ? *Quand nous aurons compris pourquoi les cellules se dégradent.*
- Quand augmenterons-nous les capacités de notre cerveau ? *Une fois que nous aurons développé les implants cérébraux.*

Vous pouvez noter les formes verbales au fur et à mesure que les apprenants répondent. Attirez maintenant leur attention sur l'encadré jaune. Parmi les actions citées précédemment (extraites des textes), quelles sont celles qui auront lieu en premier ? Quelles seront leurs conséquences ? Finalement, complétez le tableau collectivement.

D. Formez des binômes : un apprenant imagine une avancée scientifique, l'autre annonce son effet sur notre vie. Demandez-leur de réemployer le futur antérieur et suggérez-leur d'utiliser les propositions issues de l'activité de mise en route. En guise de correction, chaque groupe propose une prédiction.

Et vous ?

En groupe-classe, demandez aux apprenants si ce futur leur fait envie, quelles découvertes les réjouissent et celles qui les effraient. Amenez-les à argumenter leurs propos. Incitez-les à réemployer le futur antérieur dès que cela est possible.

Pour aller plus loin

En classe, les apprenants peuvent réaliser les exercices 1, 2 et 3 page 41 avant l'activité D.

Les apprenants pourront s'exercer en autonomie en effectuant les exercices 6A, 6B et 6C page 176.

7. LE COACH DU FUTUR

Déroulement

A. Demandez aux apprenants de lire le document en repérant sa nature, l'époque et le sujet (site Internet d'un expert en gestion du conflit dans le futur, après 2032). Demandez-leur également de présenter les trois compétences à acquérir pour sortir d'un conflit. Invitez ensuite les apprenants à énoncer d'autres moyens de régler des conflits (la communication non violente, être attentif aux sentiments des autres...). Laissez les apprenants s'exprimer librement au sein du groupe-classe.

B. Proposez aux apprenants d'observer les termes surlignés en jaune et de dire ce qu'ils expriment (la concession, l'opposition). Demandez-leur ensuite de reporter les exemples issus du texte dans le tableau. Attirez leur attention sur le temps, le mode ou la structure employés après certaines conjonctions. Procédez à une mise en commun des réponses au sein du groupe-classe.

C. Formez des petits groupes (3 ou 4 apprenants) et demandez-leur de prendre connaissance de la situation de conflit. Invitez-les – en tant que coachs – à formuler des conseils pour résoudre le conflit (même si Paul n'est pas dans l'illégalité, il devrait être plus respectueux de sa voisine ; malgré la nuisance sonore, Germaine devrait accepter que Paul répète de temps en temps chez lui ; néanmoins, Paul devrait trouver un autre lieu pour répéter...). Proposez-leur de jouer la scène entre Paul et Germaine en se servant des conseils délivrés.

Pour aller plus loin

En classe, les apprenants peuvent réaliser l'exercice 4 page 41 avant l'activité C.

Les apprenants pourront s'exercer en autonomie en effectuant l'exercice 8 page 176 et l'exercice 9 page 177.

MÉTHODOLOGIE

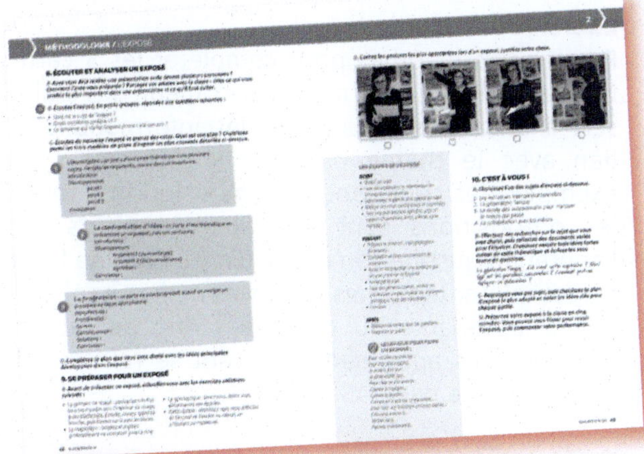

8. ÉCOUTER ET ANALYSER UN EXPOSÉ

Déroulement

A. Demandez aux apprenants s'ils ont déjà fait une présentation et comment ils l'ont préparée (recherches, PowerPoint, répétition...). Formez des groupes de trois ou quatre apprenants et demandez-leur de lister les éléments les plus importants d'une présentation ainsi que les erreurs à ne pas commettre. À l'issue des échanges, mettez leurs réponses en commun au sein du groupe-classe. À tour de rôle, chaque groupe propose un élément positif et négatif. Finalement, faites prendre connaissance des étapes d'un exposé page 43. Demandez éventuellement aux apprenants quelles pratiques ils ne connaissaient pas ou celles qu'ils ne suivent pas.

PISTE 6

B. Indiquez aux apprenants qu'ils vont écouter un exposé. Lors de la première écoute, ils doivent repérer le sujet, les problèmes abordés et si la personne donne son avis (le cas échéant, dans quelle partie : dans la conclusion). Procédez à une mise en commun des réponses au sein du groupe-classe.

PISTE 6

C. Formez des binômes. Lors de la deuxième écoute, les apprenants doivent prendre des notes et comparer leurs réponses. Demandez-leur ensuite de prendre connaissance des trois modèles de plans proposés et d'identifier celui que l'exposé qu'ils ont entendu a suivi. Assurez-vous qu'ils ont repéré le bon modèle.

D. Une fois le modèle identifié, demandez aux apprenants de le compléter à l'aide de leurs notes. Si nécessaire, refaites écouter l'exposé pour qu'ils puissent vérifier leurs réponses. Procédez ensuite à une mise en commun des réponses au sein du groupe classe.

Pour aller plus loin

Faites lire la transcription page 223 et demandez aux apprenants de repérer les termes employés pour structurer l'exposé (« successivement », « puis », « d'abord », « ensuite », « pour synthétiser », « avant de conclure », « en conclusion ») et pour présenter des documents (« Comme vous pouvez le voir sur le PowerPoint », « Comme on le voit sur ce graphique »). Demandez à chacun de choisir un terme difficile à prononcer (*successivement, inconvénient, circonstances...*). Cette dernière liste sera utile pour l'activité 9A.

9. SE PRÉPARER À UN EXPOSÉ

Déroulement

A. Demandez aux apprenants de lire individuellement les exercices antistress proposés et posez-leur les questions suivantes : Quels exercices faites-vous déjà ? Lesquels vous semblent utiles ? Pratiquez-vous d'autres exercices ? (Exercices de chants, écouter de la musique classique...) Réalisez ensuite les trois premiers exercices avec le groupe-classe. Pour l'exercice d'articulation, les apprenants choisissent trois termes parmi ceux listés précédemment. Faites-les travailler en binômes afin qu'ils se corrigent entre eux. En guise de correction, faites un tour de table sur les difficultés éventuelles rencontrées lors de ces exercices.

B. Faites observer les photographies. Demandez au groupe-classe d'identifier les postures les plus appropriées lors d'un exposé et de justifier leur réponse. Il est possible de leur demander s'ils ont déjà perdu des points à un exposé à cause d'une posture inadaptée.

10. C'EST À VOUS !

Déroulement

A. Annoncez aux apprenants qu'ils vont préparer un exposé en suivant les différentes étapes proposées. Demandez-leur d'abord de lire individuellement les sujets d'exposés et d'en sélectionner un. Indiquez-leur qu'ils peuvent également en choisir un autre en rapport avec le thème. Assurez-vous que les quatre sujets sont choisis.

B. Demandez aux apprenants d'effectuer des recherches et de collecter des documents sur le sujet choisi. Puis, proposez-leur de choisir trois idées en lien avec leur sujet qu'ils souhaitent développer, et de les énoncer sous forme de question comme dans l'exemple.

C. Regroupez ensuite les apprenants par sujet/thème. Ensemble, ils choisissent leur modèle d'exposé et notent les idées-clés pour chaque partie. Ils se répartissent ensuite le travail. Incitez-les à réemployer les points grammaticaux et lexicaux abordés dans cette unité. Sans rédiger complètement les parties, ils peuvent néanmoins noter les phrases d'introduction et de transition. Les questions formulées à l'activité B pourront servir pour présenter le plan de l'exposé dans l'introduction. Pour se préparer à l'exposé, demandez-leur de s'exercer au moins une fois et de vérifier qu'ils ont bien suivi les étapes indiquées dans le manuel.

D. Avant l'exposé, proposez aux apprenants de s'échauffer individuellement avec l'un des exercices antistress (9.A.). À tour de rôle, les groupes présentent leur sujet. Filmez les apprenants qui le souhaitent afin qu'ils commentent leur prestation (structure, lexique, posture...). Après chaque présentation, invitez le reste de la classe à poser des questions, à identifier le modèle d'exposé choisi et à reformuler les idées principales énoncées.

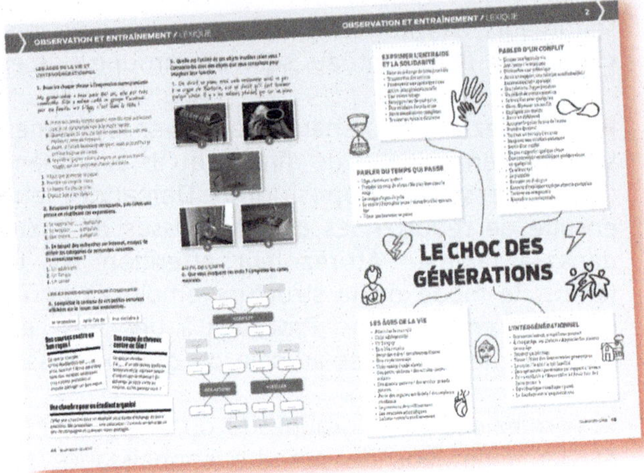

LEXIQUE

La plupart des exercices de cette page peuvent être réalisés en autonomie, que ce soit en travail à la maison ou en complément des exercices et activités des pages précédentes.

Exercice 5

Cette activité orale peut s'effectuer en classe. Avant de commencer, faites visionner la vidéo suivante (https://www.youtube.com/watch?v=mz1iezAHOig) dans laquelle des enfants doivent deviner l'utilité de veilles technologiques. Demandez aux apprenants s'ils connaissent l'utilisation de tous les objets présentés. Puis, invitez les apprenants à observer les photographies de l'exercice, à lire l'exemple et à décrire l'utilité de ces objets insolites en réemployant le lexique de la comparaison. Procédez finalement à une mise en commun des réponses.

Exercice 6

Formez des binômes pour compléter les 3 cartes mentales. Précisez-leur que la couleur des bulles sert à organiser/hiérarchiser les informations en lien avec le thème principal (au centre) : par exemple, des situations et leurs solutions. Toutes les propositions sont recevables dès lors que l'apprenant justifie son choix. Il n'y a pas une façon de compléter les cartes mentales mais autant qu'il y a d'apprenants ou presque ! Afin de faciliter l'exercice, les apprenants peuvent se référer à la carte mentale page 45.

Carte mentale

La page 45 reprend l'ensemble des éléments lexicaux présentés dans l'unité 2 sous la forme d'un schéma qui permet de faciliter la mémorisation par la visualisation. N'hésitez pas à vous référer à cette page au cours de l'étude de l'unité ainsi qu'à la fin pour effectuer un bilan sur l'ensemble des éléments lexicaux abordés.

Vous pouvez effectuer différentes activités à partir de cette page :

- **Définitions express :** Constituez deux équipes. Demandez à un membre de la première équipe d'expliquer un mot de la carte mentale en une phrase. Les membres de chaque équipe doivent deviner de quel mot il s'agit. Comptez les points.
- **Expressions mimées :** Formez des groupes de 3 ou 4 apprenants. Demandez-leur de préparer une saynète pour faire deviner une des expressions dans la section « Parler du temps qui passe ». Précisez-leur qu'ils ne peuvent pas employer les termes de l'expression dans leur scène. À tour de rôle, les groupes jouent la scène devant la classe. Le groupe qui retrouvera le plus d'expressions gagnera.

REGARDS CULTURELS

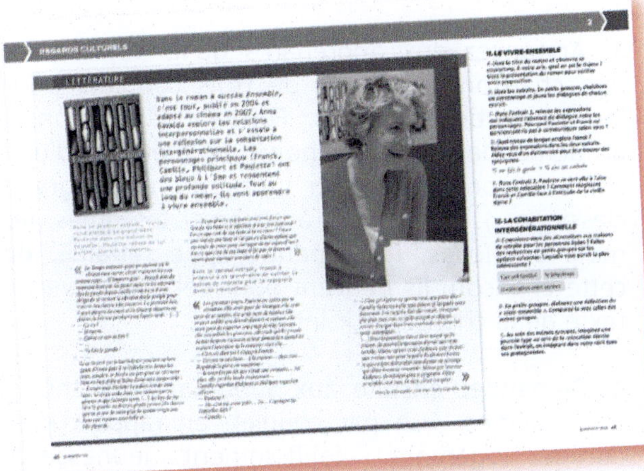

11. LE VIVRE ENSEMBLE

Déroulement

A. Avant de lire la présentation du livre, invitez les apprenants à prendre connaissance du titre du roman et à émettre des hypothèses sur le thème à l'aide des questions suivantes : Que représente la couverture ? (Des pastels) Que pourrait-elle signifier/symboliser ? (Les personnes qui vivent ensemble sont différentes, mais complémentaires comme les couleurs de la couverture. Ce sont les mélanges qui sont intéressants...) Si certains apprenants connaissent déjà l'histoire, ils peuvent alors la présenter à la classe. Puis, les étudiants lisent individuellement la présentation du livre (page 46). Pour plus d'information sur Anna Gavalda, consultez sa fiche biographique sur Internet : http://www.babelio.com/auteur/Anna-Gavalda/2875.

B. Faites lire les extraits et repérer l'humeur des personnages afin de préparer les apprenants à les interpréter (extrait 1 : Franck est en colère, Paulette boude ; extrait 2 : Franck est énervé, Paulette est perdue, Camille est sèche, Philibert est mal à l'aise). Levez les difficultés lexicales dans les dialogues. Formez ensuite des trinômes. Faites jouer les dialogues. En guise de correction, demandez à un groupe de volontaires de jouer la scène devant la classe.

C. Mettez des dictionnaires unilingues à disposition des apprenants. Faites expliquer « se creuser le ciboulot » (se fatiguer à chercher), « s'observer en chiens de faïence » (se regarder avec hostilité), « se tenir par la barbichette » (se fixer sans rien dire). Demandez aux apprenants ce qu'indiquent ces expressions sur le niveau de communication entre Franck et Paulette (absence de dialogue). Demandez-leur ensuite pourquoi Paulette et Franck ne parviennent pas à communiquer. Pour les aiguiller, suggérez-leur de se remémorer les conseils du coach (Séquence 7).

D. Faites prendre connaissance de l'exemple : À quel registre de langue appartient cette expression ? (Registre familier) Formez des binômes. Repérez les termes employés par Franck appartenant au même registre. Aidez-vous des dictionnaires pour trouver des synonymes.

E. Les apprenants doivent répondre aux deux questions de la consigne. Corrigez ensemble. Faites expliquer les termes « s'emmêler les pinceaux » (se tromper, confondre), « perdre la boule » (être désorienté).

Pour aller plus loin

Diffusez la bande-annonce du film *Ensemble, c'est tout* (http://www.allocine.fr/video/player_gen_cmedia=18722858&cfilm=109636.html). Demandez-leur s'ils connaissent les acteurs et si la vision qu'ils avaient des personnages correspond à celle du film. Demandez-leur finalement s'ils ont envie de voir le film et pourquoi.

12. LA COHABITATION INTERGÉNÉRATIONNELLE

Déroulement

A. Demandez aux apprenants s'ils connaissent des alternatives aux maisons de retraite pour accueillir les personnes âgées (la colocation entre seniors : pour rompre avec l'isolement, faire face à la hausse des loyers ou éviter la maison de retraite ; l'accueil familial : une formule intermédiaire entre le maintien à domicile et l'hébergement en maison de retraite ; le béguinage : s'adresse aux personnes âgées qui ont des revenus modestes...). Ensuite, divisez la classe en trois groupes. Chaque groupe effectue des recherches sur Internet à propos d'une des options proposées afin de la présenter à la classe. Une fois les trois alternatives présentées, demandez au groupe-classe celle qui leur semble la plus intéressante et laquelle ils choisiront quand ils seront seniors.

B. Formez des petits groupes et demandez-leur de définir la notion de « vivre ensemble ». Procédez ensuite à une mise en commun des propositions. Invitez le groupe-classe à sélectionner la meilleure définition parmi celles proposées et à justifier leur point de vue en expliquant l'importance du vivre ensemble dans leur culture.

C. Gardez les mêmes groupes et demandez-leur d'imaginer une journée type au sein de la colocation décrite dans l'extrait en intégrant tous les personnages. Vous pouvez leur proposer de rédiger un court récit ou une saynète sur un moment précis de la journée (au petit-déjeuner, pendant le ménage, cuisiner ensemble le week-end...). Incitez-les à réemployer des éléments vus dans la bande-annonce du film *Ensemble, c'est tout* et d'en inventer d'autres. Il est possible d'imposer des contraintes comme l'introduction d'un mot insolite ou le réemploi des points grammaticaux abordés dans l'unité. Dans le cas du mot insolite, demandez au reste du groupe de l'identifier après avoir vu la saynète.

(Inter)culturel
Sélectionnez une vidéo de l'émission *La minute vieille* (http://www.arte.tv/sites/fr/laminutevieille/video/P5HAH7Oo_vM/Les%20deux%20vieux%20au%20Mac%20Donald%20-%20%22La%20Minute%20Vieille%22). Après le visionnage, demandez aux apprenants de décrire les personnages (habillement, langage, attitudes...). Cette image des vieilles dames correspond-elle à ce que l'on montre habituellement à la télévision ? (Non, normalement à la télévision ou dans les films, les dames âgées sont de gentilles personnes réservées au langage châtié.) Pour une analyse plus approfondie de l'émission, faites écouter l'interview de son réalisateur (http://www.francetvinfo.fr/replay-radio/france-info-seniors/les-vieilles-dames-indignes-sont-de-retour_1786101.html). Finalement, vous pouvez demander aux apprenants comment sont représentés les seniors à la télévision dans leur pays.

TÂCHES FINALES

Tâche 1 : Chères générations futures
Cette tâche étant à dominante orale, invitez les apprenants à parler et à intervenir le plus possible.

1. Annoncez aux apprenants qu'ils vont écrire une chanson composée de trois couplets pour les générations futures. Formez des trinômes et demandez-leur de choisir la mélodie d'une chanson connue (dernier tube à la mode, grand classique...). Amenez-les à observer les rimes, les mots employés, les répétitions, le refrain... de cette chanson. Ils peuvent pour cela retrouver le texte de la chanson sur Internet.

2. Demandez ensuite aux apprenants de choisir trois thèmes : un par couplet, en rapport avec l'unité (logement, vieillissement, jeunesse...). Incitez-les à définir un peu plus « finement » le sujet de chaque couplet si c'est possible. Cette étape se fait sous la forme d'un « brainstorming ».

3. Pour chaque couplet et en fonction du thème choisi, demandez aux apprenants de lister les changements de modes de vie entre leur génération et les générations futures. Les apprenants notent leurs idées sur trois feuilles différentes ou se servent de post-it de trois couleurs différentes qu'ils collent sur leur table.

4. Une fois les thèmes et les changements listés, il faut maintenant rédiger le texte de la chanson sur la mélodie choisie lors de l'activité 1. Demandez aux apprenants de se répartir le travail (un apprenant par couplet ou un apprenant qui trouve des rimes et un autre qui rédige). Avant le cours suivant, proposez-leur de répéter et de chanter leur chanson entre eux pour s'assurer que les rimes sont correctes, que les rythmes sont respectés, etc.

5. Les apprenants amènent la photocopie de leur chanson. Chaque groupe l'interprète devant la classe. Il est possible, pour ceux qui le souhaitent, d'enregistrer les prestations et de créer un album de chansons (dans iTunes) et de le partager sur la page Facebook de la classe ou de l'école.

Tâche 2 : Une campagne décalée !

Cette tâche étant à dominante écrite, attirez l'attention des apprenants sur les formes spécifiques à l'écrit étudiées dans cette unité.

Mise en route

Demandez aux apprenants ce qu'est un cliché (lieu commun, banalité) : ils doivent illustrer leur propos par un exemple. Vous pouvez ensuite projeter à l'écran quelques publicités décalées qui bousculent les idées reçues, les clichés :
– Disneyland Paris : campagne d'affichage pour les billets offerts aux enfants : http://www.tourmag.com/Disneyland-Paris-campagne-d-affichage-pour-les-billets-offerts-aux-enfants_a56434.html,
– Campagne contre le Sida : concours d'affiches Têtu « Odette 13 874 capotes » http://www.agevillage.com/actualite-3727-1-campagne-contre-le-sida-concours-d-affiches-tetu-odette-13-874-capotes.html

1. Annoncez aux apprenants qu'ils vont concevoir leur propre campagne de publicité décalée. Formez des groupes de trois ou quatre apprenants et demandez-leur de choisir un produit ou un service. Servez-vous des domaines proposés pour stimuler leur créativité.

2. Une fois le produit choisi, demandez aux apprenants de lister les clichés avec le produit ou service choisi. Ils doivent ensuite définir le public visé (en général et par leur campagne). Faites-leur lire l'exemple pour illustrer ces différents points. Pour les aider à identifier des clichés, amenez-les à observer le comportement des différentes générations dans leur entourage.

3. Invitez les apprenants à rédiger leur slogan publicitaire. Attirez leur attention sur la particularité des slogans publicitaires (ils doivent être courts, efficaces, drôles, ils peuvent rimer). Il s'agit d'inverser le cliché pour qu'il s'adresse à un autre public : après avoir identifié votre public, pensez au public opposé (jeune/senior, femme/homme, sportif/intellectuel...). Proposez ensuite aux apprenants de créer leur affiche à l'aide d'une photographie, de vieux magazines, de journaux, de dessins...

4. Affichez toutes les publicités sur le tableau. Pour chacune d'elle, le groupe-classe doit deviner quel message est délivré et dire en quoi il est décalé. Sur les conseils des autres apprenants, si l'information n'est pas comprise rapidement, s'il y a un malentendu, la publicité pourra alors être retravaillée.

Pour aller plus loin

Proposez aux apprenants de regarder quelques publicités qui bousculent les idées reçues, les clichés : *Dépassez vos préjugés* (https://www.youtube.com/watch?v=fi2OAqUJk2A), puis parlez-en en classe.

DÉCOUVERTE

PREMIERS REGARDS

1. T'AS PRIS UN COUP DE VIEUX !

A. Réponse libre.

B.
Là où il y a le plus de différence dans les réponses des adultes et des enfants, c'est en ce qui concerne les rides et les cheveux blancs et le fait d'être à la retraite ou pas. Pour les enfants, ce sont clairement des signes de vieillesse alors que ça l'est beaucoup moins pour les adultes.

C. **Alain, 63 ans :** Quand on lui a laissé une place dans le bus.
José, 47 ans : Quand sa fille a fêté ses 18 ans.
Louise, 24 ans : Quand elle a reçu sa première fiche de paie.
Mamadou, 32 ans : Quand il n'a pas reconnu un chanteur à la télévision.
Amina, 21 ans : Lorsqu'on lui a dit « Madame » pour la première fois.
Les critères qui n'apparaissent pas sur les graphiques 2 et 3 sont le fait de se voir laisser la place dans le bus ou d'être appelé « Madame ».

D. Réponse libre.

PREMIERS TEXTES

2. SI JEUNESSE SAVAIT, SI VIEILLESSE POUVAIT...

A. Réponse libre.

B. **www.nostalentspartages.en**

Que propose ce site ?	Il propose d'apprendre un savoir-faire manuel.
À qui s'adresse-t-il ?	Il s'adresse à toutes les personnes souhaitant apprendre de nouveaux savoir-faire.
Quels sont les objectifs de cette initiative ?	Permettre l'échange de savoirs et de compétences.
Les services sont-ils payants ?	Oui : 15 euros de l'heure.

www.colocsansage.en

Que propose ce site ?	Il propose de mettre en contact des jeunes et des personnes âgées souhaitant partager une colocation.
À qui s'adresse-t-il ?	Aux jeunes et aux personnes âgées.
Quels sont les objectifs de cette initiative ?	Encourager la colocation intergénérationnelle.
Les services sont-ils payants ?	Oui. Lors de l'inscription.

www.unjardinpourtouslesages.en

Que propose ce site ?	Il permet à des personnes âgées d'accueillir dans leur jardin des jeunes qui souhaitent apprendre à jardiner.
À qui s'adresse-t-il ?	Aux personnes âgées.
Quels sont les objectifs de cette initiative ?	Partager les savoirs entre générations et sensibiliser à l'environnement.
Les services sont-ils payants ?	Non, ils sont gratuits.

C. Réponse libre.

D. Réponse libre.

3. DEUX GÉNÉRATIONS

A. Le groupe 1 représente les jeunes et le groupe 2 les adultes.

B. Le groupe 1 accuse le groupe 2 d'avoir eu une vie facile, d'avoir dépensé trop d'argent et d'avoir pollué la planète.
Le groupe 1 accuse le groupe 2 de ne rien faire pour changer leur avenir.

C. **Chloé** et **Awiti1992** critiquent la chanson car ils pensent qu'elle donne une image stéréotypée des jeunes. **Crispi376** préférerait entendre un message de soutien aux jeunes pendant cette période de crise.
Vivileti pense au contraire que la chanson véhicule un message d'espoir pour la jeune génération.

D. Réponse libre.

OBSERVATION ET ENTRAÎNEMENT

GRAMMAIRE ET LEXIQUE

4. ENTRE GÉNÉRATIONS

A. La thématique commune est le lien entre les différentes générations dans la famille.

B. *Suggestion de réponses :*
Génération « Tanguy » : À cause de la crise, de plus en plus de jeunes restent ou reviennent habiter chez leurs parents même après 18 ans.
La famille, valeur refuge ? : La majorité des jeunes Parisiens entre 18 et 30 ans ont de bonnes relations avec leurs parents qui les comprennent et les soutiennent.
Cohabitation entre générations = solidarité : Avec l'allongement de l'espérance de vie, les différentes générations sont amenées à cohabiter, ce qui crée plus de solidarité entre les membres d'une même famille.

C. LA COMPARAISON

La progression et l'intensité
Pour exprimer un rapport de progression ou de régression dans la comparaison, on emploie *plus..., plus... ; plus..., moins ; moins..., plus et moins..., moins*.
Ex. : *Plus la durée de vie s'allonge, plus la famille à cinq générations sera susceptible d'exister à l'avenir.*
Pour indiquer une augmentation ou une diminution constante, on utilise *de plus en plus* ou *de moins en moins* + adjectif ou adverbe ainsi que *de plus en plus de* ou *de moins en moins de* + nom .
Ex. : *De plus en plus de jeunes restent chez leurs parents bien après leur majorité.*
Ex. : *De moins en moins de parents font des réflexions désagréables.*
Pour nuancer les adverbes *plus* et *moins*, on peut placer devant *à peine, un peu, légèrement, beaucoup*, etc.
Ex. : *Ils se montrent au contraire beaucoup plus solidaires.*
Ex. : *Nous sommes un peu plus solidaires qu'avant.*

D. Réponse libre.

5. UN AIR DE FAMILLE

A. Ils ressemblent à leur grand-mère (Maéva), leur père (Darius), leur grand-père (Éva) et leur fille (Jade).

B. LES MOYENS LEXICAUX POUR COMPARER

Pour comparer, il est possible d'utiliser différents moyens lexicaux.
• Des adjectifs qualificatifs : *identique à, différent(e) de, similaire à, semblable à, pareil(le) à, tel(le), le/la/les même(s) que*, etc.
Ex. : *Je suis très semblable à ma grand-mère.*
Ex. : *Ma fille et moi sommes pareilles. Même nos voix se ressemblent.*
• Des expressions verbales : *ressembler à, se ressembler, faire penser à, avoir l'air de, être semblable à*, etc.
Ex. : *Je ressemble de plus en plus à mon père.*
Ex. : *Tu me fais tellement penser à ton père quand il était jeune !*
• Des expressions : de la même manière (que), de la même façon (que)
Ex. : *Je me comporte de la même façon avec mes petits-enfants.*

C. Réponse libre.

EX. 1. *Suggestion de réponses :*
1. Plus on est âgé, moins on est à l'aise avec les réseaux sociaux.
2. Plus on a d'expérience, plus on est sûr de soi.
3. Moins on est jeune, plus on se couche tôt.
4. Plus on vit dans le passé, moins on savoure le présent.
5. Moins on se sent âgé dans la tête, plus on ose relever des nouveaux défis.

EX. 2. Réponse libre.

EX. 3. [...] Les 9 534 clichés montrent que **plus** l'artiste vieillit, **plus** les rides se creusent sur son visage. De même, **plus** il vieillit, **moins** il a de cheveux. [...] Depuis la démocratisation des téléphones portables, d'autres artistes tels que Noah Kalina se sont lancés dans **la même** démarche, mais je trouve que l'œuvre de Karl Baden est **beaucoup plus** impressionnante que les autres, car il s'est photographié pendant **plus** longtemps !

6. DANS UN FUTUR PLUS OU MOINS PROCHE

A. Réponse libre.

B. Réponse libre.

C. LE FUTUR ANTÉRIEUR

Le futur antérieur décrit une action qui aura lieu avant une autre dans le futur. On dit que c'est le passé du futur.

Aujourd'hui, nous n'avons pas encore compris.	Quand nous aurons compris pourquoi les cellules se dégradent, nous pourrons enrayer le processus de vieillissement.	Nous sommes en 2040, et nous avons compris.
Aujourd'hui, *nous n'avons pas encore développé des implants cérébraux.*	Une fois que nous aurons développé les implants cérébraux, nous aurons un cerveau « augmenté ».	Nous sommes en 2050, *nous avons développé ces implants cérébraux.*

Il se forme avec les auxiliaires être ou avoir conjugués au **futur simple** et le participe passé du verbe.
Il est généralement précédé de marques temporelles telles : ***dès que, quand, après que, une fois que, aussitôt que***, etc.

D. Réponse libre.

7. LE COACH DU FUTUR

A. Être à l'écoute des autres, accepter leur point de vue, rester ouvert aux idées créatives qu'ils pourraient proposer.

B. L'expression de l'opposition et de la concession

Pour relier deux faits ou idées et montrer qu'ils sont contradictoires, on utilise les structures suivantes :
• Avec l'indicatif : *même si, alors que, quand bien même* (+ conditionnel)
Ex. : *Sachez écouter et accepter le point de vue de l'autre, même s'il vous déplaît.*
• Avec le subjonctif : *bien que, quoique, encore que*
Ex. : *C'est l'une des clés de la gestion de conflits, quoiqu'il s'agisse d'une compétence longue à acquérir.*
Ex. : *Bien que vous n'ayez aucun point commun avec une personne, votre capacité à imaginer une solution commune au conflit est la meilleure manière d'en sortir vraiment.*
• On peut également employer les expressions suivantes :
Malgré + nom
verbe + *quand même*
avoir beau + verbe à l'infinitif.
Ex. : *Malgré vos différends, sachez écouter et accepter le point de vue de l'autre.*
• On peut utiliser aussi des connecteurs tels que *pourtant, cependant, toutefois, néanmoins.*
Ex. : *Gardez néanmoins à l'esprit qu'il est né à l'époque des téléphones portables.*
Ex. : *Vous résolvez le problème en l'empêchant toutefois de vous montrer les choses sous un aspect neuf...*

C. *Suggestion de réponses :*
Avant d'appeler la police, Germaine doit faire des efforts pour parler directement avec Paul même s'il n'entend pas la sonnette à sa porte.
Malgré les contraintes de disponibilité des membres du groupe, Paul doit accepter le point de vue de Germaine concernant les horaires où elle souhaite dormir.
Même si le néo-heavy metal est très à la mode, Paul doit toutefois concéder que Germaine n'apprécie pas ce style musical.
Même s'ils n'ont pas les mêmes goûts musicaux, Paul devrait quand même proposer à Germaine de créer un groupe de musique intergénérationnel.

EX. 1.
1. OUI **2.** NON **3.** NON **4.** OUI **5.** NON **6.** OUI **7.** OUI **8.** NON

EX. 2.
Mélinda : [...] nos enfants **auront remplacé** la plupart de leurs organes [...]. Ils **devront** ensuite les changer tous les dix ans et quand ils **auront atteint** 70 ans, ils les **renouvelleront** tous pour vivre plus longtemps !
Ibrahim : Pour moi, dans trente ans, nous **pourrons** faire nos courses par téléportation ! [...] Aussitôt que les scientifiques **auront découvert** une façon de se téléporter, je suis sûr que nous l'**utiliserons** pour faire les courses.

EX. 3. *Suggestion de réponses :*
1. Tu trouveras le job de tes rêves dès que tu auras fini tes études.
2. Tu recevras un cadeau inattendu quand tu seras rentré de ton voyage en Espagne.
3. Tu gagneras un voyage dans un pays exotique aussitôt que tu auras participé à ce concours.
4. Tu rencontreras quelqu'un une fois que tu auras changé ton style vestimentaire.

EX. 4. *Suggestion de réponses :*
1. Même si les enfants sont moins nombreux en Europe, les gens gardent l'esprit jeune.
2. Bien qu'ils habitent longtemps chez leurs parents, les jeunes se montrent dynamiques sur le plan professionnel.
3. Beaucoup de personnes âgées ont des capacités physiques diminuées mais continuent toutefois à faire du sport quotidiennement.
4. De nombreux seniors ont tendance à s'isoler à partir d'un certain âge mais doivent néanmoins veiller à rester actifs en maintenant un lien social.

MÉTHODOLOGIE

8. ÉCOUTER ET ANALYSER UN EXPOSÉ

A. Réponse libre.

B. L'exposé parle de la colocation entre personnes âgées. Il soulève les problèmes de la solitude des personnes âgées et des difficultés liées aux revenus modestes de certains.
La personne donne son opinion à la fin de la présentation.

C. Il s'agit du modèle « La confrontation d'idées ».

D. **Introduction :** Présentation du thème de la colocation des seniors, présentation du sujet (définition de ce qu'est la colocation), présentation de la problématique, annonce du plan.
Développement :
Argument 1 (avantages) :
– La colocation peut apporter une solution à la solitude des seniors.
– Elle permet également de réduire la part du loyer pour les personnes aux revenus modestes.
Argument 2 (inconvénients) :
– Il faut s'adapter aux règles de vie collective.
– Il faut partager les mêmes valeurs que les autres colocataires.
Synthèse : Il est important de préparer sa colocation en choisissant bien ses colocataires.
Conclusion : Résumé des arguments donnés précédemment, opinion personnelle.

9. SE PRÉPARER POUR UN EXPOSÉ

A. *Exercices antistress*

B. Les postures les plus appropriées sont 2 et 3. Sur ces photographies, la personne regarde les auditeurs et enrichit son discours d'une gestuelle appropriée.

10. C'EST À VOUS !

A. Réponse libre.

B. Réponse libre.

C. Réponse libre.

D. Réponse libre.

LEXIQUE

1. A2 ; B1 ; C4 ; D3

2. *Suggestion de réponses :*

1. Se rapprocher de quelqu'un ➞ Les deux sœurs se sont rapprochées après la mort de leurs parents.
2. Se brouiller avec quelqu'un ➞ Il s'est brouillé avec son frère lors de la dernière réunion familiale. C'etait leur dernière dispute.
3. S'énerver contre quelqu'un/quelque chose ➞ Mes parents se sont énervés contre mon frère parce qu'il ne respectait pas ses grands-parents.

3.

1. Un adulescent : Une personne qui prolonge son adolescence après être arrivée à l'âge adulte.
2. Un « Tanguy » : Un jeune adulte qui reste vivre chez ses parents. L'origine de ce terme est dans le film *Tanguy* d'Étienne Chatiliez sorti en 2001.
3. Un senior : Une personne plus ou moins âgée dans un contexte professionnel (les employés seniors, c'est-à-dire qui sont en fin de carrière), ou social (= les personnes à la retraite ou qui ont plus de 70 ans).

4.

Des courses contre un bon repas ! : [...] Ce que je cherche : un(e) étudiant(e) qui **me ressemble** et aime cuisiner ! [...]
Une coupe de cheveux contre un film : [...] J'ai **l'air** d'un yeti depuis quelques semaines [...]
Une chambre pour un étudiant organisé : [...] Ma proposition **ressemble à** une colocation [...]

5. *Suggestion de réponses :*

1. *Cf. exemple.*
2. Ça fait penser à des lunettes à réalité augmentée car elles se tiennent de la même manière. Leur taille est également similaire.
3. Ça ressemble à une lampe de chevet car la forme est très semblable. Cependant, la matière est différente.
4. On dirait une éprouvette pour faire des expériences en laboratoire. Cet objet est composé des mêmes sphères en verre et se tient de la même façon.
5. C'est presque identique à un fouet électrique pour faire la cuisine. Ces deux objets se ressemblent car ils ont les mêmes embouts.

6. *Suggestion de réponses :*

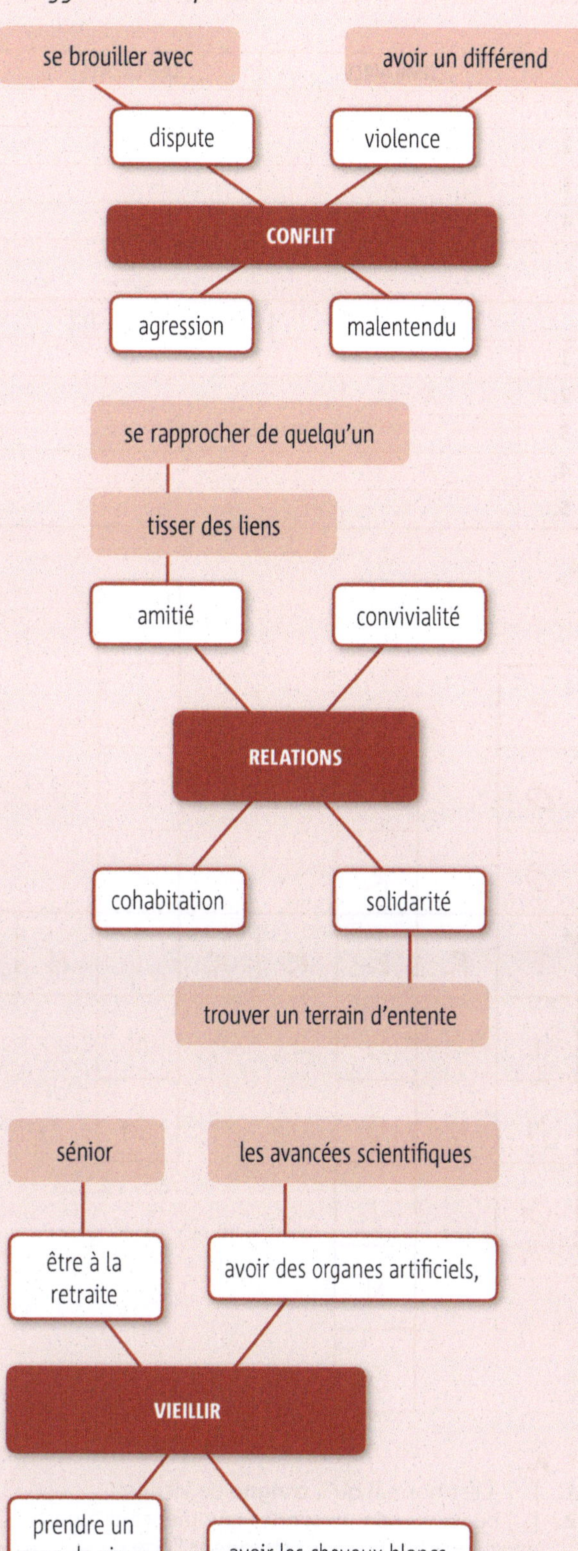

PHONÉTIQUE

2.

	SIMILAIRES	DIFFÉRENTS
1.	X	
2.		X
3.	X	
4.		X

3.

	[n]	[ɲ]	[ŋ]
1.		X	
2.	X		
3.		X	
4.	X		
5.			X

4.

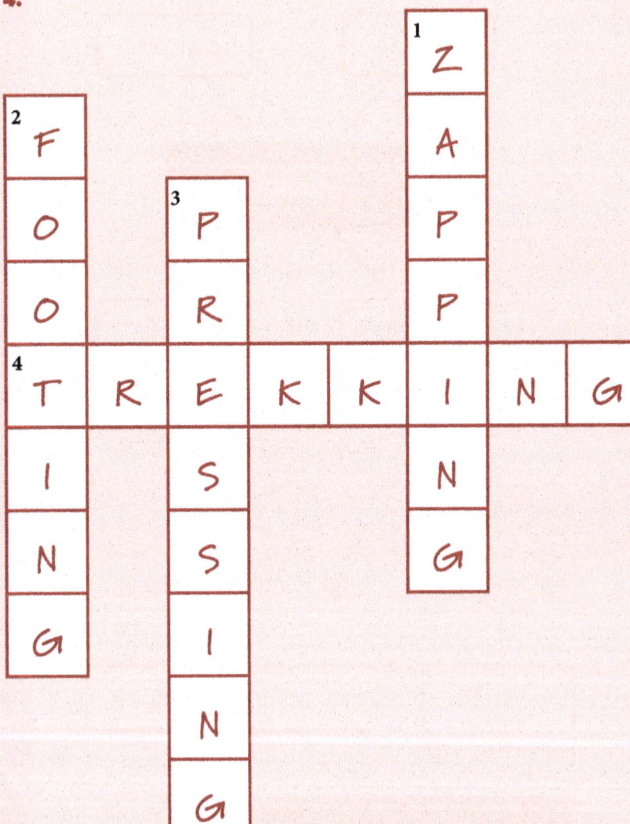

6. A.

1. [...] il est normal qu'il **craigne** de vieillir.
2. [...] beaucoup de personnes commencent à partir en voyage lorsqu'elles **atteignent** l'âge de la retraite.
3. Elle ne veut pas qu'il se **teigne** les cheveux [...]

REGARDS CULTURELS

11. LE VIVRE ENSEMBLE

A. Le thème de ce roman est les relations entre les personnes et notamment entre les différentes générations.

B. Réponse libre.

C. « se creuser le ciboulot [...] pour trouver des choses à lui raconter », « s'observer en chien de faïence », « Mmmm », « faire la gueule », « se tenir par la barbichette ».
Ils ne parviennent pas à communiquer car ils se trouvent dans une situation nouvelle (Paulette habite désormais dans une maison de retraite) qu'ils ont du mal à accepter. Le lieu est étranger à ce qu'ils ont connu et Franck n'accepte pas la situation : la visite à la maison de retraite est devenue pour lui une contrainte.

D. Franck utilise un niveau de langue familier :
« crever » ➞ mourir
« n'importe quoi » ➞ c'est incompréhensible
« se creuser le ciboulot » ➞ réfléchir
« le périph' » ➞ le périphérique
« s'observer en chien de faïence » ➞ se regarder de manière hostile
« se tenir par la barbichette » ➞ se regarder sans rien dire (d'un jeu pour les enfants où l'on doit se regarder dans les yeux en se tenant mutuellement le menton sans rire)
« ma tarée de mère » ➞ ma mère folle
« connerie » ➞ une erreur
« perdre la boule » ➞ perdre la tête/devenir fou

E. Paulette ne se sent pas à l'aise dans cette colocation : elle a peur de sortir de sa chambre, de se perdre, de tomber.
Franck et Camille réagissent de manière plutôt désagréable : « s'agaçait Franck », « en soupirant », « Camille s'adressa à elle sans détour et lui parla assez durement ».

12. LA COHABITATION INTERGÉNÉRATIONNELLE

A. Réponse libre.

B. Réponse libre.

C. Réponse libre.

3 NÉS SOUS LA MÊME ÉTOILE

DÉCOUVERTE

Premiers regards
- Donner son avis sur des campagnes de lutte contre les discriminations
- Différencier les termes pour parler de discrimination

Premiers textes
- Découvrir des discriminations surprenantes
- Discuter des préjugés et de leur origine

OBSERVATION ET ENTRAÎNEMENT

Grammaire
- La voix passive
- Exprimer le passif avec *se faire, se voir* et *se laisser*
- Exprimer la négation et la restriction
- Les procédés et figures de style

Méthodologie
- Élaborer une introduction et une conclusion

Lexique
- Les formes de discrimination
- Les causes de discrimination
- Les solutions contre la discrimination

Phonétique p. 157
- Le *h* français
- La prosodie du passif

REGARDS CULTURELS

Document
- *Le Racisme expliqué à ma fille*, Tahar Ben Jelloun

TÂCHES FINALES

Tâche 1
- Réaliser une vidéo antidiscrimination

Tâche 2
- Rédiger la fiche informative d'une association de lutte contre les discriminations

AVANT D'ENTRER DANS L'UNITÉ

Arrêtez-vous en groupe-classe sur l'intitulé de l'unité « Nés sous la même étoile » et sur la photographie qui l'accompagne. Demandez aux apprenants de décrire l'image (un bocal avec des poissons rouges encerclant un poisson noir) et posez-leur les questions suivantes :

- Que signifie l'expression « être né sous une bonne/mauvaise étoile » ? *Avoir de la chance, réussir ce que l'on entreprend/Ne pas avoir de chance.*
- Par déduction, qu'entend-on par « nés sous la même étoile » ? *Être tous égaux.*
- Est-ce que la photographie correspond à l'intitulé de l'unité « Nés sous la même étoile » ? *Non, justement la photographie illustre le fait que certains individus sont rejetés/discriminés à cause de leurs différences.*

DÉCOUVERTE

PREMIERS REGARDS

Objectifs

- Donner son avis sur des campagnes de lutte contre les discriminations
- Différencier les termes pour parler de discrimination

1. HALTE AUX DISCRIMINATIONS !

Mise en route

Demandez aux apprenants ce qui peut conduire à l'exclusion sociale d'une personne (à l'école, au sein d'une famille ou dans le monde professionnel : caractéristiques physiques [couleur de peau, âge, handicap...] ou culturelles [religion, façon de se vêtir...]). Laissez les apprenants s'exprimer librement.

Déroulement

A. Faites prendre connaissance du document pages 50-51 dans son ensemble : De quoi s'agit-il ? (C'est un site Internet dédié aux discriminations.) Après avoir lu la présentation du site, les apprenants identifient la nature des 6 documents (meilleures affiches de l'année). Puis, invitez-les à observer ces affiches qui dénoncent des discriminations. Formez des binômes et demandez-leur plus précisément quelles discriminations elles abordent. Procédez ensuite à une mise en commun des réponses en groupe-classe.

B. Afin de s'assurer de la bonne compréhension des slogans, demandez au groupe-classe de les expliquer. Ensuite, en petits groupes, chaque apprenant doit dire quelle campagne il préfère et pourquoi. Précisez qu'une campagne est une opération programmée de communication commerciale ou politique pour sensibiliser le public. Procédez ensuite à une mise en commun des réponses en groupe-classe. Encouragez les échanges entre les apprenants.

C. Avant d'aborder cette activité, attirez l'attention des apprenants sur les institutions ou entreprises à l'origine de ces messages (État français, société intérim, Laboratoire pour l'Égalité). Formez ensuite des groupes de 3 ou 4 apprenants et invitez-les, à leur tour, à présenter une campagne contre la discrimination dans leur pays en répondant aux questions suivantes : Votre gouvernement lutte-t-il également contre la discrimination (le racisme ou la xénophobie par exemple) ? Existe-t-il des associations dénonçant de telles pratiques ? Incitez-les à faire des recherches sur Internet pour illustrer leur propos à l'aide d'une affiche. Dans le cadre d'une classe multiculturelle, les apprenants devront traduire le slogan en français. À l'issue des échanges, chaque groupe choisit la campagne qu'il souhaite présenter au reste de la classe.

D. Cette activité amène les apprenants à différencier des termes au sens proche en les définissant. Formez des binômes. Pour les aider, mettez des dictionnaires unilingues à leur disposition. L'objectif n'est pas qu'ils recopient la définition proposée, mais qu'ils puissent saisir la nuance entre deux termes (par exemple « raciste » et « xénophobe »). Procédez à une mise en commun des réponses au sein du groupe-classe. Les apprenants choisissent les meilleures formulations.

Pour aller plus loin

Vous pouvez proposer aux apprenants de lire la citation de Victor Hugo en haut à droite de la page 51. Levez tout d'abord les difficultés lexicales « étouffer » (empêcher un sentiment de s'exprimer), « un ressentiment » (désir de se venger d'une injustice). Demandez ensuite aux apprenants d'expliquer ce qu'a voulu dire l'auteur (l'union fait la force). Incitez-les à commenter les propos de Victor Hugo et à réagir aux remarques des autres. Pour nourrir les échanges, il est possible d'opposer cette citation au proverbe « Diviser pour mieux régner » (réduire le pouvoir de ses opposants afin de mieux les contrôler). Demandez aux apprenants si ce proverbe existe aussi dans leur pays.

PREMIERS TEXTES

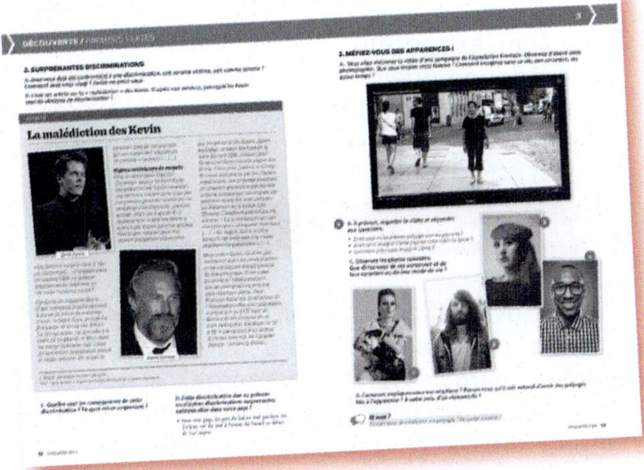

La malédiction des Kevin

Objectifs
- Découvrir des discriminations surprenantes
- Discuter des préjugés et de leur origine

2. SURPRENANTES DISCRIMINATIONS

Mise en route
Amenez les apprenants à réfléchir à l'influence de leur prénom sur leur vie à l'aide des questions suivantes : Aimez-vous votre prénom ? Pourquoi ? Quelles informations transmet-il sur vos origines, votre culture ? Pensez-vous qu'il y ait des prénoms qui favorisent ou freinent une carrière ? Laissez-les s'exprimer librement au sein du groupe-classe.

Déroulement
A. Faites travailler les apprenants en petits groupes afin de décrire une discrimination qu'ils ont vécue ou dont ils ont été témoins : Comment avez-vous réagi ? Lors de la mise en commun des réponses, invitez certains apprenants à partager leur expérience avec le reste de la classe s'ils le souhaitent. Incitez les autres à réagir.

B. Tout d'abord, demandez aux apprenants ce que leur évoque le prénom *Kevin*. Écrire le titre de l'article « La malédiction des Kevin » au tableau. Faites expliquer « malédiction » (condamnation au malheur). Invitez les apprenants à émettre des hypothèses sur les malheurs que subissent les Kevin en France (moqués pour l'origine américaine du prénom, mal vus par les intellectuels...). Puis, invitez-les à lire individuellement l'article. Demandez-leur de chercher la signification des termes suivants et leurs points communs (pour certains) : « moquerie » (action de tourner quelqu'un en ridicule), « susciter » (provoquer l'apparition de), « mépris » (sentiment par lequel on considère quelque chose ou quelqu'un indigne d'estime), « mesquinerie » (acte qui manque de noblesse, d'ouverture d'esprit) et « désobligeant » (blessant, désagréable). Posez-leur les questions suivantes pour guider la compréhension du texte :
- Quelle information un prénom peut-il fournir ? *Indicateurs de position sociale.*
- À quelle classe sociale appartiennent généralement les Kevin en France ? *Aux classes populaires.*
- Qui les dénigre et pourquoi ? *Les classes supérieures/intellectuelles, car elles préfèrent les prénoms plus classiques.*
- Quelles remarques/réactions les Kevin subissent-ils ? *Ils font l'objet de moqueries incessantes, ils suscitent le mépris et ils subissent les mesquineries et les remarques désobligeantes.*

Laissez les apprenants répondre aux questions librement et rebondir aux réponses des autres.

C. Dites aux apprenants de relire l'article en identifiant les conséquences de cette discrimination. Formez des binômes pour comparer leurs réponses. Puis, mettez les réponses en commun au sein du groupe-classe. Demandez-leur ensuite comment est perçu le prénom *Kevin* (un handicap social, un prénom « de beauf »). Finalement, amenez-les à commenter ces discriminations : Êtes-vous surpris ? Laissez-les s'exprimer librement et interagir entre eux.

D. Expliquez aux apprenants que c'est maintenant à leur tour de présenter une discrimination surprenante existant dans leur pays : Quelles sont les causes de ce mépris ? Faites travailler les apprenants en petits groupes. En guise de correction, invitez certains à partager leurs explications avec le reste de la classe.

Pour aller plus loin

Vous pouvez proposer aux apprenants de regarder le film *Le Prénom*. Puis, demandez-leur si le prénom du fils en question suscite autant d'animosité dans leur culture et s'il existe d'autres prénoms que l'on évite de donner à ses enfants.

3. MÉFIEZ-VOUS DES APPARENCES !

Mise en route
Écrivez le proverbe « L'habit ne fait pas le moine » au tableau et demandez aux apprenants ce qu'il signifie (les apparences sont trompeuses), s'il existe dans leur pays et ce qu'ils en pensent. Laissez-les échanger librement entre eux.

Déroulement

A. Formez des petits groupes. Avant de visionner la vidéo, les apprenants imaginent la vie, le caractère et les passe-temps de la femme sur la photographie : Que vous inspire-t-elle ? La mise en commun des hypothèses se fera à l'activité B.

B. Expliquez aux apprenants qu'ils vont visionner la vidéo d'une campagne de l'association Emmaüs. Dans un premier temps, demandez-leur s'ils connaissent cette association. Dans le cas contraire, invitez-les à effectuer des recherches sur Internet (cette association a été créée par l'abbé Pierre et lutte contre la pauvreté et l'exclusion). Diffusez la vidéo disponible sur l'espace virtuel de EMDL (http://espacevirtuel.emdl.fr/) ou sur YouTube (https://www.youtube.com/watch?v=4QiVYreygWM). Lors du visionnage, les apprenants doivent identifier les préjugés des passants et la description de Lisette (bénévole depuis 30 ans chez Emmaüs et soutien des migrants) afin de les comparer à leurs hypothèses (cf. activité A). Corrigez ensemble. Il est possible de faire à nouveau visionner la vidéo pour que les apprenants relèvent les commentaires des passants après avoir découvert qui est Lisette (c'est génial, fantastique, félicitations, bravo, je suis « émotionnée »/émue). Amenez-les à décrire leurs propres émotions et à commenter la musique (calme et triste).

C. À partir des photographies, les apprenants doivent imaginer le caractère et le mode de vie des personnes. Faites-les travailler en petits groupes. En guise de correction, chaque groupe décrit une personne. Le reste du groupe doit identifier de qui il s'agit. Incitez les apprenants à commenter les présentations.

D. En continuité de l'activité précédente, amenez les apprenants à justifier leurs hypothèses sur les personnes décrites : Pensez-vous qu'il soit naturel d'avoir des préjugés liés à l'apparence ? D'où viennent-ils ? Il est possible d'amener les apprenants à comparer leurs commentaires avec ceux émis lors de la mise en route pour souligner d'éventuelles différences entre avant et après la séquence.

Et vous ?

Demandez à l'ensemble des apprenants s'ils essaient de combattre leurs préjugés et de quelle façon (ex. : ne pas juger une personne sur ses caractéristiques physiques, le fait d'être blonde ne donne aucune indication sur le quotient intellectuel de la personne). Laissez-les en discuter librement au sein du groupe-classe.

Activité de prolongement

Pour voir d'autres vidéos sur la campagne d'Emmaüs, consultez le site de l'association (http://les-extraordinaires-emmaus.org/). Après avoir visionné quelques campagnes, vous pouvez demander aux apprenants quel bénévole de l'association ils admirent le plus et pourquoi.

Pour aller plus loin

Vous pouvez afficher d'abord la publicité de CAP48 qui est une parodie d'une publicité pour une célèbre marque de soutien-gorge. Si nécessaire, dévoilez la deuxième publicité pour aider les apprenants à comprendre le lien entre elles. Demandez-leur de les comparer et d'expliquer l'objectif de la première publicité (faire changer le regard des autres sur la différence : on peut être beau en étant différent...). Les campagnes sont disponibles depuis ce lien : http://storage.canalblog.com/83/10/778698/57184428.jpg

OBSERVATION ET ENTRAÎNEMENT

GRAMMAIRE ET LEXIQUE

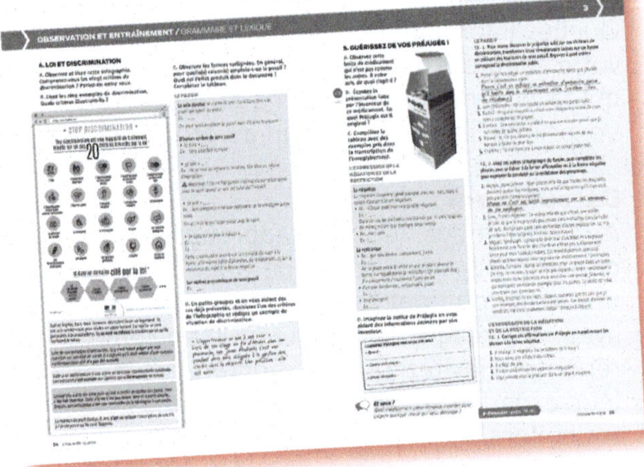

4. LOI ET DISCRIMINATION

Mise en route

Questionnez les apprenants sur les éventuelles sanctions encourues en cas de discrimination dans leur pays : Existe-t-il des lois condamnant les comportements discriminatoires ? Quels comportements sont condamnés ? (Exemples : licenciement d'une femme enceinte, d'une personne proche de la retraite, refus de louer un appartement, de rentrer dans une discothèque à cause de son physique...) Que risque l'accusé ? (En France, jusqu'à 3 ans d'emprisonnement et 45 000 euros d'amende.)

Si nécessaire, les apprenants peuvent effectuer des recherches sur Internet. Laissez-les discuter librement au sein du groupe-classe et incitez-les à réagir aux remarques des autres.

Déroulement

A. Proposez aux apprenants d'observer le document et posez-leur les questions suivantes pour guider leur compréhension :

- De quel document s'agit-il ? *Une infographie.*
- Quel en est le sujet ? *La discrimination : les critères de discrimination et les domaines dans lesquels ils s'appliquent.*
- Que contient la deuxième partie du document ? *Des témoignages.*
- Quelle est sa source ? *Le gouvernement français.*

Dans un deuxième temps, invitez-les à prendre connaissance des vingt critères de discrimination représentés par des pictogrammes. Assurez-vous de leur compréhension. Formez des groupes de 3 ou 4 apprenants pour qu'ils en discutent entre eux à partir des questions suivantes : Quels critères vous choquent le plus ? Connaissez-vous des cas liés à ces discriminations ? Pour la mise en commun des réponses, faites un tour de table.

B. Invitez à présent les apprenants à lire individuellement les témoignages en identifiant le critère qu'ils dénoncent. Pour la mise en commun des réponses, demandez-leur de résumer le cas en une phrase en employant l'expression de la cause. (Exemples : *Yaël et Sophie n'ont pas pu louer un appartement, car ils sont fumeurs – Comme Guy a des problèmes de santé, il n'a pas été engagé – Danièle a presque perdu son emploi, parce qu'elle avait fait grève – À cause de sa prise de poids, Véro a perdu son emploi – À cause de ses origines tsiganes, la mère de Darius n'a pas pu l'inscrire à l'école*). Il est également possible de faire relever les termes appartenant au champ lexical du travail (« entretien d'embauche », « recruter », « un renvoi », « licencier », « réintégrer »).

C. Commencez cette activité en demandant aux apprenants quel est le point commun entre les formes surlignées en jaune (elles sont à la voix passive) dans les témoignages, pour quelles raisons on emploie cette forme et quel est l'effet produit. Invitez-les ensuite à identifier les différentes tournures employées (*se voir* + infinitif, *se voir* + participe passé, *se laisser* + infinitif...). Faites ensuite compléter le tableau avec les occurrences. Pour les aider à différencier les structures *se voir* + infinitif et *se voir* + participe passé, indiquez-leur que si l'on peut remplacer se voir par être, il s'agit de la construction *se voir + participe passé*. Écrivez ces exemples au tableau :

– *Elle s'est vue confiée à sa grand-mère.*
= Elle a été confiée à sa grand-mère.
– *Elle s'est vu confier une mission délicate.*
= On lui a confié cette mission.

D. Dites aux apprenants qu'ils vont rédiger en petits groupes un exemple de situation de discrimination correspondant à un des critères de l'infographie en utilisant la voix passive. Faites lire l'exemple. Précisez qu'ils peuvent s'inspirer des cas mentionnés précédemment. En guise de correction, proposez-leur de lire leur production à la classe sans en mentionner le critère. Les autres apprenants doivent le trouver.

Pour aller plus loin

En classe, les apprenants peuvent réaliser les exercices 1 et 2 page 55 avant l'activité D.

Les apprenants pourront s'exercer en autonomie en effectuant les exercices 1, 2 et 3 pages 179-180.

5. GUÉRISSEZ DE VOS PRÉJUGÉS !

Déroulement

A. En groupe-classe, invitez les apprenants à observer la boîte de médicaments : Que représente cette photographie ? (Une boîte de médicament, un sirop.) Quel est son nom ? (Préjugix) Selon vous, s'agit-il vraiment d'un médicament ? Pour les guider, faites repérer les critères de discrimination sur la boîte. Laissez les apprenants échanger librement au sein du groupe-classe.

PISTE 7

B. Informez les apprenants qu'ils vont écouter une interview de Pyropat, l'inventeur du Préjugix. Lors de la première écoute, demandez-leur de repérer ce que soigne Préjugix (les préjugés) et quels sont les thèmes abordés (des préjugés, mais aussi des questions de société comme la reconversion professionnelle, la violence conjugale et l'homosexualité). Pour plus d'informations sur cette démarche artistique et citoyenne, consultez la page Facebook de l'association O.S. (https://fr-fr.facebook.com/oslassociation/).

C. Faites maintenant lire individuellement la transcription de l'interview pages 223-224. Levez les difficultés lexicales (« agglomération », « migraine »...). Formez des binômes et demandez-leur de souligner les formes négatives et restrictives (« ne... que », « ni... ni..., « sauf », « ne... plus », « sans », « rien que »). Il est possible de leur demander quels adverbes peuvent remplacer « ne...

« ne... que » et « rien que » (*uniquement, seulement, juste*) et que permet d'exprimer « ni... ni... » (double négation). Finalement, reportez ensemble les occurrences dans le tableau de la page 55.

D. Formez des binômes. À partir des informations recueillies dans cette séquence, proposez aux apprenants de rédiger la notice de Préjugix en utilisant la négation et la restriction à l'écrit. Pour les guider, demandez-leur quels types d'informations fournissent les notices de médicaments (moment de la prise/alimentation, grossesse, allaitement, dose, conduite, somnolence, risque...). En guise de correction, chaque groupe lit sa notice à la classe.

Et vous ?

Demandez tout d'abord au groupe-classe ce qui les agace dans la vie de tous les jours (incivilité, discrimination...). Regroupez les apprenants en fonction de leurs réponses. Chaque groupe invente un médicament pour soigner le « mal social » choisi. Incitez-les à réemployer le point grammatical traité précédemment pour formuler quelques précautions d'utilisation. En guise de correction, chaque groupe présente son remède à la classe. Invitez les autres apprenants à poser des questions sur le médicament.

Pour aller plus loin

En classe, les apprenants peuvent réaliser l'exercice 3 page 55 avant l'activité D.

Les apprenants pourront s'exercer en autonomie en effectuant les exercices 4, 5 et 6 pages 180-181.

Inter(culturel)

Faites visionner la publicité de Cofidis (https://www.youtube.com/watch?v=n-b_MlEM8z0). Demandez aux apprenants quel préjugé est dénoncé (les femmes n'ont pas le sens de l'orientation) et l'explication fournie (parce qu'elles suivent leur instinct maternel). Invitez-les ensuite à en analyser le message (dépasser ses idées reçues sur le crédit). Puis, demandez-leur s'ils connaissent des publicités dénonçant des préjugés.

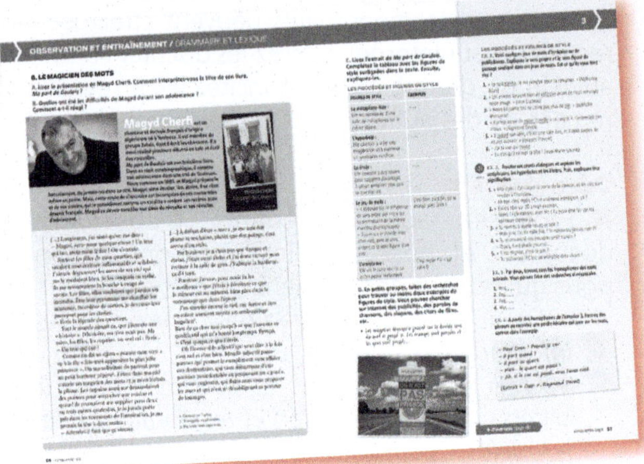

6. LE MAGICIEN DES MOTS

Mise en route

Faites écouter la chanson de Zebda *Ça va pas être possible* : https://www.youtube.com/watch?v=IAov0TOK4DQ. Demandez aux apprenants de repérer le thème traité (discrimination). Si nécessaire, distribuez-leur les paroles (http://www.paroles.net/zebda/paroles-je-crois-que-ca-va-pas-etre-possible). Quelles sont les situations de discrimination décrites ? (Entrée en discothèque, location d'un appartement, prêt bancaire.) Demandez-leur s'ils connaissent d'autres chansons sur le thème de la discrimination ou des groupes engagés comme Zebda.

Déroulement

A. Invitez les apprenants à lire individuellement la présentation de Magyd Cherfi, auteur et interprète, puis posez-leur les questions suivantes pour guider la compréhension :

- Qui est Magyd Cherfi ? *C'est un chanteur et écrivain français d'origine algérienne né à Toulouse. Il est membre du groupe Zebda dont nous avons vu le clip. Il a fait aussi des albums en solo.*
- À quel genre littéraire appartient *Ma part de Gaulois* ? *C'est une autobiographie.*

Expliquez ou faites expliquer tout d'abord ce qu'est un Gaulois (personne qui vient de la Gaule, région de l'Empire romain, ancêtres des Français pour certains). En groupe-classe, amenez ensuite les apprenants à interpréter le titre du livre *Ma part de Gaulois*.

B. Proposez aux apprenants de répondre collectivement aux deux questions posées à propos des difficultés rencontrées par Magyd Cherfi pendant son adolescence et la façon dont il a réagi. Faites expliquer l'expression « renier ses racines » (ne plus reconnaître ses origines) et le verbe « concilier » (rendre compatible des éléments divergents). Il est possible de demander aux apprenants s'ils attachent de l'importance à leurs racines et en cas d'identités culturelles multiples, s'ils arrivent à les concilier.

C. Faites lire individuellement l'extrait du livre *Ma part de Gaulois*. Avant d'identifier les procédés et figures de style, assurez-vous de la bonne compréhension du texte en posant les questions suivantes aux apprenants :

- Que décrit l'auteur dans ce passage ? *Son rapport à l'écriture.*
- Pour qui écrit-il ? *Ses copains, ses filles et sa mère.*
- Qu'attendent ces personnes de ces écrits ? *Elles veulent qu'il les divertisse (un truc qui tue), qu'il les fasse rêver (leur passeport pour les étoiles), qu'il les rende heureux (pour un petit bonheur pépère).*
- Comment a été qualifiée son écriture ? *Elle a été qualifiée de « sympa ».*
- Que pense l'auteur de ce qualificatif ? *Il veut tout et rien dire : ce n'est ni une critique, ni un éloge.*

Afin d'enrichir le lexique des apprenants, chacun d'eux cherche la signification d'un terme inconnu dans le texte. Mettez en commun les définitions. Faites ensuite prendre connaissance des figures de style du tableau page 57. Levez les difficultés lexicales (« métaphore », « davantage », « sens propre » et « sens figuré »). Formez des binômes et demandez aux apprenants de placer les occurrences surlignées en jaune dans le texte à la bonne place dans le tableau. Corrigez ensemble.

D. Invitez les apprenants à chercher deux exemples de figures de style issues d'une publicité, d'une chanson, d'un titre de film, etc. Faites prendre connaissance de l'exemple : Quelle figure est utilisée ? (Il s'agit d'un jeu de mots.) Pour aiguiller leurs recherches, proposez-leur de consulter les sites Internet suivants :

- L'association Remembeur pour découvrir l'exposition *Attention Travail d'arabe* : http://remembeur.com/lexposition-attention-travail-darabe-des-affiches-qui-demontent-les-stereotypes-sur-limmigration/
- Un autre site : http://www.vivelapub.fr/
- Pour des publicités classées par figure de style, consultez ce lien : http://www.pubenstock.com/2013/publicite-rhetorique-figures-de-style-langage-discours/

Il est possible de donner cette activité à réaliser individuellement à la maison. Lors du cours suivant, formez des groupes de 3 ou 4 apprenants pour qu'ils se présentent leurs documents. Lors de la mise en commun en groupe-classe, demandez à chaque groupe de donner deux exemples pour chaque figure de style.

Pour aller plus loin

En classe, les apprenants peuvent réaliser les exercices 1, 2, 3 et 4 page 57 avant l'activité D.

Les apprenants pourront s'exercer en autonomie en effectuant les exercices 7, 8 et 9 page 181.

MÉTHODOLOGIE

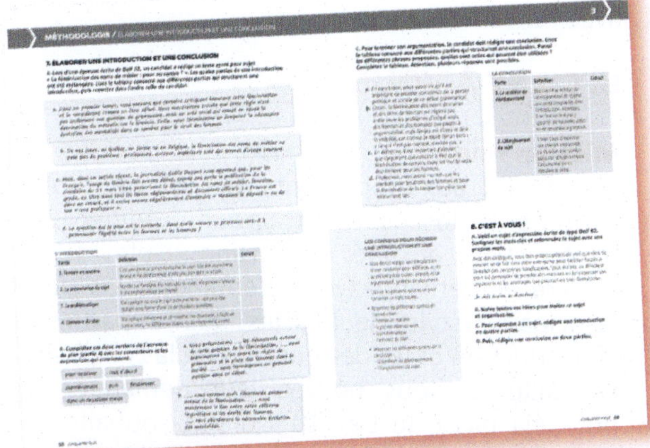

7. ÉLABORER UNE INTRODUCTION ET UNE CONCLUSION

Mise en route

Demandez aux apprenants s'ils savent à quoi servent une introduction et une conclusion d'un exposé ou d'une dissertation : Quelles informations contiennent-elles ? Notez au tableau les mots-clés cités par les apprenants.

Déroulement

A. Invitez les apprenants à lire individuellement le tableau consacré aux différentes parties d'une introduction et à les comparer avec leurs propositions énoncées précédemment. Puis, formez des binômes et demandez-leur de remettre dans l'ordre les quatre parties de l'introduction du candidat en respectant la structure présentée dans le tableau. Corrigez ensemble. Faites ensuite repérer dans la dernière partie de l'introduction les connecteurs chronologiques employés (« dans un premier temps », « ensuite », « enfin ») et travaillez sur la synonymie : Quels synonymes de ces termes connaissez-vous ? (« Tout d'abord », « premièrement » ; « puis », « dans un deuxième temps » ; « finalement », « pour conclure »...)

B. Proposez aux apprenants de compléter les deux annonces de plan avec les connecteurs chronologiques qui conviennent. Formez des binômes pour comparer les réponses. Procédez ensuite à une mise en commun des réponses au sein du groupe-classe.

C. Faites prendre connaissance du tableau consacré aux parties structurant une conclusion p. 59. Les apprenants doivent ensuite faire correspondre les phrases (a. b. c. d.) aux parties de la conclusion. Attirez leur attention sur les connecteurs chronologiques (*en conclusion, en définitive, finalement*) et les connecteurs logiques (*certes, mais, car*) employés. Invitez-les à comparer leurs réponses en petits groupes, puis corrigez avec l'ensemble de la classe.

8. C'EST À VOUS !

Mise en route

Demandez aux apprenants de lire le tableau contenant les conseils pour rédiger une introduction et une conclusion. Faites fermer le livre et demandez-leur d'énumérer les points principaux (style neutre, les quatre parties de l'introduction et les deux parties de la conclusion). Par ailleurs, vous pouvez leur demander s'ils ont déjà passé le Delf B1 ou s'ils souhaitent se présenter au Delf B2 et dans quel but. Laissez les apprenants répondre librement au sein du groupe-classe.

Déroulement

A. Faites prendre connaissance du sujet d'expression écrite et demandez aux apprenants de souligner les mots-clés. Formez des binômes pour comparer les réponses. Mettez ensuite les réponses en commun. Puis, toujours en binômes, invitez-les à reformuler le sujet avec leurs propres mots. Lors de la mise en commun des réponses, chaque groupe soumet sa reformulation à la classe.

B. Toujours en binômes, demandez aux apprenants de noter leurs idées pour traiter du sujet et de les organiser sous la forme d'un plan. Pour orienter leur réflexion, proposez-leur de faire des recherches sur Internet afin de contextualiser leur sujet et de recueillir des informations sur l'insertion des personnes handicapées dans le milieu professionnel (voir le site de l'organisation française Agefiph : https://www.agefiph.fr/Entreprise/Dossiers-pratiques/Recruter-une-personne-handicapee-les-5-bonnes-raisons). Procédez à une mise en commun des idées et invitez les apprenants à commenter les propositions.

C. À présent, proposez aux binômes de rédiger leur introduction (cf. conseils). Incitez-les à employer des connecteurs logiques et chronologiques. En guise de correction, chaque groupe lit sa production à la classe. Invitez les autres apprenants à repérer les quatre parties (entrée en matière, présentation du sujet, problématique, annonce du plan), ainsi qu'à commenter la clarté de l'introduction.

D. Proposez maintenant aux binômes de rédiger une conclusion. Précisez qu'il est de mise d'employer des connecteurs logiques pour présenter la synthèse. Pour l'ouverture du sujet, indiquez également qu'ils peuvent élargir le champ de réflexion à d'autres domaines en posant une nouvelle question. Procédez à la mise en commun en invitant les apprenants à relever les connecteurs utilisés. Les activités C et D peuvent également être données comme travail à la maison.

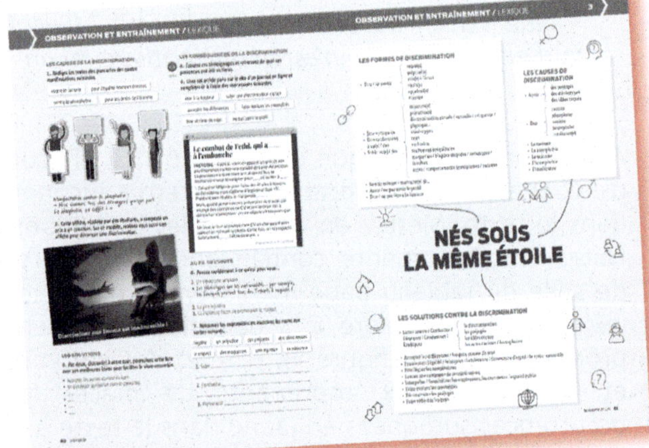

LEXIQUE

La plupart des exercices de cette page peuvent être réalisés en autonomie, que ce soit en travail à la maison ou en complément des exercices et activités des pages précédentes.

Exercice 1

Cette activité écrite peut s'effectuer en classe. Formez des binômes et demandez-leur de rédiger des textes pour des manifestations (contre le racisme, pour l'égalité homme-femme, contre la xénophobie, pour les droits de l'Homme). En guise de correction, chaque groupe fait une proposition pour l'une des quatre manifestations. Il est possible ensuite de faire scander les textes en classe comme lors d'une manifestation.

Exercice 2

Faites travailler les apprenants en petits groupes pour créer des affiches. Invitez-les à choisir une discrimination qu'ils aimeraient dénoncer et à rédiger leur slogan. Incitez-les à réemployer les procédés de figure de style. Puis, proposez-leur de sélectionner une image sur Internet ou dans un magazine pour illustrer leur propos. Affichez les productions au tableau. Invitez les apprenants à identifier la discrimination dénoncée et à commenter les affiches.

Exercice 3

Formez des binômes et proposez-leur de trouver des idées pour faciliter le vivre ensemble. Procédez à la mise en commun des idées. Invitez les apprenants à sélectionner les dix meilleures idées et reportez-les sur une feuille A3 intitulée : « Pour mieux vivre ensemble » que vous pourrez poster sur la page Facebook de l'école ou afficher dans la classe.

Exercice 6

Demandez tout d'abord d'expliquer le terme « stéréotype » (cliché). Proposez ensuite aux apprenants de penser individuellement à un stéréotype amusant, la pire injustice selon eux, et la meilleure manière de promouvoir le respect. Formez des petits groupes pour qu'ils échangent leurs idées. En guise de correction, chaque groupe présente à la classe le contenu des discussions sur l'un des trois sujets traités.

Carte mentale

La page 61 reprend l'ensemble des éléments lexicaux présentés dans l'unité 3 sous la forme d'un schéma qui permet de faciliter la mémorisation par la visualisation. N'hésitez pas à vous référer à cette page au cours de l'étude de l'unité ainsi qu'à la fin, pour effectuer un bilan sur l'ensemble des éléments lexicaux abordés. Vous pouvez effectuer différentes activités à partir de cette page :

- **Définitions express :** Constituez deux équipes, puis demandez à un membre de la première équipe de choisir un mot de la carte mentale. Les membres de l'équipe adverse doivent se concerter pour le définir le plus précisément possible. Comptez les points.
- **Remue-méninges :** Formez des trinômes. Énoncez des sujets/thèmes (critère de discrimination, solutions contre la discrimination, formes de discrimination...). Les apprenants doivent lister le maximum de termes en rapport avec le sujet. Pour dynamiser l'activité, limitez le temps de réponse. Pour comptabiliser les points : un point par réponse correcte, deux points pour une réponse qu'un seul groupe a proposée.

REGARDS CULTURELS

9. LA LITTÉRATURE CONTRE L'INTOLÉRANCE

Mise en route

Demandez au groupe-classe ce qui motive les auteurs à écrire (dénoncer des injustices, plaisir d'écrire et d'être lu, défendre des idées...). Demandez-leur s'ils écrivent (journal intime, poème, blog...) et pourquoi ils le font ou non.

Déroulement

A. Demandez aux apprenants s'ils connaissent Tahar Ben Jelloun. Le cas échéant, invitez-les à partager leurs connaissances. Sinon, proposez-leur de lire individuellement la présentation du texte en repérant pour quelles raisons il écrit (pour partager ses émotions et ses colères, pour dénoncer les injustices, dans le cas de ce livre pour répondre aux questions de sa fille) et quels sont ses sujets de prédilection (problèmes du monde arabe et des communautés immigrées).

B. Faites observer la couverture du livre et amenez les apprenants à la décrire : Que vous inspire cette image ? (Il y a un Noir et un Blanc. Ils se surveillent, ils s'observent du coin de l'œil. On a l'impression qu'ils se méfient l'un de l'autre.) Demandez-leur ensuite de lire individuellement le court texte d'introduction et de répondre aux questions posées. Procédez à une mise en commun des réponses au sein du groupe-classe.

10. EXPLIQUEZ L'INEXPLICABLE

Mise en route

En groupe-classe, demandez d'expliquer le racisme : D'où vient-il ? Que croient les personnes racistes ? (Peur de la différence, incompréhension, éducation parentale...) Laissez les apprenants s'exprimer librement au sein du groupe-classe.

Déroulement

A. Invitez les apprenants à lire l'extrait du livre *Le Racisme expliqué à ma fille* en relevant les caractéristiques d'un comportement raciste (se méfier des autres, mépriser des personnes physiquement et culturellement différentes, se croire supérieur à cause de sa couleur de peau, croire qu'il existe plusieurs races). Procédez à la mise en commun des réponses. Demandez ensuite aux apprenants s'ils sont d'accord avec l'explication de l'auteur et comment ils pourraient la compléter. Laissez-les en discuter librement en encourageant les interactions. Puis, faites repérer les termes employés pour présenter un comportement adopté par plusieurs personnes (commun, courant) et par tout le monde (universel).

B. Expliquez que ce texte est régulièrement étudié en France dans les écoles. Demandez aux apprenants s'ils trouvent que c'est approprié et pourquoi. Laissez les apprenants échanger librement. Invitez-les à réagir aux commentaires des autres.

11. LA MAGIE DU DIALOGUE

Déroulement

A. Faites lire la citation de Tahar Ben Jelloun. Formez des groupes de 3 ou 4 apprenants. Demandez-leur s'ils sont d'accord avec l'auteur et invitez-les à justifier leur point de vue. À l'issue des échanges, demandez à chaque groupe de présenter le contenu de sa discussion au reste de la classe. Invitez les autres apprenants à réagir aux opinions exprimées.

B. Formez des binômes et demandez aux apprenants de raconter une expérience qui les a ouvert sur quelque chose de nouveau, qui a changé leur point de vue sur quelque chose. En guise de correction, demandez à quelques apprenants de présenter l'histoire de leur groupe au reste de la classe.

C. Expliquez aux apprenants que c'est à leur tour de rédiger un court dialogue imaginaire pour expliquer une discrimination à un enfant. Demandez-leur de choisir une discrimination parmi celles listées page 54. Formez des groupes en fonction du thème sélectionné. Invitez-les ensuite à rédiger les questions du dialogue et à y répondre. En guise de correction, chaque groupe lit ensuite son dialogue à la classe.

TÂCHES FINALES

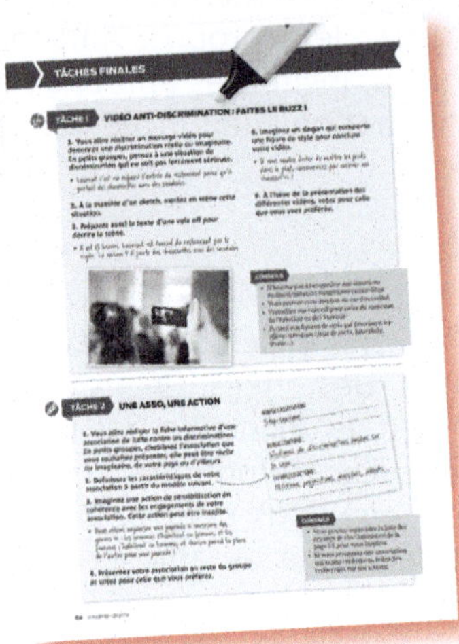

Tâche 1 : Vidéo anti-discrimination : faites le buzz !

Cette tâche étant à dominante orale, invitez les apprenants à parler et à intervenir le plus possible. Vous pouvez commencer cette activité en demandant aux apprenants ce qu'est un sketch (courte scène, généralement comique) et quelles sont les situations comiques qui les font le plus rire (maladresse, quiproquo…).

1. Annoncez aux apprenants qu'ils vont réaliser un message vidéo pour dénoncer une discrimination réelle ou imaginaire. Précisez que la situation peut être saugrenue voire insolite. Faites prendre connaissance de l'exemple. Formez ensuite des groupes de trois ou quatre apprenants pour échanger leurs idées et choisir la discrimination qu'ils souhaitent dénoncer. Passez dans les groupes pour valider leur choix.

2. Invitez les apprenants à mettre en scène leur situation à la manière d'un sketch. Précisez que leur texte devra contenir les informations suivantes : description du lieu, dialogues, intonations des personnages, indications de jeu (déplacements et comportement des personnages). Passez dans le groupe pour corriger les productions.

3. Amenez ensuite les apprenants à rédiger le texte de la voix off qui décrit la scène. Faites lire l'exemple : Quelles informations sont données ? (Quand, quoi, pourquoi ?) Invitez-les à fournir le même type d'informations dans la voix off. Incitez-les à employer la voix passive dans la mesure du possible. Passez dans les groupes pour apporter une aide ponctuelle.

4. Pour conclure leur vidéo, les apprenants doivent imaginer un slogan comportant une figure de style. Précisez que les jeux de mots, les hyperboles ou l'ironie favorisent les effets comiques. Pour cela, faites-les réfléchir à des mots-clés pour caractériser leur situation. Une fois tous les textes définis, proposez-leur de tourner leur vidéo avec leur smartphone (le tournage peut être réalisé lors du cours suivant). Invitez-les à interpréter le texte de la voix off en créant du suspense, de l'émotion ou de l'humour.

5. Après avoir visionné les vidéos ensemble, proposez un vote pour élire la meilleure vidéo. Invitez les apprenants à justifier leur choix.

Tâche 2 : Une asso, une action
Cette tâche étant à dominante écrite, attirez l'attention des apprenants sur les formes spécifiques à l'écrit étudiées dans cette unité.

1. Expliquez aux apprenants qu'ils vont présenter une association de lutte contre les discriminations ainsi qu'une action menée par celle-ci. Formez des groupes de trois ou quatre apprenants et demandez-leur de choisir une association réelle ou imaginaire. Dans le cas d'une association réelle, proposez-leur de faire des recherches sur Internet. Invitez-les tout d'abord à sélectionner une discrimination dans la liste page 54 et à imaginer leur association.

2. Dites ensuite à chaque groupe de choisir la cause défendue par leur association et d'en définir les caractéristiques à partir du modèle donné en exemple.

3. Proposez maintenant aux apprenants d'imaginer une action de sensibilisation en accord avec les engagements de leur association. Faites lire l'exemple et expliquer « action de sensibilisation » (une action permettant d'attirer l'attention pour sensibiliser le public). Incitez les apprenants à proposer des actions insolites comme dans l'exemple.

4. Invitez chaque groupe à présenter son association et l'action menée au reste de la classe. Procédez ensuite à un vote à main levée pour désigner l'action qu'ils ont préférée (la plus comique, la plus bizarre...).

DÉCOUVERTE

PREMIERS REGARDS

1. HALTE AUX DISCRIMINATIONS !

A. Ces affiches dénoncent la discrimination par la couleur de peau (nº1), l'âge (nº2), le sexe (nº3), l'apparence physique (nº4), le handicap (nº5), l'orientation sexuelle (nº6).

B.
Affiche 1 : Les personnes à la peau blanche sont plus facilement recrutées que les personnes de couleur. « Vous n'avez pas le profil » est une phrase passe-partout souvent utilisée par les recruteurs lorsqu'ils ne veulent pas justifier le fait de ne pas retenir un candidat. D'autres phrases similaires sont souvent utilisées : « On vous rappelle » ou « Désolé, on ne cherche personne ». Ces phrases négatives s'opposent à celles adressées au candidat de type européen : « Vous commencez lundi », « À demain » ou « À très bientôt ».
Affiche 2 : Les personnes âgées possèdent des connaissances et compétences qu'elles peuvent transmettre aux plus jeunes. L'homme présenté sur l'affiche possède non seulement des compétences professionnelles liées au poste (il est comptable) mais également transversales (« J'ai amené mon équipe de cadets en finale de la Coupe de France. » : il est capable de motiver une équipe).
Affiche 3 : Les femmes n'occupent pas une place égalitaire au sein des entreprises. Sur cette affiche, on peut voir un homme prendre la place d'une femme au sens propre, c'est-à-dire qu'il occupe son espace. Il semble également ne pas faire attention à l'inconfort ressenti par la femme. Cette image permet de dénoncer le manque de considération pour les femmes dans les entreprises, que ce soit pour les postes attribués ou la place qu'elles tiennent au sein des équipes.
Affiche 4 : L'apparence physique ne doit pas être un critère de recrutement. Sur cette affiche, on peut voir une personne qui se cache le visage dans un sac de papier. Cette image permet de dénoncer le fait de prendre en considération les critères physiques dans le recrutement. Les personnes au physique moins avantageux ne devraient pas avoir à se cacher afin d'obtenir un poste.
Affiche 5 : Le handicap n'empêche pas cette personne de bien faire son travail. Cette affiche joue avec l'expression « être/ne pas être à la hauteur » qui signifie « avoir assez de compétences pour effectuer un travail » et « être de petite taille ». Cela permet de souligner que la jeune femme, même de petite taille, est tout à fait capable de faire son travail comme les autres employés.
Affiche 6 : L'homophobie a des conséquences graves sur les personnes qui en sont victimes. La complexité de la phrase présentée sur l'affiche reflète l'état d'esprit de la jeune fille homosexuelle. La lecture de cette phrase nous permet de nous mettre dans sa peau, de mieux comprendre sa situation et nous pousse à devenir plus tolérants envers les personnes homosexuelles.

C. Réponse libre.

D. *Suggestion de réponses :*
Discrimination : fait de défavoriser une personne selon un critère spécifique (âge, couleur de peau, préférence sexuelle...).
Préjugé : jugement formé à l'avance et qui oriente en bien ou en mal notre comportement face à un groupe de personnes.
Xénophobie : sentiment d'hostilité envers les personnes étrangères (de nationalité ou d'un groupe ethnique différent).
Racisme : jugement qui considère l'idée de la supériorité de certains êtres humains sur d'autres.
Homophobie : comportement hostile envers les personnes homosexuelles.
Intolérance : refus d'admettre des idées différentes des siennes.

PREMIERS TEXTES

2. SURPRENANTES DISCRIMINATIONS

A. Réponse libre.

B. D'après l'auteur, les Kevin sont victimes de discrimination car ce prénom est associé aux classes populaires et est souvent considéré comme de mauvais goût.

C. Les Kevin sont victimes de moqueries mais ont également plus de difficultés à trouver un travail. À CV égal, les personnes nommées Kevin ont moins de chance d'obtenir le poste. Cela paraît surprenant qu'un simple prénom soit l'objet de tels préjugés.

D. Réponse libre.

3. MÉFIEZ-VOUS DES APPARENCES !

A. Réponse libre.

B. Réponse libre.

C. *Suggestion de réponses :*
Personne 1 : On peut imaginer qu'elle est la femme d'un riche investisseur. C'est une personne très difficile et superficielle. Elle passe sûrement beaucoup de temps à faire les magasins et préfère les produits de luxe (manteaux en fourrure, sac à main de grande marque, bijoux...).
Personne 2 : C'est un jeune qui a décidé de vivre à la campagne parce qu'il considère que la vie dans les grandes villes n'est pas assez « vraie ». Il n'achète que des produits bio et issus du commerce équitable et il est végétarien. Il participe souvent à des manifestations pour soutenir les actions en faveur de l'environnement.
Personne 3 : C'est une jeune étudiante ou salariée qui s'intéresse à la culture « indie ». Elle travaille peut-être dans un magasin de piercing ou de tatouages. Elle écoute de la musique rock et fréquente probablement les milieux alternatifs. Elle sort souvent dans des bars.
Personne 4 : C'est un jeune homme issu de l'immigration, de deuxième génération. Ses parents sont nés à l'étranger mais lui a grandi en France. Même s'il n'est pas issu d'une famille « intellectuelle », il s'est investi

à fond dans sa scolarité et étudie maintenant dans une école de commerce.

D. Réponse libre.

OBSERVATION ET ENTRAÎNEMENT

GRAMMAIRE ET LEXIQUE

4. LOI ET DISCRIMINATION

A. Réponse libre.

B.
Exemple 1 : Les mœurs
Exemple 2 : L'état de santé
Exemple 3 : Les activités syndicales
Exemple 4 : L'apparence physique
Exemple 5 : L'appartenance ou non à une ethnie

C. LE PASSIF

La voix passive met l'accent sur le sujet de la phrase qui subit l'action au lieu de la faire. Dans les exemples, cela renforce le fait que les personnes sont les victimes d'une discrimination.
La voix passive se construit avec l'auxiliaire être + participe passé du verbe.
Ex. : *Il n'a pas été recruté.*
Danièle [...] a été menacée.
On peut aussi exprimer le passif avec d'autres tournures.

D'autres verbes de sens passif
• *Se faire* + **infinitif**
Ex. : *Véro s'est fait licencier*
• *Se voir* + **infinitif**
Ex. : *Ils se sont vu refuser la location. Elle s'est vu refuser l'inscription.*
⚠ Attention ! On ne fait jamais l'accord du participe passé avec le sujet quand se voir est suivi de l'infinitif.
• *Se voir* + **participe passé**
Ex. : *Son entreprise s'est vue contrainte de la réintégrer à son poste*

On accorde le participe passé avec le sujet.
• *Se laisser / ne pas se laisser* + **infinitif**
Ex. : *Guy s'est laissé piéger.*
Ex. : *Elle ne s'est pas laissé faire.*
Cette construction insiste sur la passivité du sujet à la forme affirmative (idée d'abandon, de résignation), et sur la résistance du sujet à la forme négative.

Les verbes pronominaux de sens passif
Ex. : *Une pression s'est exercée sur Danièle.*

D. Réponse libre.

5. GUÉRISSEZ VOS PRÉJUGÉS !

A. Réponse libre.

B. Il s'agit d'un moyen original de remettre en cause ses idées reçues : il est présenté comme un vrai médicament, une solution miracle qui permettrait de se soigner contre ses propres préjugés. De ce fait, le fait d'avoir des préjugés est considéré comme une maladie, dont il faut guérir. En lisant la « notice », on peut mieux comprendre certains problèmes de société et lutter contre ses préjugés.

C. L'EXPRESSION DE LA NÉGATION ET DE LA RESTRICTION

La négation
La négation s'exprime généralement avec *ne... pas*, mais il existe d'autres formes négatives.
• *ni... ni* (pour exprimer une double négation)
Ex. : *Préjugix ne guérira ni vos maux de ventre ni vos migraines.*
Dans ce cas, les éléments coordonnés par ni sont toujours de même nature (par exemple, deux noms).
• *Ne...plus...sans*
Ex. : *Vous ne pourrez plus vivre sans lui.*

La restriction
• *Ne... que* (seulement, uniquement, juste)
Ex. : *Il n'a qu'un an, mais il rencontre déjà beaucoup de succès !*
Préjugix ne concerne pas que des questions de santé.
On n'a pu le trouver [...] que le 12 décembre 2015.
Ne se place avant le verbe et *que* se place devant le terme sur lequel porte la restriction. On pourrait dire :
Il a uniquement / seulement / juste un an.
• *Rien que* (seulement, uniquement, juste)
Ex. : *Rien que pour nos auditeurs...*
• *Sauf* (excepté)
Ex. : *Sauf si les idées reçues vous rendent malade !*

D. *Suggestion de réponses :*
Quand : À prendre d'urgence dans une situation où vous vous sentez influencé par des idées préconçues ou des stéréotypes. À consommer sans modération, matin, midi, soir, de 0 à 199 ans.
Contre-indications : Ne pas prendre ce médicament ou à consommer avec modération si vous avez déjà un cœur d'artichaut.
Effets désirables : Tolérance, respect, ouverture d'esprit, liberté de conscience, accepter les gens comme ils sont, mieux vivre ensemble. Rien qu'en quelques jours, ce médicament vous donnera envie d'aller serrer dans vos bras toutes les personnes que vous ne supportiez pas avant.

EX. 1. *Suggestion de réponses :*
1. *Cf. exemple.*
2. Jean-Christophe s'est fait insulter en raison de sa petite taille. (critère : apparence physique)
3. Rachid s'est vu refuser un chèque dans un grand magasin en raison de son nom à consonance étrangère. (critère : appartenance à une ethnie)
4. Émeline s'est vu refuser un poste parce qu'elle était mère de quatre enfants. (critère : situation de famille)
5. Roland s'est vu refuser un crédit immobilier auprès de sa banque à cause de son âge. (critère : âge)
6. Charline s'est fait licencier à son retour de congé maternité. (critère : grossesse)

EX. 2.
1. *Cf. exemple.*
2. Sami s'est laissé décourager par le videur de la boîte de nuit.

3. Miguel ne s'est pas laissé intimider par le directeur de l'hôtel.
4. Natacha s'est laissé convaincre par le courriel qu'elle a reçu.
5. Sophie ne s'est pas laissé mettre à l'écart par son patron.

EX. 3.
1. Il ne soigne ni la migraine, ni les irritations, ni la toux !
2. Vous n'aurez que des effets désirables.
3. Il n'a qu'un an.
4. Il ne traite pas que des violences conjugales.
5. Vous ne pouvez vous le procurer rien que dans les pharmacies de l'agglomération du Grand-Villeneuvois.

6. LE MAGICIEN DES MOTS

A. À travers ce titre, il décrit sa double identité culturelle : ce que d'un côté la culture française lui a apporté et de l'autre, son attachement à ses racines algériennes. Le mot « gaulois » (habitant de la Gaule, ancien nom de la France) fait référence à l'identité française.

B. Il est en décalage avec les jeunes de son âge et du milieu social dont il est issu car il est passionné par la langue et les mots. Il veut faire des études, passer son bac. Il a réagi en poursuivant ses rêves même s'il était incompris et moqué par ses amis et voisins.

C. LES PROCÉDÉS ET FIGURES DE STYLE

FIGURES DE STYLE	EXEMPLES
La métaphore filée : Elle est constituée d'une suite de métaphores sur le même thème.	– Mets-nous le feu ! [...] qui savaient mon écriture inflammable. – Elles voulaient que j'écrive un incendie. – Être leur pyromane me chauffait les neurones.
L'hyperbole : Elle consiste à créer l'exagération et à exprimer un sentiment extrême.	Un truc qui tue !
La litote : Elle consiste à dire moins pour suggérer davantage, à laisser entendre plus que ce que l'on dit.	C'est sympa ce que t'écris.
Les jeux de mots : – Ils s'appuient sur la différence de sens entre des mots qui se prononcent de la même manière (homophones). – Ils jouent sur le double sens d'un mot, avec le sens propre et le sens figuré d'un mot.	C'est bon, c'est fin, ça se mange sans faim ! Je les croquais en verbes.
L'antiphrase : Elle dit le contraire de ce que l'on pense réellement.	C'est malin ! (C'est idiot !)

D. Réponse libre.

EX. 1.
1. **Tomber :** sens propre ➞ perdre l'équilibre ; sens figuré ➞ « la nuit tomba » = le soleil se couche
2. **Réfléchir :** sens propre ➞ renvoyer l'image de quelque chose ; sens figuré ➞ penser à quelque chose
3. **Blé :** sens propre ➞ céréale pour faire la farine ; sens figuré ➞ l'argent
4. **Prêter l'oreille :** sens propre ➞ prêter = mettre à disposition un objet quelque chose pendant une période déterminée ; sens figuré ➞ « prêter l'oreille » = écouter attentivement
5. **Suivait :** sens propre ➞ avancer derrière quelqu'un ; sens figuré ➞ comprendre le cheminement d'une idée
6. **Baisse :** sens propre ➞ aller vers le bas ; sens figuré ➞ diminuer

EX. 2.
1. « C'est vraiment intelligent, ça ! » ➞ antiphrase ; Signification : Tu n'as pas agi de façon intelligente.
2. « Félicitations, mon fils ! Tu peux être fier de toi ! » ➞ antiphrase ; Signification : Tu devrais avoir honte d'avoir eu 0 sur 20.
3. « Je te l'ai dit mille fois ! » ➞ hyperbole ; Signification : Je te l'ai répété plusieurs fois.
4. « Il est plutôt pas mal... » ➞ litote ; Signification : Il est mignon.
5. « C'est un véritable Dieu vivant ! » ➞ hyperbole ; Signification : Il est très beau.

EX. 3.
1. Vert (couleur), vers (direction), verre (matériau), ver (animal), vaire (fourrure de couleur blanche).
2. Eau (liquide), haut (de grande taille), au (préposition, *à* + *le*), os (organe solide qui constitue le corps) ho et oh (onomatopées), ô (expression poétique ou littéraire pour interpeller).
3. Poil (éléments sur la peau), poêle (ustensile de cuisine).
4. Mer (étendue d'eau), mère (membre de la famille), maire (responsable politique d'une municipalité).

MÉTHODOLOGIE

7. ÉLABORER UNE INTRODUCTION ET UNE CONCLUSION

A.

PARTIES	DÉFINITIONS	EXTRAIT
1. Une entrée en matière	C'est une amorce qui contextualise le sujet. Elle doit accrocher le lecteur et lui donner envie d'aller plus loin dans la lecture.	b
2. La présentation du sujet	Fondée sur l'analyse des mots-clés du sujet, elle permet d'aboutir à une problématique pertinente.	c
3. Une problématique	Elle explique en quoi le sujet pose problème : elle peut être rédigée sous forme d'une ou plusieurs questions.	d
4. L'annonce du plan	Elle annonce clairement et de manière très structurée, à l'aide de connecteurs, les différentes étapes du développement à venir.	a

B.

a. Nous présenterons **tout d'abord** les désaccords autour de cette question de la féminisation, **puis** nous examinerons le lien entre les règles de grammaire et la place des femmes dans la société. **Finalement**, nous terminerons en prenant position dans ce débat.

b. Premièrement, nous verrons quels désaccords existent autour de la féminisation. **Dans un deuxième temps**, nous montrerons le lien entre cette réforme linguistique et les droits des femmes. **Pour terminer**, nous aborderons la nécessaire évolution des mentalités.

C. LA CONCLUSION

PARTIE	DÉFINITION	EXTRAIT
1. La synthèse du développement	Elle constitue le bilan du développement et répond aux questions posées dans l'introduction. Attention, il ne faut surtout pas y apporter de nouvelles idées ou de nouveaux arguments.	a, d
2. Un élargissement du sujet	Il peut s'agir d'exprimer une opinion personnelle ou d'utiliser une citation adéquate afin de terminer l'argumentation en élargissant le débat.	b, c

8. C'EST À VOUS !

A. Je dois écrire au directeur pour lui exposer la situation concernant l'accès à l'emploi pour les personnes handicapées dans notre entreprise. À l'aide de différents arguments, je dois le convaincre de prendre des mesures pour favoriser le recrutement de ce type de personnes.

B. Arguments en faveur des personnes handicapées :
– Il est nécessaire de garantir une égalité entre les personnes dans le recrutement ;
– Les personnes handicapées peuvent être tout aussi efficaces que les personnes valides si les tâches sont adaptées à leurs capacités ;
– Les membres de l'équipe deviennent plus ouverts d'esprit, plus solidaires.

C. *Suggestion d'introduction :*
Depuis ces dernières années, les pouvoirs publics ont mis l'accent sur la lutte contre les préjudices envers les personnes souffrant d'invalidité. Dans le domaine social et professionnel, l'équité est devenue une évidence. De nombreuses mesures ont été mises en place dans ce sens comme la loi de 2010 stipulant que les entreprises de plus de 20 salariés doivent compter au moins 6 % de travailleurs handicapés dans leur équipe. Il est cependant surprenant de constater par ailleurs que cette catégorie de travailllleurs subit un taux de chômage deux fois plus élevé que les personnes valides. Cette situation nous fait donc réfléchir à la place des personnes handicapées dans notre société. De quelle manière pouvons-nous améliorer leur insertion ? Comment apporter des solutions concrètes aux problèmes d'emploi qui se posent à elles ? Tout d'abord, nous examinerons les causes en mettant en avant les différents facteurs qui peuvent freiner le recrutement des personnes en situation de handicap. Dans un deuxième temps, nous ferons le point sur les problèmes que celles-ci rencontrent dans leur recherche d'emploi ou lors de leur intégration dans l'entreprise. Je proposerai finalement des solutions concrètes permettant d'améliorer leur accueil.

D. *Suggestion de conclusion :*
Finalement, la création d'équipes « mixtes » comptant parmi elles des personnes handicapées et valides apparaît comme un réel atout pour les entreprises. La richesse apportée sur le plan humain et professionnel est une évidence et les équipes n'en deviennent que plus dynamiques et solidaires. Cette démarche permet non seulement de changer le regard du grand public sur la différence et les préjugés tout en améliorant la situation des personnes qui en sont victimes. Il me paraît néanmoins important d'étendre ces actions au-delà du domaine professionnel en s'intéressant aux autres problèmes que ces personnes rencontrent au quotidien.

LEXIQUE

1. *Suggestion de réponses :*
Contre le racisme : « Notre identité est plurielle », « Repoussons les clichés sur les autres », « Tous différents, tous égaux ».
Pour l'égalité hommes-femmes : « L'intelligence n'a pas de sexe ».
Contre la xénophobie : « Les étrangers sont une richesse ».
Pour les droits de l'Homme : « Les droits, c'est partout, pour tous ».

2. Réponse libre.
3. *Suggestion de réponses :*
– Rester toujours ouvert aux idées des autres.
– Favoriser le dialogue.
– Aider les autres quand ils sont en difficulté.
– Agir avec respect et sans violence.

4.
Témoignage 1 : Elle est victime de discrimination par le sexe.
Témoignage 2 : Il a été défavorisé à l'embauche car son ami avait des contacts dans cette entreprise.
Témoignage 3 : Il est victime de discrimination liée à la couleur de la peau.
Témoignage 4 : Elle est victime de moqueries de la part de ses collègues à cause de son handicap.

5. Le combat de Fethi, qui a **subi une discrimination raciale.**

HISTOIRE – Fethi K. vient de gagner un procès aux Prud'hommes contre une société de Loire-Atlantique.
La procédure a duré trois ans. Aujourd'hui, ce trentenaire veut témoigner pour **faire évoluer les mentalités** et inciter **à accepter les différences.**
« J'ai quitté l'Algérie pour faire des études à Nantes où j'ai obtenu mon diplôme d'ingénieur (bac +5). Pendant mes études, je n'ai jamais **été victime de rejet.**
Mais quand je me suis mis à chercher du travail, j'ai envoyé des centaines de CV et je n'arrivais pas à décrocher d'entretien : on me répondait toujours que je **n'avais pas le profil**. Un jour, je leur ai envoyé mon CV en changeant mon nom et en retirant la photo. Cette fois, on m'a rappelé. Subitement, **j'étais à la hauteur**. J'étais écœuré. »

6. Réponse libre.

7.
1. **Subir :** un préjudice, des moqueries, une injustice.
2. **Combattre :** des préjugés, des idées reçues.
3. **Promouvoir :** l'égalité, le respect, la tolérance.

PHONÉTIQUE

1. *Échauffement.*

2.

	ASPIRÉ	NON ASPIRÉ
1.	X	
2.	X	
3.		X
4.		X
5.		X

3. A.
1. Mon handicap sera une force pour aller tout en haut de l'échelle sociale.
2. Je ne peux rien attraper en hauteur car je suis trop petite.
3. Les hasards de la vie font qu'il y a des hauts et des bas.

3. B. *Répétition de mots.*

4. A.
1. Anneke s'est vu attribuer un emploi protégé.
2. Rudy ne s'est pas laissé abattre et a finalement obtenu le poste.
3. Carl ne s'est pas laissé décourager quand il a été licencié.

4. B. *Lecture à haute voix.*

5. A.

MOT	ASPIRÉ	NON ASPIRÉ
Hauteur	X	
Halte	X	
Haine	X	
Homophobie		X
Handicap	X	
Héros	X	
Histoire		X
Homophone		X
Hyperbole		X
Homme		X

5. B. Réponse libre.

REGARDS CULTURELS

9. LA LITTÉRATURE CONTRE L'INTOLÉRANCE

A. Réponse libre.

B. L'auteur s'adresse à sa fille mais de manière plus large à tous les enfants et leurs parents. Il a décidé d'écrire sur le thème du racisme car il considère que c'est un sujet important qu'il faut aborder rapidement avec les enfants. En effet, quand ils sont jeunes, ils n'ont pas encore de préjugés.

10. EXPLIQUER L'INEXPLICABLE

A. Le comportement raciste est le fait de se méfier ou de mépriser des personnes ayant des caractéristiques physiques et culturelles différentes des nôtres.
On peut compléter cette explication en précisant que les comportements racistes peuvent conduire à des comportements plus extrêmes : violence, discrimination sociale ou même ségrégation.

B. Ce texte est pertinent pour une utilisation dans les écoles car il répond de manière simple aux questions formulées par un enfant. Il permet d'anticiper les interrogations ou les inquiétudes des enfants de cet âge.

11. LA MAGIE DU DIALOGUE

A. Réponse libre.

B. Réponse libre.

C. Réponse libre.

4 MES AMIS, MES AMOURS

DÉCOUVERTE

Premiers regards
- Découvrir les effets de l'amour sur le corps
- Comparer l'amour et l'amitié
- Découvrir des expressions idiomatiques sur l'amour

Premiers textes
- Découvrir des formes traditionnelles et nouvelles d'expression sentimentale
- Donner son avis sur l'exposition de sa vie de couple en ligne

OBSERVATION ET ENTRAÎNEMENT

Grammaire
- L'expression des sentiments
- L'expression du but
- L'accord du participe passé
- L'expression du regret

Méthodologie
- Rédiger un résumé

Lexique
- Les expressions idiomatiques de l'amour
- Les surnoms affectueux
- Les rencontres amoureuses
- Le couple
- Le romantisme
- La séduction en ligne
- L'amitié

Phonétique p. 158
- Le [l] et le [ʀ]
- « L' » avec le pronom *on*

REGARDS CULTURELS

Document
- *L'Écume des jours*, Boris Vian

TÂCHES FINALES

Tâche 1
- Faire une déclaration de non-amour à une personne célèbre

Tâche 2
- Rédiger le scénario d'une histoire d'amour incroyable

AVANT D'ENTRER DANS L'UNITÉ

Arrêtez-vous en groupe-classe sur l'intitulé de l'unité « Mes amis, mes amours ». Demandez aux apprenants ce qui est le plus important pour eux : l'amitié ou l'amour, et amenez-les à justifier leur point de vue. Invitez-les ensuite à expliquer ce qu'est pour eux un/e ami/e (c'est une personne sur qui on peut compter, qui vous aime malgré vos défauts...) et un/e amoureux/se (c'est une personne sans qui on ne peut pas vivre, avec qui on partage sa vie...).

DÉCOUVERTE

PREMIERS REGARDS

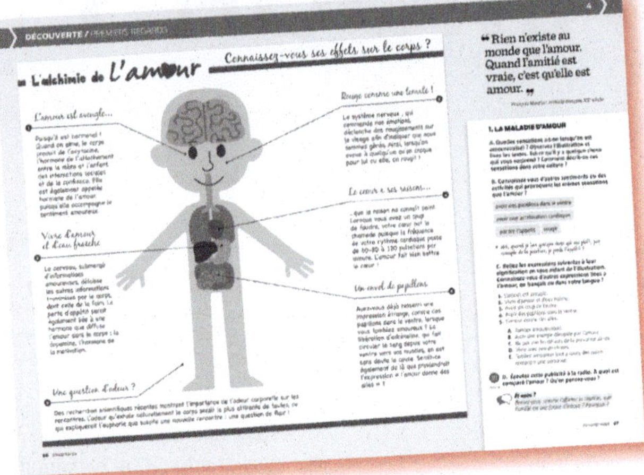
L'alchimie de l'amour

« Rien n'existe au monde que l'amour. Quand l'amitié est vraie, c'est qu'elle est amour. »

Objectifs

- Découvrir les effets de l'amour sur le corps
- Comparer l'amour et l'amitié
- Découvrir des expressions idiomatiques sur l'amour

1. L'ALCHIMIE DE L'AMOUR

Mise en route

Invitez les apprenants à compléter la proposition « Être amoureux, c'est... » (être heureux, se laisser vivre... ou effrayant, ne plus voir ses amis...). Laissez-les en discuter librement dans le groupe-classe et stimulez les interactions.

Déroulement

A. Dans un premier temps, demandez au groupe-classe ce que l'on éprouve lorsqu'on est amoureux, quelles peuvent être les manifestations physiques de cet état (rythme du cœur qui s'accélère, visage qui rougit, rire nerveux...). Invitez-les ensuite à lire le titre du document « *L'alchimie de l'amour* et à observer l'illustration : À votre avis, de quoi parle ce texte ? (Des réactions physiques de notre corps quand on est amoureux). Faites lire les textes et demandez d'y repérer les différentes parties du corps citées (cerveau, estomac, système nerveux et cœur). Faites également relever les effets de l'amour sur le corps (production de l'ocytocine = hormone de l'attachement, perte d'appétit, rougissements, accélération du rythme cardiaque et papillons dans le ventre). Puis faites expliquer les expressions suivantes : « perdre l'appétit » (ne plus avoir faim), exhaler une odeur » (répandre une odeur), « craquer pour quelqu'un » (tomber sous le charme de quelqu'un), « avoir le cœur qui bat la chamade » (avoir le cœur qui bat très fort sous le coup d'une émotion) et « avoir des papillons dans le ventre » (avoir le ventre qui se ressert et se réchauffe, ressentir des chatouillements dans le ventre). Demandez aux apprenants s'ils connaissaient toutes ces sensations, si l'une d'entre elles les surprend et comment elles sont décrites dans leur culture. Laissez-les en discuter librement au sein du groupe-classe et incitez-les à interagir.

B. Formez des petits groupes et proposez-leur de décrire d'autres sentiments ou activités provoquant les mêmes sensations que l'amour. Faites prendre connaissance des étiquettes et de l'exemple. À l'issue des échanges, procédez à la mise en commun des discussions.

C. Formez des binômes et demandez-leur de faire les bonnes associations. Mettez des dictionnaires unilingues à leur disposition. Corrigez ensemble. Demandez-leur ensuite si ces expressions existent dans leur langue et s'ils connaissent d'autres expressions liées à l'amour en français (*l'amour a ses raisons que la raison ne connaît pas, filer le parfait amour...*).

PISTE 10

D. Annoncez aux apprenants qu'ils vont écouter une publicité radiophonique. Posez-leur les questions suivantes :

- Quels symptômes l'homme ressent-il ? *Il se sent bizarre, il a chaud, il a froid, il a des frissons et il a des papillons dans le ventre.*
- À quelle émotion associe-t-il ces symptômes ? *À l'amour.*
- Cette publicité est-elle réaliste ? *Non, c'est une publicité humoristique.*

Puis demandez-leur de répondre aux questions de la consigne. Vous pouvez reformuler la première question (À quoi est comparé l'amour ?) : Quelle maladie provoque les mêmes symptômes que le coup de foudre ? (La gastro-entérite) Faites expliquer la conclusion « Ça va pas la tête ! » (= Tu dis n'importe quoi !) Demandez finalement aux apprenants ce qu'ils en pensent : s'ils considèrent que l'amour a les mêmes symptômes qu'une maladie. Invitez-les à commenter les propos des autres.

Et vous ?

Faites lire la citation de François Mauriac en haut à droite de la page 67. Invitez les apprenants à l'expliquer (l'amitié profonde et l'amour sont un seul et même sentiment, il n'y a pas de hiérarchie entre eux). Demandez-leur ensuite s'ils sont d'accord avec l'auteur et de justifier leur point de vue à l'aide d'exemples concrets et personnels. Encouragez les échanges au sein du groupe-classe.

PREMIERS TEXTES

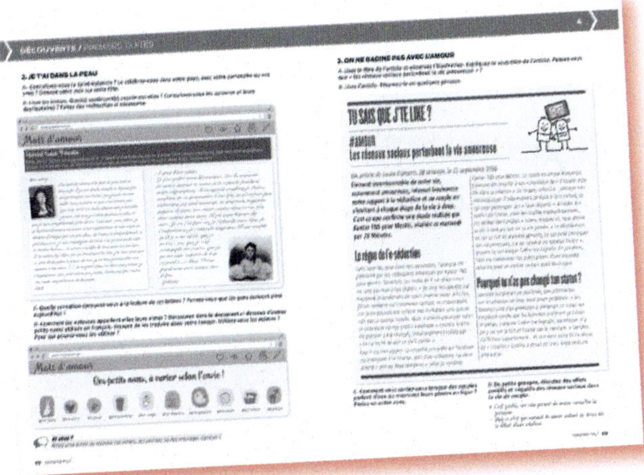

Objectifs
- Découvrir des formes traditionnelles et nouvelles d'expression sentimentale
- Donner son avis sur l'exposition de sa vie de couple en ligne

2. JE T'AI DANS LA PEAU

Mise en route
Attirez l'attention des apprenants sur le titre de cette séquence « Je t'ai dans la peau » et demandez-leur de l'expliquer (être fou/éperdument amoureux/ dingue de quelqu'un) et s'il existe une expression similaire dans leur langue.

Déroulement
A. Formez des groupes de trois ou quatre apprenants. Demandez-leur s'ils connaissent la Saint-Valentin, s'ils la célèbrent dans leur pays et le cas échéant avec qui, ce qu'ils offrent comme cadeau et ce qu'ils pensent de cette fête. Proposez aux apprenants de donner leur avis en organisant un débat pour/contre la Saint-Valentin. Stimulez les échanges au sein du groupe-classe.

B. Faites d'abord lire aux apprenants l'introduction (en rouge) de cette page Internet et questionnez-les : Que propose ce site ? (Des lettres d'amour célèbres pour s'en inspirer et écrire ses propres lettres d'amour.) Invitez-les ensuite à répondre aux questions de la consigne. Pour répondre à la première question sur les sentiments exprimés, faites d'abord expliquer « je m'imprègne de toi » (se laisser pénétrer par les idées d'une personne, par sa présence), « je contemple tes traits » (regarder longtemps, regarder avec admiration) et « je me suis enivrée de ton regard » (regarder longuement jusqu'à éprouver les sensations de l'ivresse). Si nécessaire, les apprenants peuvent effectuer au préalable des recherches sur Internet à propos des auteurs et des destinataires de ces lettres d'amour pour répondre à la deuxième question.

C. En groupe-classe, demandez aux apprenants si ces lettres les touchent et s'ils pensent que les gens écrivent toujours ainsi. Laissez-les s'exprimer librement et incitez-les à interagir.

D. Faites repérer dans les lettres comment les auteurs nomment leur aimé. Puis, invitez les apprenants à prendre connaissance des petits noms utilisés en français et à les traduire dans leur langue. Demandez-leur s'ils utilisent les mêmes noms dans leur langue. Il est possible de leur demander s'ils ont un petit nom et pourquoi on les a surnommés ainsi.

Et vous ?
Vous pouvez demander aux apprenants s'ils aiment écrire ou recevoir des messages d'amour, s'ils les ont conservés, s'il leur arrive de les relire et ce qu'ils ressentent quand ils les relisent. Laissez-les s'exprimer librement.

3. ON NE BADINE PAS AVEC L'AMOUR

Mise en route
Demandez aux apprenants d'expliquer le verbe *badiner* (plaisanter, prendre à la légère). Puis, invitez-les à commenter le titre de la séquence « On ne badine pas avec l'amour » (on ne plaisante pas avec l'amour, c'est un sujet sérieux) et à dire s'ils sont d'accord. Incitez-les à échanger librement au sein du groupe-classe.

Déroulement
A. Faites prendre connaissance du titre de l'article et de l'illustration d'abord, puis faites lire le sous-titre et questionnez les apprenants :
- Dans quel document emploie-t-on le terme like ? *Sur le réseau social Facebook.*
- Quel est le lien entre le titre et le dessin ? *Sur Facebook, on commente les postes de ses amis, on renforce des liens avec son groupe, on fait des rencontres...*
- Êtes-vous d'accord que les réseaux sociaux perturbent la vie amoureuse ?

Incitez-les à justifier leurs réponses à l'aide d'exemples concrets. Laissez-les s'exprimer librement au sein du groupe-classe.

B. Invitez les apprenants à lire individuellement l'article et à relever les effets positifs et négatifs des réseaux sociaux sur la vie amoureuse (positif : faire des rencontres, Facebook peut être un bon outil de drague ; négatif : accès trop rapide à certaines informations, cet accès rapide peut créer des déceptions, l'officialisation d'une relation sur les réseaux sociaux peut poser des problèmes). Pour enrichir le lexique des apprenants, demandez-leur de prélever dans le texte un terme inconnu et d'en chercher la signification. Lors de la mise en commun, chaque apprenant partage la définition du mot recherché. Formez ensuite des binômes et demandez-leur de résumer l'article en quelques phrases. Mettez en commun les propositions.

C. Formez des groupes de trois ou quatre apprenants. Demandez-leur ce qu'ils ressentent lorsque des couples parlent d'eux ou montrent des photos d'eux en ligne. Il est également possible de les inviter à présenter leurs propres habitudes : Postez-vous beaucoup de photos de votre couple ? Pourquoi ? En guise de correction, demandez à quelques apprenants de présenter le contenu des discussions de leur groupe au reste de la classe. Encouragez les autres à réagir aux propos énoncés.

D. Gardez les mêmes groupes pour discuter des effets positifs et négatifs des réseaux sociaux dans la vie de couple. Pour guider les apprenants, incitez-les à s'appuyer sur les effets relevés à l'activité B. À l'issue des échanges, procédez à la mise en commun des réponses.

(Inter)culturel

Vous pouvez préciser que le titre de cette séquence, *On ne badine pas avec l'amour*, correspond à une pièce de théâtre d'Alfred de Musset qui est étudiée dans les écoles francophones. Annoncez aux apprenants qu'ils vont commenter une célèbre tirade de la pièce. Avant le visionnage de la scène 5 de l'acte II (https://www.youtube.com/watch?v=QdXxBW1VDhY), amenez les apprenants à effectuer des recherches sur Alfred de Musset. Pour faciliter la compréhension, vous pouvez distribuer le texte disponible sur Internet. Il est possible de se concentrer sur la dernière réplique de Perdican. Faites commenter ses propos : « Tous les hommes sont menteurs, inconstants, faux, bavards, hypocrites, orgueilleux et lâches, méprisables et sensuels ; toutes les femmes sont perfides, artificieuses, vaniteuses, curieuses et dépravées... » (Les hommes et les femmes sont imparfaits, mais leur union est sublime. L'amour permet de sublimer la vie.) Demandez aux apprenants s'ils sont d'accord avec ce que dit le personnage.

OBSERVATION ET ENTRAÎNEMENT

GRAMMAIRE ET LEXIQUE

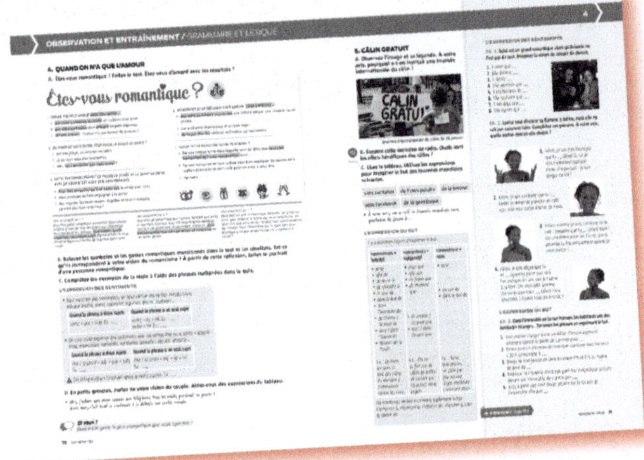

4. QUAND ON N'A QUE L'AMOUR

Mise en route

Écrivez le nom de l'artiste Jacques Brel, auteur de la chanson *Quand on n'a que l'amour*, au tableau. Demandez aux apprenants s'ils connaissent ce chanteur, et le cas échéant, proposez-leur de le présenter. Dans le cas contraire, invitez-les à faire des recherches sur lui sur Internet. Faites ensuite visionner la vidéo de l'interprétation de Jacques Brel *Quand on n'a que l'amour* (https://www.youtube.com/watch?v=ld14tnXCwS8). Après la diffusion, demandez aux apprenants quelles émotions ils éprouvent, comment est structurée la chanson (répétition du titre) et quelle est sa vision de l'amour (cette chanson est un hymne à l'amour, l'amour est plus fort que tout). Demandez-leur s'ils sont d'accord avec l'artiste. Incitez-les à interagir.

Déroulement

A. Faites observer le document et demandez aux apprenants d'identifier de quoi il s'agit (un test pour savoir si on est romantique). Demandez-leur de faire individuellement le test. Faites lire les questions à voix haute et faites expliquer les termes posant problème. Faites expliquer « dîner aux chandelles » (dîner en amoureux), « chérir » (aimer tendrement), « les petits riens du quotidien » (les gestes simples, les petits bonheurs) et « briser les cœurs » (causer de la peine). Les apprenants doivent ensuite comptabiliser leurs points et lire le descriptif de leur profil. Dans un deuxième temps, regroupez-les selon leur profil. Au sein des trois groupes formés, demandez-leur de commenter leur résultat : Ce profil vous correspond-il ? Pourquoi ? Désignez une personne de chaque groupe pour faire un court compte rendu de la discussion devant la classe.

Interrogez les apprenants sur la définition du terme « romantique » (l'imagination l'emporte sur le sens des réalités) et leur propre conception du romantisme. Proposez-leur ensuite de relever dans le test les symboles et les gestes romantiques et demandez-leur s'ils correspondent à leur vision du romantisme. Puis, en binômes, les apprenants doivent faire le portrait d'une personne romantique. Procédez à une mise en commun des descriptions au sein du groupe-classe.

B. Attirez l'attention des apprenants sur les phrases surlignées en rose dans le quiz et leur point commun (elles expriment des sentiments). Faites ensuite prendre connaissance du tableau sur l'expression des sentiments et demandez-leur de le compléter avec les phrases surlignées. Corrigez ensemble.

C. Formez des petits groupes et amenez-les à discuter de leur vision du couple : Qu'attendez-vous d'une relation ? Quels petits gestes d'attention appréciez-vous ? Pensez-vous qu'un couple doit tout faire ensemble, avoir les mêmes centres d'intérêt et les mêmes amis ? Incitez-les à réemployer les expressions liées aux sentiments. Procédez à une mise en commun des réponses en invitant quelques apprenants à partager leur vision et en encourageant les autres à réagir.

Et vous ?

Demandez aux apprenants quel est le geste le plus romantique qu'ils aient fait. Il est également possible de les questionner sur ce qu'on a fait de plus romantique pour eux (un voyage, un cadeau, une chanson...). Laissez-les s'exprimer librement.

Pour aller plus loin

En classe, les apprenants peuvent réaliser les exercices 1 et 2 page 71 avant l'activité D.

Les apprenants pourront s'exercer en autonomie en effectuant les exercices 1, 2 et 3 page 183.

5. CÂLIN GRATUIT

Déroulement

A. Demandez aux apprenants d'observer l'image et sa légende. Faites expliquer le terme câlin (contact physique entre deux personnes impliquant généralement une étreinte avec les bras ou une grande proximité). Demandez-leur s'ils connaissent l'existence de la Journée internationale du câlin, ce qu'on y fait (on donne des câlins gratuitement aux passants) et si cette action existe dans leur pays. Invitez le groupe-classe à réfléchir à l'objectif de cette action. Laissez les apprenants échanger librement entre eux. Reformulez les hypothèses en employant l'expression du but et notez-les au tableau.

PISTE 11

B. Annoncez aux apprenants qu'ils vont à présent écouter une émission de radio. Lors de la première écoute, faites-leur repérer le sujet/thème du document (il s'agit d'une présentation de la Journée internationale du câlin) et les informations fournies (l'officialité de cette Journée [pas officielle], son origine [USA, 1986, Kevin Zaborney], les effets bénéfiques des câlins). Formez des binômes pour comparer les réponses. Si besoin est, proposez-leur une deuxième écoute pour compléter leurs réponses. Corrigez ensemble.

C. Dans un premier temps, faites prendre connaissance du tableau sur l'expression du but. Levez les difficultés lexicales (« immuniser », « préconiser », « l'intention et la crainte »). À partir des exemples, amenez les apprenants à expliquer dans quels cas on emploie l'infinitif (la phrase a un sujet) et le subjonctif (la phrase a deux sujets). À l'aide d'un dictionnaire unilingue ou de leur smartphone, faites chercher les nuances entre les différents verbes exprimant le but (« s'acharner » : continuer son effort sans relâche, persévérer ; « s'évertuer » : faire de grands efforts ; « s'efforcer » : tenter de faire quelque chose en employant tous les moyens dont on dispose ; « viser à » : chercher à, essayer de faire quelque chose ; « tâcher de » : faire son possible pour obtenir quelque chose). Ensuite, formez des groupes de trois ou quatre apprenants et demandez-leur d'imaginer le but des Journées mondiales proposées dans les étiquettes. Incitez-les à réemployer les connecteurs pour exprimer le but. Lors de la mise en commun des réponses, chaque groupe propose une explication pour l'une des Journées mondiales proposées.

Pour aller plus loin

En classe, les apprenants peuvent réaliser l'exercice 3 page 71 avant l'activité C.

Les apprenants pourront s'exercer en autonomie en effectuant les exercices 4, 5 et 6 pages 184-185.

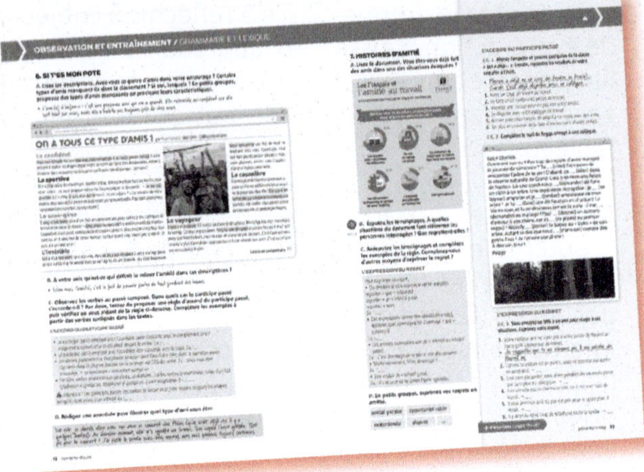

6. SI T'ES MON POTE

Mise en route

Amenez les apprenants à expliquer le mot pote (ami qu'on apprécie, avec qui on s'entend particulièrement bien). Demandez-leur si leurs amis leur ressemblent ou s'ils ont un caractère différent d'eux et pourquoi ils choisissent ce type d'amis. Laissez les apprenants s'exprimer librement au sein du groupe-classe.

Déroulement

A. Faites observer le document et demandez aux apprenants de quoi il s'agit (c'est un article sur les différents types d'amis) et quels types d'amis sont mentionnés (le confident, la sportive, le sans-gêne, l'invisible, la casanière et le voyageur). Faites expliquer « gonflée à bloc, « épater », « avoir des fous rires », « avoir un cœur en or », « poser un lapin ». Invitez ensuite les apprenants à lire individuellement les descriptions, puis demandez à certains apprenants de résumer le profil de chaque type d'amis. Formez des groupes de trois ou quatre apprenants et demandez-leur de répondre aux questions posées dans la consigne : Avez-vous ce genre d'amis dans votre entourage ? Manque-t-il des types d'amis dans le classement ? Décrivez-les en précisant leurs caractéristiques. À l'issue des échanges, procédez à la mise en commun des réponses en demandant aux apprenants d'indiquer les profils manquants.

B. Gardez les mêmes groupes et invitez-les à discuter de ce qui définit le mieux l'amitié dans l'article. Faites relever les mots-clés dans les profils définissant pour eux l'amitié (« inséparable », « fous rires », « un cœur en or », « étonne sans cesse »...). Mettez en commun les réponses. Encouragez les apprenants à réagir aux choix des autres.

C. Faites observer les phrases surlignées en jaune : Dans quels cas accorde-t-on le participe passé ? Formez des binômes et demandez-leur de proposer une règle d'accord du participe passé. Procédez à la mise en commun des propositions. Faites-les comparer à celles énoncées dans le tableau. Complétez finalement ensemble le tableau avec les phrases surlignées dans le texte.

D. Proposez aux apprenants de rédiger une anecdote pour illustrer le type d'ami qu'ils sont. Cette activité peut se faire à la maison. Faites lire l'exemple et attirez leur attention sur l'accord des participes passés. En guise de correction, demandez à quelques volontaires de lire leur texte à la classe. Pour une correction plus personnalisée, ramassez les productions écrites.

Pour aller plus loin

En classe, les apprenants peuvent réaliser les exercices 1 et 2 page 73 avant l'activité D.

Les apprenants pourront s'exercer en autonomie en effectuant les exercices 7 et 8 page 184.

7. HISTOIRES D'AMITIÉ

Mise en route

Demandez aux apprenants si, selon eux, des collègues peuvent devenir des amis et quelles sont les situations les plus propices pour se faire des amis au travail (fête de fin d'année, pause déjeuner...). Laissez les apprenants intervenir librement dans le groupe-classe.

Déroulement

A. Faites lire le document puis demandez aux apprenants de quoi il s'agit (c'est un sondage sur les situations les plus favorables pour se faire des amis au travail). Formez des groupes de trois ou quatre apprenants et demandez-leur s'ils se sont déjà fait des amis dans les situations de travail évoquées. Invitez-les à présenter ces amitiés. S'ils ne sont pas encore sur le marché du travail, interrogez-les sur les situations, parmi celles proposées, qui favoriseraient le plus les rencontres et demandez-leur de justifier leur opinion. En guise de correction, demandez à chaque groupe de partager avec le reste de la classe l'histoire d'amitié la plus originale parmi celles entendues.

PISTE 12

B. Annoncez aux apprenants qu'ils vont écouter des témoignages. Lors de la première écoute, demandez-leur de repérer à quelle situation du document de l'activité A font référence les personnes interrogées et ce qu'elles regrettent. Vous pouvez aussi faire relever les expressions utilisées pour décrire l'amitié entre les personnes

(Personne 1 : « on rigolait bien », « on parlait de tout » ; Personne 2 : « le courant est vraiment bien passé », « la bonne entente », « beaucoup de goûts en commun », « beaucoup de rires » ; Personne 3 : « on était super proches »). Corrigez ensemble.

C. Faites prendre connaissance du tableau sur l'expression du regret. Lors de la deuxième écoute, demandez aux apprenants de relever les phrases exprimant le regret dans les témoignages. Vous pouvez ensuite les inviter à lire la transcription pour reporter les occurrences dans le tableau. Corrigez ensemble. Demandez-leur ensuite s'ils connaissent d'autres moyens pour exprimer ce sentiment (le conditionnel passé : *j'aurais aimé que... ; c'est regrettable que... ; je suis déçu que... ; si + plus-que-parfait + conditionnel passé : s'il n'avait pas démissionné, on serait devenus potes...*).

D. Formez des petits groupes et demandez-leur d'expliquer ce qu'est un malentendu (divergence d'interprétation sur la signification de propos ou d'actes entraînant un désaccord). À partir des situations proposées dans les étiquettes ou d'autres, proposez aux apprenants d'exprimer leurs regrets en amitié. À l'issue des échanges, demandez-leur si les relations d'amitié évoquées se sont arrêtées ou s'ils ont pu trouver une solution. Faites les constats collectivement.

Pour aller plus loin

En classe, les apprenants peuvent réaliser l'exercice 3 page 73 avant l'activité D.

Les apprenants pourront s'exercer en autonomie en effectuant les exercices 9 et 10 page 185.

MÉTHODOLOGIE

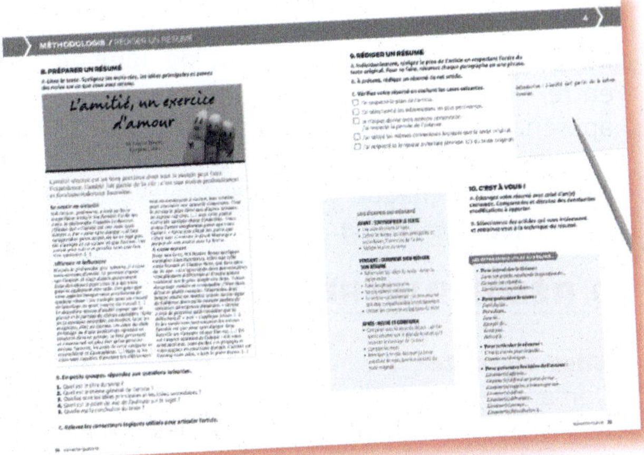

8. PRÉPARER UN RÉSUMÉ

Mise en route

Écrivez le titre du texte « L'amitié, un exercice d'amour » au tableau et questionnez les apprenants : À votre avis, quelles informations cet article va-t-il fournir ? Quelle conception de l'amitié va-t-il développer ? Quels arguments seront employés ? Laissez les apprenants s'exprimer librement au sein du groupe-classe et notez les idées au tableau.

Déroulement

A. Demandez aux apprenants de lire individuellement le document en soulignant les mots-clés et les idées principales. Spécifiez que les mots-clés déterminent l'idée principale d'un texte ou d'un paragraphe. Invitez-les donc à repérer les termes qui contiennent la notion essentielle du document. Pour faire identifier les idées principales, invitez les apprenants à se demander de qui ou de quoi traite chaque paragraphe : il s'agit d'identifier la phrase principale du paragraphe, celle à laquelle se rapportent toutes les autres phrases dudit paragraphe. À partir des éléments sélectionnés, proposez-leur de prendre des notes. Formez des binômes pour comparer les réponses. Procédez ensuite à une mise en commun des réponses au sein du groupe-classe et amenez les apprenants à faire des commentaires sur leurs choix et celui des autres groupes.

B. Faites travailler les apprenants en petits groupes et demandez-leur de répondre aux questions posées dans la consigne. Attirez leur attention sur la structure du texte : il y a trois paragraphes et chaque paragraphe correspond à une idée. Procédez à une mise en commun des réponses au sein du groupe-classe. Vous pouvez utiliser un vidéoprojecteur ou tableau numérique interactif pour projeter le texte au tableau et le surligner à l'aide de couleurs différentes. En groupe-classe, faites relever les connecteurs logiques (« car », « comme », « néanmoins »...). Rappelez-leur qu'ils permettent de faire le lien entre deux idées dans une phrase. Invitez les apprenants à les surligner dans l'article. Procédez à une correction collective. Demandez-leur de trouver pour chaque connecteur relevé, un autre connecteur synonyme.

9. RÉDIGER UN RÉSUMÉ

Mise en route

Demandez aux apprenants s'ils savent comment l'on fait pour résumer un texte, quelles étapes il faut respecter, quelles expressions sont utiles. Laissez-les s'exprimer librement. Notez les propositions au tableau. Puis, faites prendre connaissance des deux tableaux de la page 75 (les étapes du résumé et les expressions utiles au résumé) et amenez-les à comparer ces informations à leurs propositions énoncées précédemment. Puis, demandez-leur ce qu'ils doivent faire maintenant (ils ont déjà lu le texte, défini le thème, les idées principales et secondaires et surligné les connecteurs ; à présent, ils doivent rédiger le plan du résumé en respectant le plan de l'article).

Déroulement

A. Proposez aux apprenants de rédiger individuellement le plan du texte en résumant chaque paragraphe en une phrase. Mettez en commun les réponses en les incitant à commenter les propositions des autres. Amenez-les à harmoniser leurs suggestions afin d'aboutir à un plan commun.

B. Les activités B et C peuvent être réalisées à la maison. Faites rédiger le résumé de l'article en respectant bien le plan. Encouragez les apprenants à employer les expressions utiles au résumé. Rappelez-leur de ne pas utiliser les mêmes mots et de formuler des phrases courtes.

C. À la fin de la rédaction, invitez les apprenants à lire leur résumé et à vérifier s'ils ont bien respecté les éléments mentionnés. Le cas échéant, incitez-les à procéder aux modifications nécessaires. Cette étape est essentielle pour vérifier la cohérence générale, les enchaînements et l'orthographe. Faites compter le nombre de mots si nécessaire.

10. C'EST À VOUS !

Déroulement

A. Formez des binômes et proposez aux apprenants de comparer leur production écrite et de discuter entre eux des éventuelles modifications à apporter : correction lexicale et grammaticale, reformulation plus concise... En guise de correction, demandez à quelques apprenants de lire leur production à la classe et faites remarquer collectivement les points positifs et négatifs. Pour une correction plus personnalisée, ramassez les écrits.

B. Invitez maintenant les apprenants à choisir un article sur le thème de leur choix d'environ 350 mots qu'ils devront résumer en 80 mots en suivant la méthode décrite dans cette séquence. Validez tout d'abord le choix de l'article avant de faire rédiger le résumé. Cette activité d'entraînement peut être donnée comme devoir à la maison.

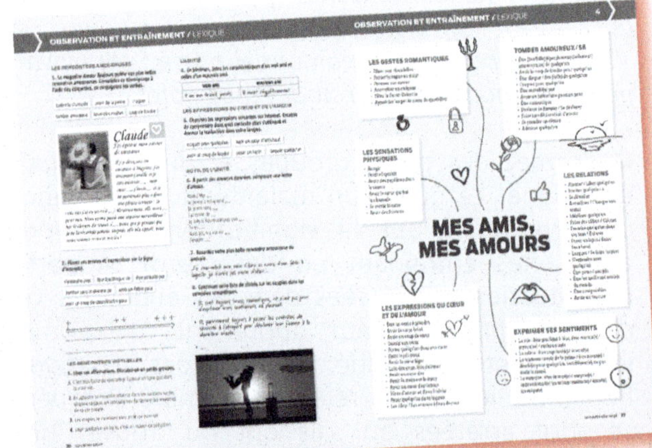
OBSERVATION ET ENTRAÎNEMENT / LEXIQUE

MES AMIS, MES AMOURS

LEXIQUE

La plupart des exercices de cette page peuvent être réalisés en autonomie, que ce soit en travail à la maison ou en complément des exercices et activités des pages précédentes.

Exercice 3

Cette activité orale s'effectue en classe. Formez des groupes de trois ou quatre apprenants pour qu'ils discutent des affirmations proposées. À l'issue des échanges, partagez les commentaires issus des discussions au sein du groupe-classe.

Exercice 4

Formez des binômes et demandez-leur de lister les caractéristiques d'un bon et d'un mauvais ami. Vous pouvez leur demander de choisir une personne célèbre ou un personnage de film pour incarner le bon et le mauvais ami. En guise de correction, chaque groupe décrit ses profils d'amis au reste de la classe.

Exercice 8

Cette activité peut servir de mise en route à la tâche 2 « Un scénario incroyable ». Avant de faire lister les clichés sur les couples dans les comédies romantiques, vous pouvez demander aux apprenants s'ils regardent beaucoup ce genre de films et pour quelles raisons. Pour guider leur réflexion, dites-leur de repenser à la dernière comédie qu'ils ont vue. En guise de correction, chaque groupe propose à tour de rôle un cliché. Amenez les autres apprenants à trouver des films représentatifs des clichés énoncés.

Carte mentale

La page 77 reprend l'ensemble des éléments lexicaux présentés dans l'unité 4 sous la forme d'un schéma qui permet de faciliter la mémorisation par la visualisation. N'hésitez pas à vous référer à cette page au cours de l'étude de l'unité ainsi qu'à la fin, pour effectuer un bilan sur l'ensemble des éléments lexicaux abordés. Vous pouvez effectuer différentes activités à partir de cette page :

- **Définitions express :** Divisez la classe en deux équipes. Un membre d'une équipe choisit une expression de la section « Tomber amoureux » de la carte mentale, et ses camarades doivent trouver le maximum de sentiments (*enthousiaste, heureux...*) ou de sensations physiques (*avoir des papillons dans le ventre, perdre l'appétit...*) liés à l'expression choisie. N'oubliez pas de compter les points.
- **Pictionary :** Cette carte mentale contient beaucoup d'expressions. Vous pouvez les copier sur des petits morceaux de papier. Constituez deux ou trois équipes. Dans chaque équipe, un apprenant tire au sort un papier sur lequel est écrite une expression et doit la faire deviner en la dessinant au tableau. Le but du jeu : faire deviner le plus d'expressions possible en un temps limité. N'oubliez pas de compter les points.

REGARDS CULTURELS

REGARDS CULTURELS

LITTÉRATURE

L'Écume des jours

métaphore de l'amour

11. UNE HISTOIRE D'AMOUR

12. POUR ALLER PLUS LOIN

11. UNE HISTOIRE D'AMOUR

Mise en route

Avant d'effectuer l'activité A, vous pouvez faire regarder le clip des Rita Mitsouko, *Les histoires d'A.* (https://www.youtube.com/watch?v=PJs9Ac6CTuM). Demandez aux apprenants de repérer le thème de la chanson (les histoires d'amour) et comment elles se terminent (mal). Invitez-les à commenter cette vision de l'amour : Est-elle juste selon vous ? Est-ce que dans les œuvres littéraires les histoires d'amour finissent toujours mal ? Quels genres littéraires ou cinématographiques n'adhèrent pas à cette conception de l'amour ? (Les romans à l'eau de rose, les comédies romantiques, les contes...) Laissez les apprenants échanger librement entre eux.

Déroulement

A. Formez des petits groupes et demandez-leur de présenter en une phrase leur roman ou film d'amour préféré. Chaque groupe choisit ensuite de présenter une œuvre à la classe. Encouragez les apprenants à réagir aux présentations.

B. Avant de lire la présentation du roman, faites observer et demandez de décrire sa couverture et l'affiche du film (couverture : plantes et fleurs ; affiche : couple de mariés dans l'eau). Faites expliquer le terme « écume » (mousse blanchâtre formée à la surface de la mer par l'agitation des vagues). Invitez à présent les apprenants à lire l'introduction. Levez les difficultés lexicales (« le merveilleux », « une idylle », « un nénuphar »). Ensuite, amenez-les à dire quelle illustration (livre/film) représente le mieux l'histoire et à justifier leur point de vue. Laissez-les s'exprimer librement au sein du groupe-classe. Attirez finalement leur attention sur la note de bas de page à propos de la

Pléiade. Demandez-leur si une collection similaire existe dans leur pays.

C. Faites à présent lire individuellement l'extrait du roman. Avant de vérifier la compréhension de l'extrait, demandez au groupe-classe quelles sont les émotions ressenties à sa lecture. Laissez les apprenants s'exprimer librement, puis posez-leur les questions suivantes :

- À quel moment du roman se déroule cette scène ? *Après que la maladie de Chloé s'est déclenchée. Elle est déjà bien souffrante.*
- Où sont les personnages ? *Colin et Chloé sont dans un appartement, probablement chez eux.*
- Que font-ils ? *Ils sont allongés l'un à côté de l'autre, ils se regardent. Puis, Colin met de la musique pour faire plaisir à Chloé.*
- Que ressentent-ils ? *Chloé souffre, elle a du mal à respirer, mais elle sourit quand elle entend la musique, un morceau qui est lié à leur histoire. Colin est triste, soucieux.*

Levez finalement les difficultés lexicales : chaque apprenant choisit un terme inconnu dont il recherche la définition pour la partager avec le reste du groupe.

D. Faites relever les champs lexicaux dans cet extrait en soulignant les mots. Rappelez qu'un champ lexical est un ensemble de mots qui se rapportent à une même idée ou à un même thème. Formez des petits groupes pour comparer les réponses. Procédez à une mise en commun des réponses au sein du groupe-classe.

Pour aller plus loin

Il est possible de faire travailler les apprenants sur le sens du titre du roman : *L'Écume des jours*. C'est une métaphore par rapport à l'écume des vagues. La vague fait référence aux jours et l'écume à ce qu'il reste des jours d'une vie, de la vie de Colin et Chloé qui n'ont pas pu vivre pleinement leur histoire d'amour à cause de la maladie de Chloé. Les apprenants peuvent s'aider de l'affiche pour interpréter le titre : Comment sont habillés les personnages ? (Habits de mariés.) À votre avis, pourquoi sont-ils dans l'eau ? (Interprétation possible : l'eau représente l'imagination et les rêves, ceux de jeunes adultes mariés, à peine sortis de l'adolescence, qui vont se heurter à la dure réalité du monde, passer de l'insouciance aux difficultés de la vie...).

12. POUR ALLER PLUS LOIN

Déroulement

A. Formez des binômes et demandez-leur de repérer tous les mots et expressions permettant de décrire Colin et Chloé. Corrigez en groupe classe. Poursuivez la réflexion sur les personnages avec les apprenants : Comment imaginez-vous ces deux personnages ? À quoi ressemblent-ils ? Comment s'expriment-ils ? Finalement, vous pouvez faire visionner la bande-annonce du film (http://www.allocine.fr/video/player_gen_cmedia=19487939&cfilm=196832.html) et inviter les apprenants à comparer la vision qu'ils ont des personnages avec la personnalité des acteurs qui les incarnent. Laissez les apprenants échanger librement au sein du groupe-classe.

B. Précisez que *L'Écume des jours* est un roman que l'on étudie dans les écoles francophones, puis questionnez-les : Que pensez-vous de l'histoire ? Selon vous, comment se termine le roman ? Pourquoi ? (Mort de Chloé. Dans la présentation du roman, il est précisé que c'est tragique.) Trouvez-vous cette histoire romantique ? Existe-t-il un livre aussi romantique dans la littérature de votre pays ? L'étudiez-vous à l'école ? Laissez les apprenants discuter librement entre eux en relançant ponctuellement les échanges.

C. Précisez que la musique tient une place importante dans l'œuvre de Boris Vian (chanteur, parolier, musicien de jazz). Invitez les apprenants à effectuer des recherches sur Internet sur l'auteur et son rapport à la musique. Lors du cours suivant, mettez en commun les informations collectées afin d'élaborer une carte mentale sur la place que tient la musique dans la vie de Boris Vian.

Pour aller plus loin

Il est possible de demander aux apprenants s'il existe des artistes aussi accomplis que Boris Vian dans leur pays, s'ils ont connu le succès de leur vivant, et d'en faire une courte présentation à la classe en donnant à lire, voir ou écouter quelques-unes de leurs œuvres.

TÂCHES FINALES

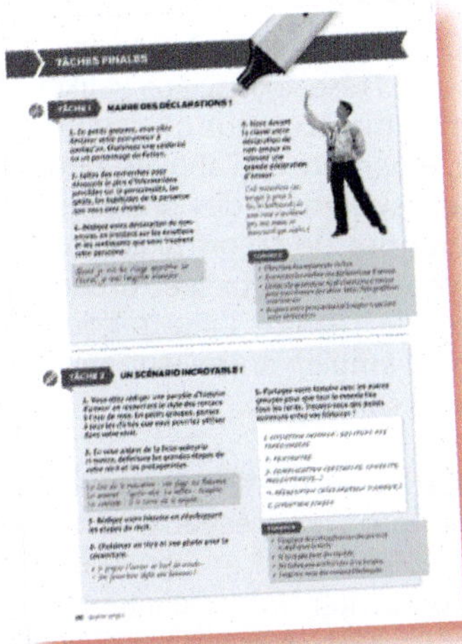

Tâche 1 : Marre des déclarations !
Cette tâche est à dominante orale, invitez les apprenants à parler et intervenir le plus possible.

1. Annoncez aux apprenants qu'ils vont rédiger une déclaration de non-amour. Assurez-vous de la bonne compréhension du thème (la personne les laisse froids, ils ne craquent pas pour elle). Formez des groupes de trois ou quatre apprenants et dites à chaque groupe de choisir une célébrité ou un personnage de fiction à qui ils vont s'adresser.

2. Invitez les apprenants à effectuer des recherches sur Internet sur la personne choisie : ses goûts, ses habitudes, son caractère, ses amours, voire des anecdotes. Incitez-les à trouver des détails insolites sur cette personne.

3. Demandez aux apprenants de lister les émotions que leur inspire cette personne : colère, peur, dégoût, déception... Amenez-les à varier les formulations pour exprimer ce sentiment. Puis, invitez-les à rédiger leur déclaration. Ils peuvent consulter les deux lettres d'amour page 68 pour dire l'inverse ou le lien vers le générateur de déclarations d'amour indiqué dans les conseils. Incitez-les à réemployer le lexique de la carte mentale page 77.

4. Avant de lire leur production à la classe, les apprenants s'exercent à la prononcer. Lors de la mise en commun, chaque groupe déclame son non-amour en exagérant, de façon théâtrale. Amenez le reste de la classe à commenter la performance et à identifier la célébrité ou le personnage de fiction choisi.

Tâche 2 : Un scénario incroyable !
Cette tâche étant à dominante écrite, attirez l'attention des apprenants sur les formes spécifiques à l'écrit étudiées dans cette unité.

Mise en route
Vous pouvez commencer cette activité en faisant réaliser l'activité 8 page 76 à propos des clichés sur les couples dans les comédies romantiques.

1. Annoncez aux apprenants qu'ils vont rédiger une parodie d'histoire d'amour en respectant le style des romans à l'eau de rose (genre populaire du roman d'amour). Faites expliquer le terme parodie (imitation satirique d'un ouvrage sérieux dans un but comique). Puis, demandez-leur comment on parodie un texte (exagération des caractéristiques des personnages, inversion des clichés, registre de langue...). Formez des groupes de trois ou quatre apprenants. Invitez-les à compléter la liste des clichés commencée lors de l'activité de mise en route (types de lieu où se déroule la rencontre/l'histoire d'amour, classe sociale des personnages...) qu'ils pourront réemployer dans leur récit.

2. Faites prendre connaissance de la fiche-scénario et de l'exemple. Demandez aux apprenants de définir les grandes étapes de leur récit et leurs personnages (lieu, moment, contexte...). Ils peuvent imaginer des rebondissements qui vont compliquer le récit. Amenez-les à rédiger leur propre fiche-scénario qui détaillera tous ces aspects du récit.

3. Invitez les apprenants à rédiger leur histoire à partir des étapes définies précédemment. Pour structurer leur scénario, incitez-les à employer des connecteurs logiques et chronologiques.

4. Une fois la rédaction terminée, proposez à chaque groupe de choisir un titre et une photographie en guise de couverture pour leur scénario.

5. Après avoir corrigé les scénarios, mettez-les à la disposition de la classe sur un site de partage (comme Google Drive) pour que tous les apprenants puissent les lire. Puis, demandez-leur s'ils ont repéré des points communs entre les différentes histoires. Interrogez-les enfin sur ce qui les a fait rire et sur les éléments comiques qui fonctionnent le mieux. Laissez les apprenants s'exprimer librement au sein du groupe-classe.

DÉCOUVERTE

PREMIERS REGARDS

1. LA MALADIE D'AMOUR

A. Réponse libre.

B. Réponse libre.

C. **1.** C. / **2.** D. / **3.** E. / **4.** A. / **5.** B.

D. Le sentiment amoureux est comparé à une gastro-entérite (une maladie). En effet, les symptômes sont les mêmes que ceux de cette maladie : avoir chaud, froid, avoir des frissons, sentir des choses qui chatouillent dans le ventre.

PREMIERS TEXTES

2. JE T'AI DANS LA PEAU

A. La Saint-Valentin, ou «la fête des amoureux» est célébrée le 14 février. Ce jour-là, les couples célèbrent leur amour en s'échangeant des cadeaux ou des mots doux, en particulier des roses et des chocolats.

B. Ces deux lettres expriment le sentiment d'amour passionné et la souffrance liée à l'éloignement de l'être aimé.

Édith Piaf est une chanteuse française née en 1915. Elle a commencé sa carrière en chantant dans les rues de Paris puis dans un cabaret. À cette époque, on la surnommait « la môme Piaf » en raison de sa petite taille. Peu de temps après avoir commencé sa carrière officielle, elle est devenue une vedette de la chanson française grâce à son talent et à sa voix hors normes. Elle a ensuite mené une carrière en France et aux États-Unis jusqu'à sa mort en 1963. Elle est connue pour ses chansons *La vie en rose*, *Je ne regrette rien* ou l'*Hymne à l'amour.*

Juliette Drouet est une comédienne française née en 1806. En 1833, elle a rencontré Victor Hugo alors qu'elle jouait dans une de ses pièces. Elle est devenue alors son amante et pendant de nombreuses années, sa muse. Elle a partagé la vie de l'auteur jusqu'à sa mort en 1883, le suivant même dans son exil à Jersey. Durant leur relation qui a duré plus de 50 ans, ils ont échangé près de 20 000 lettres ou mots doux.

C. Ces lettres sont rédigées de manière très expressive et nous permettent donc de ressentir l'amour fou qu'entretiennent les deux femmes pour leurs amants. Le style employé peut paraître un peu exagéré de nos jours car les gens n'expriment généralement plus leur amour de manière aussi lyrique (« Je suis imprégnée de toi », « Il y a un siècle que [...] je me suis enivrée de ton regard »...).

D. Édith Piaf utilise l'expression « mon adoré » et Juliette Drouet « mon bien-aimé ». Ces mots, ainsi que ceux présentés dans le document du livre de l'élève peuvent être utilisés pour s'adresser à son partenaire ou pour un membre de sa famille proche.

3. ON NE BADINE PAS AVEC L'AMOUR

A. Le titre de l'article « Tu sais que j'te like ? » reprend un terme largement utilisé sur les réseaux sociaux (« liker ») qui permet d'exprimer une attirance pour quelqu'un ou quelque chose. Ce terme, emprunté de l'anglais, permet de mettre en avant l'aspect superficiel des relations sur Internet. Cette idée est reprise de façon plus littérale par le sous-titre « Les réseaux sociaux perturbent la vie amoureuse ». Comme le montre l'illustration, les couples doivent désormais jongler entre leur relation « dans la vraie vie » et celle sur la toile.

B. Depuis le succès d'Internet, les relations amoureuses passent nécessairement par les réseaux sociaux. Néanmoins, les codes de la séduction en ligne ne sont pas encore définis : doit-on inviter un partenaire récent à joindre sa liste d'amis ? Peut-on utiliser ces nouveaux outils pour s'adonner au jeu de la séduction ? L'utilisation des réseaux sociaux pose des problématiques dans le couple tout au long de l'histoire amoureuse car ils dévoilent la vision que chacun a de la relation avec l'autre.

C. Réponse libre.

D.
Effets positifs : ils permettent de faire partager notre amour avec tout le monde, ils permettent de rester en contact (grâce aux photos, vidéos, messages) lorsque l'on est éloigné, ils permettent de draguer en commentant ou likant les publications de l'autre.
Effets négatifs : on peut être tenté d'espionner ou de traquer l'autre personne, on ne s'accorde pas de moments d'indépendance, on est toujours connecté à l'autre, cela peut créer des problèmes de jalousie lorsque la personne change son statut ou pas, on va idéaliser l'autre selon ce que l'on va découvrir sur son profil.

OBSERVATION ET ENTRAÎNEMENT

GRAMMAIRE ET LEXIQUE

4. QUAND ON N'A QUE L'AMOUR

A. Réponse libre.

B.

Gestes romantiques : accrocher un cadenas à un pont, préparer le petit-déjeuner, accepter de ne rien recevoir, écrire une lettre d'amour, une chanson ou un poème, dîner aux chandelles, offrir une surprise ou un cadeau, passer la bague au doigt, fêter la Saint-Valentin, déclarer sa flamme.

Symboles romantiques : la plage avec un coucher de soleil, les roses rouges, Cupidon, un bon repas.

C. **L'EXPRESSION DES SENTIMENTS**

• Pour exprimer des sentiments, on peut utiliser des verbes introducteurs tels que *vouloir, aimer, apprécier, regretter, désirer, souhaiter...*

QUAND LA PHRASE A DEUX SUJETS	QUAND LA PHRASE A UN SEUL SUJET
verbe + *que* + subj. Ex. : Vous souhaitez que votre partenaire accroche/prépare... Vous appréciez que votre partenaire vous écrive...	verbe + *de* + inf. Ex. : Vous appréciez de ne pas être là. verbe + inf. Ex. : Vous souhaitez ne rien recevoir. Vous ne désirez pas vous marier.

• On peut aussi exprimer des sentiments avec les verbes *être* ou *se sentir* + adjectif : *triste, heureux(se), content(e), satisfait(e), jaloux(se), déçu(e), désolé(e) ...*

QUAND LA PHRASE A DEUX SUJETS	QUAND LA PHRASE A UN SEUL SUJET
être /se sentir + adj. + que + subj. Ex. : Vous êtes jaloux(se) qu'il ne passe pas ... Vous êtes heureux que votre partenaire ait conscience...	*être / se sentir* + adj. + de + inf. Ex. : Vous êtes heureux(se) de l'avoir rencontré.

⚠ On utilise toujours l'indicatif après le verbe *espérer*.
Ex. : Vous espérez que le romantisme des débuts durera.

D. Réponse libre.

5. CÂLIN GRATUIT

A. *Suggestion de réponses :*
– Parce que les gens, notamment dans les grandes villes, sont de plus en plus isolés.
– Pour s'opposer à l'individualisme.
– Pour promouvoir la gentillesse gratuite.

B. Les effets bénéfiques du câlin : ils permettent aux gens d'aller mieux, ils sont bons pour la santé, ils aident à lutter contre les maladies.

C. *Suggestion de réponses :*
– La journée sans pantalon a été créée en vue de mettre un peu de piment dans la vie citadine.
– On a créé la journée de l'ours polaire dans l'espoir que la population se mobilise pour la protection de l'environnement et contre l'émission des gaz à effet de serre.
– La journée de la lenteur existe dans le but de dénoncer l'accélération de la vie moderne dans les domaines du travail ou de la vie quotidienne.
– La journée sans Facebook a été instaurée de façon à attirer l'attention des personnes sur leur dépendance aux réseaux sociaux.

EX. 1. Réponse libre.

EX. 2.
1. Julien, je suis très heureuse que tu **sois** là, car je dois t'annoncer quelque chose d'important : je suis dingue de toi !
2. Julien, je suis contente que tu **aies** le temps de prendre un café avec moi pour qu'on discute de nous.
3. Julien, comme je suis contente de te voir ! J'espère que tu **vas** bien ! J'ai une lettre pour toi. Est-ce que tu pourrais la lire uniquement quand je serai partie ?
4. Julien, je suis déçue que tu m'**ignores** parce que cela fait presque dix ans que je t'aime à la folie. Oh, mon bibi, comme j'aimerais que nous **allions** vivre ensemble à l'autre bout du monde !

EX. 3. *Suggestion de réponses :*
1. José dépose chaque matin un billet d'encouragement anonyme devant la porte de Carmen pour qu'elle démarre bien sa journée de travail.
2. Emma joue un morceau de musique classique tous les soirs à 20 h de manière à se détendre avant d'aller au lit.
3. Diego ne sort jamais de chez lui entre 7 h et 8 h du matin de peur de croiser son ex-petite amie qui se rend au bureau à cette heure-là.
4. Rodrigue et Chimène n'ont pas garé leur magnifique voiture devant leur immeuble de crainte qu'elle ne se fasse vandaliser.
5. Jules a peint une rose rouge géante sur la façade de l'immeuble afin que sa bien-aimée du deuxième étage réalise l'ampleur de son amour.

6. SI T'ES MON POTE

A. *Suggestion de réponses :*
L'aventurier : Il est toujours prêt à tenter de nouvelles expériences et vous pousse toujours à sortir de votre coquille pour aller découvrir le monde.
La psychologue : Elle est toujours à votre écoute quand vous avez des chagrins de cœur et donne des conseils raisonnables que vous suivez à la lettre.
L'ami étranger : Vous l'avez rencontré lors d'un voyage ou à un échange linguistique dans votre ville et il apporte un peu d'exotisme dans votre vie quotidienne. Vous avez saisi l'opportunité de déguster la cuisine de son pays et lui est content d'avoir quelqu'un pour l'aider à chercher un appartement ou ouvrir un compte en banque.
L'ami-voisin : C'est le voisin sympathique avec qui vous avez des affinités, avec qui vous échangez des services et que vous invitez régulièrement pour prendre boire un café ou un verre de vin.

B. Réponse libre.

C. L'ACCORD DU PARTICIPE PASSÉ

• Le participe passé employé avec l'auxiliaire *avoir* s'accorde avec le complément direct uniquement quand celui-ci est placé devant le verbe.
Ex. : Il ne vous a jamais trahi(e).
Elle ne les a pas reconnus.
Elle a jeté les invitations que vous lui avez envoyées.
• Le participe passé employé avec l'auxiliaire *être* s'accorde avec le sujet.
Ex. : Je suis déjà partie.
• Les verbes pronominaux s'emploient toujours avec l'auxiliaire *être*, donc le participe passé
s'accorde dans la plupart des cas car le pronom est COD du verbe.
Ex. : Vous vous êtes rencontrés → se rencontrer = rencontrer quelqu'un.
• Certains verbes pronominaux (*se plaire, se déplaire*...) et les verbes pronominaux suivis d'un COI
(s'adresser à quelqu'un, téléphoner à quelqu'un...) sont invariables.
Ex. : Vous vous êtes plu.
Il vous a fait honte.
Vous lui avez demandé.
⚠ Attention ! Les participes passés des verbes se laisser et se faire restent toujours invariables lorsqu'ils sont suivis d'un infinitif.
Ex. : Elle s'est finalement laissé convaincre.

D. Réponse libre.

7. HISTOIRES D'AMITIÉ

A. Réponse libre.

B. Ils regrettent tous de ne pas pouvoir fréquenter une personne qu'ils / elles ont rencontrée au travail.
Personne 1 : Sa collègue a une vie de famille et n'a pas de temps libre pour sortir.
Personne 2 : Le collègue qu'il a rencontré lors d'un séminaire habite à 800 km de chez lui.
Personne 3 : Les collègues avec qui il s'entendait bien ont quitté l'entreprise ou ont déménagé.

C. L'EXPRESSION DU REGRET

Pour exprimer un regret,
• On emploie le plus souvent le verbe *regretter*.
regretter + *que* + subjonctif
regretter + *de* + infinitif passé
regretter + nom
Ex. : Je regrette tous les jours l'ambiance qu'on avait créée au travail !
• Des expressions comme *être désolé(e)/navré(e), déplorer, quel dommage/c'est dommage* + que + subjonctif.
Ex. : C'est dommage qu'on ne se voie pas à l'extérieur.
• Ces mêmes expressions avec de + infinitif ou infinitif passé.
Ex. : C'est vraiment dommage de ne pas se voir plus souvent.
• *Malheureusement, hélas, dommage !...*
Ex. : Malheureusement, le dernier jour, j'ai appris qu'il vivait à 800 km de chez moi.
• *S'en vouloir de* + infinitif passé.
Ex. : Il s'en veut de ne jamais l'avoir rappelée.

D. Réponse libre.

EX. 1. Réponse libre.

EX. 2. Salut Clotilde,
Comment vas-tu ? Pas trop de regrets d'avoir manqué la journée de séminaire ? Tu **as raté** l'occasion de rencontrer l'arbre de ta vie ! D'abord, on **est allés** dans la réserve naturelle de Grand-Lieu, à environ une heure de Nantes. Là, une coach nous a **demandé** de faire un câlin à un arbre. Une expérience incroyable : je **me suis laissé** emporter et je **suis tombée** amoureuse de mon arbre. Ensuite, je lui **ai fait** une déclaration en chantant *La Vie en rose* et tu ne devineras jamais la suite : il m'**a demandée** en mariage ! Paul **a donné** un surnom d'amour à son chêne car ils **se sont plu** au premier regard ! Wassily **a passé** la bague au « tronc » de son arbre. Autant te dire que nous **nous sommes amusés** comme des petits fous ! Je t'envoie une photo !
À demain, bise !
Peggy

EX. 3. *Suggestion de réponses :*
1. *Cf. exemple.*
2. C'est dommage que nous ne puissions pas partir en week-end !
3. Malheureusement, je vais devoir le confier à quelqu'un en qui j'ai moins confiance.
4. Je suis navré(e) que tu doives travailler autant.
5. Quel dommage qu'ils soient passés à côté de tes talents !
6. Je regrette d'avoir oublié de t'appeler.

MÉTHODOLOGIE

8. PRÉPARER UN RÉSUMÉ

A. Réponse libre.

B.

1. L'amitié, un exercice d'amour.
2. Les relations d'amitié.
3. **Idées principales :**
   – L'amitié fait partie de la vie de tous les humains.
   – L'amitié forte se décrit comme une « zone sans danger ».
   – On trouve différents niveaux d'amitié.
   Idées secondaires :
   – Le premier degré d'amitié repose sur l'intérêt.
   – Le second degré d'amitié repose sur l'échange et le plaisir.
   – Le degré le plus fort d'amitié ne repose sur rien.
   – Une forte amitié peut rapprocher deux personnes très différentes.
4. Elle considère que la définition de l'amitié telle que Wil Derkse la décrit est précieuse car elle s'applique à tous.
5. L'amitié nous rend meilleurs.

C. Le premier – Le deuxième – Mais – Néanmoins.

9. RÉDIGER UN RÉSUMÉ

A.

Introduction : L'amitié fait partie de la nature humaine.
Paragraphe 1 : L'amitié est décrite comme une « zone sans danger ».
Paragraphe 2 : Aristote considère trois niveaux d'amitié : celle qui repose sur l'intérêt, celle qui repose sur le partage et celle qui ne repose sur rien.
Paragraphe 3 : L'amitié peut rapprocher des personnes très différentes, en acceptant ces différences, on peut devenir une personne meilleure.

B.

Tout être humain développe au cours de son existence des sentiments d'amitié. Pour le philosophe Cornelis Verhoeven, l'amitié se définit comme l'absence de jugement et l'acceptation de l'autre tel qu'il est. L'amitié n'est pas une action réfléchie : elle apparaît et se développe généralement sans intention consciente. Selon Aristote, ces types de relations peuvent se développer à plusieurs niveaux. Le premier niveau est une relation basée essentiellement sur l'intérêt, c'est-à-dire l'échange de services ou de conseils. Au deuxième niveau, les amis partagent un centre d'intérêt commun à travers lequel ils développent un lien émotionnel plus fort. Mais la relation peut devenir plus profonde lorsque les personnes arrivent à accepter les différences de chacun : on aime « par défaut ». Les amitiés fortes peuvent rapprocher des personnes aux opinions différentes voire opposées. En ce sens, l'amitié prend une dimension plus spirituelle ; c'est un sentiment qui nous rend meilleurs.

C. Réponse libre.

10. C'EST À VOUS !

A. Réponse libre.

B. Réponse libre.

LEXIQUE

1. Il y a deux ans, en vacances à Mayotte, j'ai rencontré Camille et je suis aussitôt **tombé amoureux** : mon cœur **battait la chamade**, j'avais **les mains moites** et je ne parvenais plus à faire une phrase correcte ! Je crois que j'ai eu un vrai **coup de foudre** ! Heureusement, elle aussi **a craqué pour moi**. Nous avons passé une semaine merveilleuse ! Sur le chemin du retour, **j'avais de la peine** parce que je pensais que je ne la reverrais jamais. Depuis, elle m'a appelé, nous nous sommes revus et mariés !

2. s'entendre avec ➞ avoir un faible pour ➞ être emballé par ➞ tomber sous le charme de ➞ être fou/dingue de ➞ avoir un coup de coeur/foudre pour

3. Réponse libre.

4. *Suggestion de réponses :*

VRAI AMI	MAUVAIS AMI
Il me soutient dans les moments difficiles.	Il ignore mes messages quand j'ai besoin de parler.
Il m'écoute quand j'ai besoin de parler, même pendant des heures.	Il n'écoute pas quand je parle.
Il ne m'oublie jamais, même si je pars vivre à l'étranger.	Il ne pense plus à moi quand je suis loin.

5.

Craquer pour quelqu'un : tomber sous le charme de quelqu'un.
Avoir un cœur d'artichaut : personne qui tombe facilement amoureux/euse.
Avoir un coup de foudre : fait de tomber amoureux de quelqu'un au premier regard.
Poser un lapin : ne pas se rendre à un rendez-vous sans prévenir la personne avec qui celui-ci a été fixé.
Larguer quelqu'un : mettre fin à une relation amoureuse avec quelqu'un.

6. Réponse libre.

7. Réponse libre.

8. *Suggestion de réponses :*
– Ils s'embrassent toujours sous la pluie.
– Ils sont toujours beaux et bien coiffés, même quand ils se lèvent le matin.
– Ils se rencontrent toujours par hasard.
– Ils se détestent toujours au début et finissent par tomber amoureux.

PHONÉTIQUE

2. A.

1	X Lien	Rien
2	Claque	X Craque
3	Lyre	X Rire
4	Col	X Corps
5	X Aller	Arrêt

2. B.

1. L'autocar part, gare, gare, car l'autocar part dare-dare quand l'autocar part tard.
2. Que lit Lilly sous ces lilas-là ? Lilly lit l'Illiade.

3. A.

D	I	V	O	R	C	E	Y	O	I
R	A	T	E	A	U	N	R	T	P
A	M	O	U	R	S	L	E	V	M
C	A	L	M	G	C	A	L	I	N
R	R	A	C	N	V	C	I	R	C
A	I	R	B	J	I	E	K	O	E
Q	A	G	F	R	H	R	E	U	O
U	G	U	C	O	E	U	R	G	L
E	E	E	R	S	F	G	D	I	D
R	C	R	L	E	W	Q	E	R	W

4.

1. « Quand on aime, ou bien l'on n'a point de peine, ou bien l'on aime jusqu'à sa peine. »
2. « Chaque personne que l'on s'autorise à aimer, est quelqu'un que l'on prend le risque de perdre. »

REGARDS CULTURELS

11. UNE HISTOIRE D'AMOUR

A. Réponse libre.

B. L'affiche du film met l'accent sur la relation amoureuse entre les deux personnages : elle représente le couple habillé en tenue de mariés et échangeant un regard complice. Elle reprend les thèmes présents dans le film et le roman : le mariage de Colin et Chloé, les marécages et donc le nénuphar. Ces deux derniers sont suggérés : sur la photo, on aperçoit une sorte de voile qui donne une note festive mais qui cache un drame. La couverture du livre met davantage l'accent sur la dimension tragique de l'histoire : elle met en avant le nénuphar qui est à l'origine de la maladie de la jeune femme.

C. À la lecture de cet extrait, plusieurs sentiments se manifestent. On s'identifie au couple et la lecture de ce passage nous permet de ressentir l'amour qu'ils éprouvent l'un pour l'autre. On ne peut qu'éprouver de l'empathie pour les personnages : jeunesse, simplicité (les prénoms, la délicatesse de leurs relations) ; on envie leur bonheur car l'ambiance est palpable. Néanmoins, cette relation idyllique est menacée par la maladie de la jeune fille, omniprésente tout au long de l'extrait de manière métaphorique (« Il y avait des soucis qui s'amassaient », « La nuit venait », « À l'endroit où les fleuves se jettent dans la mer, il se forme une barre difficile à franchir, et de grands remous écumeux où dansent les épaves ») et plus concrète (« Chloé sentait une force opaque dans son thorax », « Elle toussait de temps en temps », « Sa poitrine se soulevait à peine »...). L'inquiétude discrète et les efforts des amoureux pour maintenir leur bonheur forment un certain suspense qui nous donne envie de poursuivre la lecture.

D.
Champ lexical du corps et de la maladie : « La main tiède », « corps », « thorax », « chair profonde », « poitrine ».
Champ lexical de l'eau : « fleuves », « mer », « remous écumeux », « immergé ».
Champ lexical de la lumière et de l'obscurité : « la nuit », « noyau lumineux », « la lumière de la lampe », « l'obscurité », « la clarté ».

12. POUR ALLER PLUS LOIN

A.
Chloé : « la main tiède et confiante », « jambes longues », mouvements calmes », « elle souriait ».
Physiquement, elle est belle et délicate (« jambes longues ») mais elle est fragilisée par la maladie. On l'imagine comme une personne simple, naturelle et douce.
Colin : « yeux clairs », « dos courbé », « mauvaise mine ». On imagine que Colin est également un jeune homme séduisant. Il est très attentionné envers Chloé et souhaite prendre soin d'elle (« Ça va te fatiguer », « Colin se leva, descendit la petite échelle de chêne et chargea l'appareil automatique »). Néanmoins, il semble réellement abattu par la maladie de Chloé (« le dos courbé », « mauvaise mine »).

B. Réponse libre.

C. Boris Vian était autant passionné par le jazz que par l'écriture. Adolescent, il partageait son temps entre l'écriture et la pratique de la trompette. Il a joué pendant dix ans dans l'orchestre de Claude Abadie et se produisait dans les clubs parisiens *Le Tabou* et *Le Club Saint-Germain*.
Il a également été directeur artistique chez Philips, chroniqueur dans la revue *Jazz Hot* et animateur d'une série d'émissions de jazz diffusées à la radio.
Boris Vian a composé de nombreuses chansons devenues célèbres comme *Le Déserteur*, *La Complainte du progrès* ou *Java des bombes atomiques*.

5 ELLE PLEURE, MA PLANÈTE

DÉCOUVERTE

Premiers regards
- Parler des œuvres sur l'écologie
- S'interroger sur les moyens de lutter contre le changement climatique

Premiers textes
- Échanger sur la responsabilité écologique individuelle et collective
- Découvrir les arguments des écolo-sceptiques

OBSERVATION ET ENTRAÎNEMENT

Grammaire
- Les constructions impersonnelles
- Les pronoms indéfinis
- L'expression de la cause

Méthodologie
- Rédiger une lettre ouverte

Lexique
- Le lexique de l'écologie
- Le lexique de l'engagement écologique
- Le lexique pour donner son avis

Phonétique p. 159
- Découvrir l'alphabet phonétique international
- Les groupes de souffle

REGARDS CULTURELS

Document
- Le land art

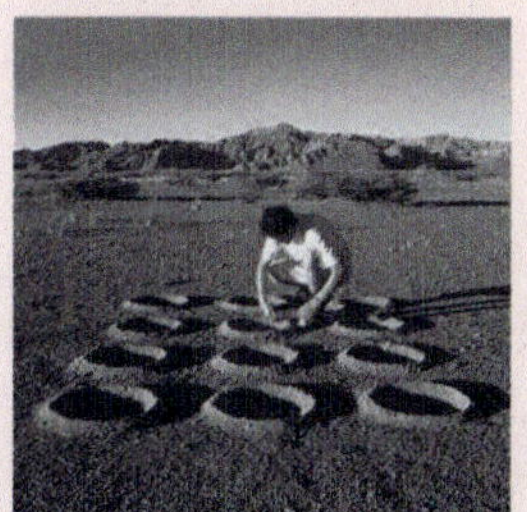

TÂCHES FINALES

Tâche 1
- Organiser une *battle* écolo

Tâche 2
- Présenter un réseau d'écogestes

AVANT D'ENTRER DANS L'UNITÉ

Arrêtez-vous en groupe-classe sur l'intitulé de l'unité « Elle pleure, ma planète » et sur la photographie qui l'accompagne. Posez les questions suivantes aux apprenants :

- Que signifie l'intitulé de l'unité ? *L'homme détruit la nature ; la Terre souffre.*
- Que vous évoque l'illustration ? *La production d'énergie verte. Il faut réduire notre consommation électrique pour protéger la nature. Moi, ça me fait penser à l'usage d'ampoules basse consommation pour réduire la consommation électrique.*
- Quel lien pouvez-vous faire entre le titre et l'illustration ? *Nous devons protéger la Terre et lutter contre la pollution. Afin de ne pas épuiser nos ressources naturelles (eau, bois, terre...), nous devons opter pour des énergies renouvelables.*

DÉCOUVERTE

PREMIERS REGARDS

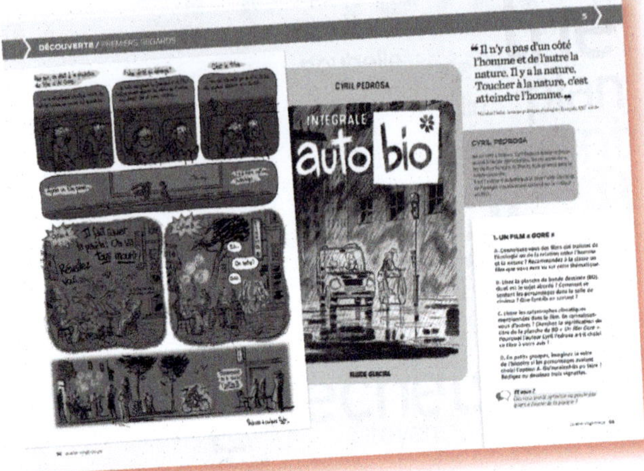

Objectifs

- Parler d'œuvres sur l'écologie
- S'interroger sur les moyens de lutter contre le changement climatique

1. UN FILM « GORE »

Mise en route

Imprimez ou projetez des affiches de film sur des catastrophes naturelles ou climatiques (https://www.senscritique.com/liste/Films_catastrophe/141819). Demandez aux apprenants d'identifier la nature des documents (affiches de film), leur point commun (films sur des catastrophes naturelles), et les types de catastrophes décrites (tempête, raz-de-marée, éruption volcanique, tremblement de terre...). Posez-leur ensuite les questions suivantes :

- Regardez-vous ce genre de film ? Pourquoi ?
- Quelles sont les composantes de ce genre cinématographique ? *Effets spéciaux, catastrophes spectaculaires, menace d'extinction de l'humanité, personnages stéréotypés (lâche/courageux)...*
- Comment se terminent généralement ces films ? *Bien, le héros sauve le monde/l'humanité. Il parvient finalement à maîtriser les éléments naturels.*
- Ce genre cinématographique est-il à la mode ? Pourquoi ? *Oui. Tournant du XXIe siècle, peur de la fin du monde, augmentation des dérèglements climatiques...*

Laissez les apprenants répondre librement dans le groupe-classe en les incitant à interagir.

Déroulement

A. Faites tout d'abord expliquer le terme écologie (science qui étudie les milieux et les conditions d'existence des êtres vivants et les rapports qui s'établissent entre eux et leur environnement). Demandez ensuite aux apprenants s'ils connaissent des films traitant de l'écologie ou de la relation entre l'homme et la nature (*Avant le déluge, Demain, Avatar, Deepwater, Wall-E, Home, Le monde selon Monsanto, Le Cauchemar de Darwin, The Cove, Solutions globales pour un désordre local*). Amenez quelques apprenants à présenter un film à la classe en précisant le sujet traité, les valeurs défendues, les solutions envisagées... Invitez le reste de la classe à poser des questions sur l'œuvre présentée.

B. Faites prendre connaissance du document pages 92-93 dans sa globalité et demandez aux apprenants d'identifier sa nature (une bande dessinée), son auteur (Cyril Pedrosa) et la maison d'édition (Fluide glacial). Faites ensuite observer la couverture de la bande dessinée (confrontation entre principes et réalité : se déplacer à vélo pour polluer moins, c'est bien, mais pas à n'importe quel prix ; certains ne sont pas prêts à abandonner leur confort pour protéger la planète). Vous pouvez leur demander à quel personnage de la couverture ils s'identifient et d'illustrer leur position à l'aide d'un exemple personnel. Faites ensuite lire individuellement la planche de la page 92 : Que signifient les termes *accablant* et *engloutir* ? Invitez ensuite les apprenants à répondre aux questions de la consigne. Corrigez ensemble. Pour faire le lien avec les films catastrophe, faites visionner la bande-annonce d'*Une vérité qui dérange* d'Al Gore (vous la trouverez sur YouTube) et demandez aux apprenants s'il existe des ressemblances avec la BD (ton anxiogène, musique angoissante, incrustation à l'écran accompagnée de coups de tonnerre, images catastrophes...). Puis, invitez-les à décrire ce qu'ils ressentent (angoisse, peur, tristesse, colère...).

C. Faites relever les catastrophes climatiques abordées dans *Une vérité qui dérange* d'Al Gore et demandez aux apprenants de compléter cette liste (augmentation de CO^2, pollution des mers, trou dans la couche d'ozone...). Invitez-les ensuite à chercher la signification de gore (genre cinématographique et littéraire qui privilégie les scènes dans lesquelles le sang coule ; le gore est issu de l'horreur). Notez-la au tableau. À partir de cette définition, amenez les apprenants à analyser le titre de la BD : *Un film gore* : Pourquoi l'auteur Cyril Pedrosa a-t-il choisi ce titre à votre avis ? Laissez les apprenants s'exprimer librement au sein du groupe-classe.

D. Formez des groupes de trois ou quatre apprenants et invitez-les à imaginer la suite de l'histoire si les personnages avaient choisi l'option A. Précisez-leur qu'ils peuvent rédiger quelques phrases ou choisir de dessiner trois vignettes en respectant le ton et le style de Cyril Pedrosa.

Et vous ?

Demandez aux apprenants s'ils sont plutôt optimistes ou pessimistes à propos de l'avenir de la planète. Pour guider la réflexion, posez-leur les questions suivantes : Pensez-vous que la pollution va continuer à augmenter ? Allons-nous développer des moyens plus écologiques pour produire de l'énergie ? L'homme est-il capable de changer radicalement son mode de vie ? Laissez les apprenants s'exprimer librement au sein du groupe-classe et relancez les échanges si nécessaire.

Pour aller plus loin

Vous pouvez proposer aux apprenants de lire la citation de Nicolas Hulot en haut à droite de la page 93 (« Il n'y a pas d'un côté l'homme et de l'autre la nature. Il y a la nature. Toucher à la nature, c'est atteindre l'homme. »). Demandez-leur d'expliquer dans un premier temps ce qu'il veut dire (détruire la Terre, c'est menacer la race humaine). Vous pouvez ensuite amener les apprenants à effectuer des recherches sur Nicolas Hulot. Procédez à la mise en commun des informations collectées. Demandez-leur finalement si une telle personnalité existe dans leur pays et le cas échéant invitez-les à la présenter au reste de la classe.

PREMIERS TEXTES

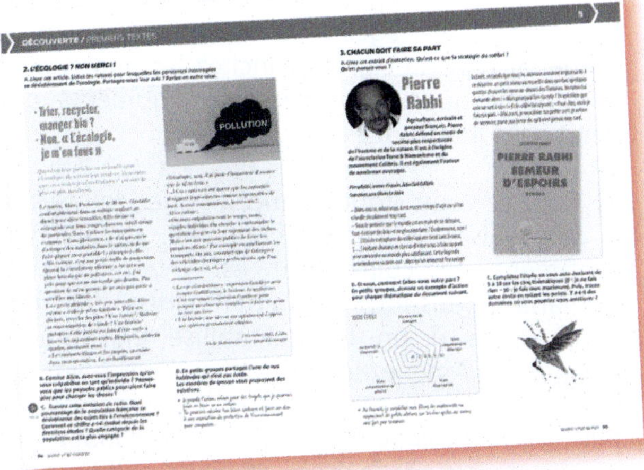

Objectifs

- Échanger sur la responsabilité écologique individuelle et collective
- Découvrir les arguments des écolo-sceptiques

2. L'ÉCOLOGIE ? NON MERCI !

Mise en route

Demandez aux apprenants à quoi correspond notre empreinte écologique (mesure de notre impact sur l'environnement et sur les surfaces nécessaires à notre train de vie, à la dégradation de nos déchets). Invitez les apprenants à effectuer ce test pour calculer la leur (https://www.wwf.ch/fr/agir/vivre_mieux/calculateur_d_empreinte/). Proposez-leur de le faire à la maison avant d'aborder cette séquence. En classe, faites travailler les apprenants en petits groupes et amenez-les à commenter leur résultat : Êtes-vous surpris ? Que pourriez-vous changer dans vos habitudes pour réduire votre empreinte écologique ? En guise de correction, interrogez chaque groupe sur les gestes à adopter pour réduire son impact environnemental.

Déroulement

A. Invitez les apprenants à lire le titre de l'article en gras et à expliquer l'expression « Je m'en fous » (cela m'est égal, registre familier). Demandez-leur d'émettre des hypothèses sur les raisons de ce désintérêt pour l'écologie (inutilité, égoïsme, confort, scepticisme face au réchauffement climatique...). À présent, amenez-les à lire individuellement l'article en repérant précisément pourquoi les personnes interrogées se désintéressent de l'écologie. Mettez en commun les réponses au sein du groupe-classe. Puis, faites expliquer les termes suivants : « particules fines », « circulation alternée », « pic de pollution », « trier des déchets », « braver les injonctions vertes et contraindre le quotidien des gens ». Enfin, formez des petits groupes d'apprenants et invitez-les à commenter les points de vue des personnes interrogées : Partagez-vous leur avis ? Organisez un débat dans la classe et incitez les apprenants à soutenir ou à s'opposer aux arguments des personnes interrogées dans l'article.

B. Assurez-vous tout d'abord que le terme « culpabiliser » (rendre coupable, donner un sentiment de culpabilité) est bien compris. Demandez ensuite aux apprenants s'ils ont l'impression qu'on les culpabilise en matière d'écologie. Amenez-les à justifier leur point de vue à l'aide d'un exemple concret et/ou personnel. Puis, formez des petits groupes et demandez-leur ce que pourraient faire les pouvoirs publics pour diminuer la pollution (tri obligatoire des déchets, primes pour inciter les particuliers à mieux isoler leur logement, circulation automobile restreinte/alternée dans les centres-villes...). Procédez à la mise en commun des suggestions : chaque groupe propose à tour de rôle une idée et le reste de la classe la commente (coût, faisabilité, contrainte...).

PISTE 13

C. Annoncez aux apprenants qu'ils vont écouter une émission radio. Faites d'abord prendre connaissance des questions et invitez-les à expliquer le terme « engagé » (prendre position pour des problèmes politiques ou sociaux). Faites ensuite écouter le document audio. Demandez aux apprenants de répondre aux questions, puis corrigez ensemble. Lors de la deuxième écoute, demandez-leur de repérer ce qui pourrait motiver les Français à s'impliquer (gain financier) et ce qui préoccupe les femmes (la santé, les valeurs, le mode de fabrication d'un produit, le juste prix et le social). Enfin, invitez-les à lire la transcription (p. 224-225) et à expliquer les termes suivants : « la consommation durable » (mode de consommation prenant en considération l'environnement et qui consiste à mieux acheter, mieux consommer et mieux jeter), la COP21 (21e Conférence des parties de la Convention-cadre des Nations Unies sur les changements climatiques), « la consommation responsable » (mode de consommation prenant en compte les critères du développement durable, c'est-à-dire une consommation qui soit à la fois respectueuse de l'environnement, bénéfique pour l'économie [notamment locale], bonne pour la santé, mais aussi positive pour la société) et « les circuits courts » (circuit de distribution dans lequel intervient au maximum un intermédiaire entre le producteur et le consommateur).

D. Expliquez aux apprenants que c'est maintenant à leur tour d'avouer l'une de leurs habitudes peu respectueuses de l'environnement. Formez des groupes de trois ou quatre apprenants. Dans chaque groupe, invitez un apprenant à présenter une « mauvaise habitude » et les autres à trouver des solutions. En guise de correction, proposez à chacun des groupes de présenter leur habitude et les solutions trouvées à la classe.

Pour aller plus loin

Proposez aux apprenants de noter leurs mauvaises habitudes en matière d'écologie, de prendre aux moins une résolution (par exemple : http://www.april.fr/informations/15-reflexes-ecolos-bons-pour-ma-sante), de la mettre en application et d'en parler lors du cours suivant.

3. CHACUN DOIT FAIRE SA PART

Mise en route

Préalablement à l'activité A, imprimez ou projetez le carnet de timbres valorisant des écogestes lancé par La Poste à l'occasion de la Semaine du Développement durable (http://presse.ademe.fr/wp-content/uploads/2014/03/ademe_timbres_laposte.jpg). Demandez aux apprenants quels gestes, parmi ceux qu'ils voient, ils accomplissent et ce qui les pousse à les faire (écologie, gain d'argent, santé, obligation citoyenne...). Laissez les apprenants s'exprimer librement au sein du groupe-classe.

Déroulement

A. Faites prendre connaissance du texte de présentation (en gras) de Pierre Rabhi et demandez aux apprenants s'ils connaissent cet homme. Invitez-les à faire de plus amples recherches sur Internet en consultant son site (https://www.pierrerabhi.org/). Faites ensuite lire individuellement l'extrait de l'entretien et, collectivement, demandez aux apprenants de définir la stratégie du colibri. Attirez leur attention sur la locution conjonctive « sous prétexte que » (en prenant comme motif que, raison invoquée pour cacher le réel motif d'une action). Puis, amenez-les à donner leur avis sur la stratégie du colibri en les laissant s'exprimer librement au sein du groupe-classe.

B. Formez des groupes de trois ou quatre apprenants. Proposez-leur de donner un exemple d'action/de geste pour être plus respectueux de l'environnement pour chaque thématique : moyens de transport, consommation d'énergie, alimentation, consommation en général, au travail/à l'université. À l'issue des échanges, chaque groupe partage quelques-unes de ses remarques avec le reste de la classe.

C. Amenez les apprenants à s'auto-évaluer : à noter leurs actions sur une échelle allant de 0 à 10 (sur le schéma B, dans chaque domaine, ils s'attribuent une note qu'ils indiquent en y faisant un point. Ensuite, ils relient les points entre eux pour former une « étoile »). Selon la taille et la forme de leur étoile, amenez les apprenants à identifier les domaines dans lesquels ils pourraient s'améliorer. Proposez-leur de tracer l'étoile de plusieurs apprenants sur le même schéma en utilisant des couleurs différentes, puis de comparer leurs résultats et d'en discuter.

Pour aller plus loin

Pierre Rabhi a rédigé *La Charte pour la Terre et l'Humanisme* afin de « prendre soin, respecter son intégrité physique et biologique, tirer parti de ses ressources avec modération, y instaurer la paix et la solidarité entre les humains » (https://www.pierrerabhi.org/). Vous pouvez inviter les apprenants à débattre des deux questions posées dans son introduction : Quelle planète laisserons-nous à nos enfants ? Quels enfants laisserons-nous à la planète ? Laissez-les s'exprimer librement en encourageant l'interaction.

OBSERVATION ET ENTRAÎNEMENT

GRAMMAIRE ET LEXIQUE

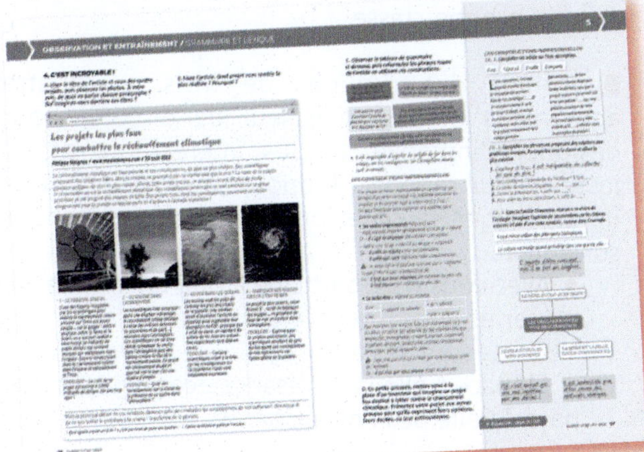

4. C'EST INCROYABLE !

Mise en route

Demandez aux apprenants ce qu'est le réchauffement climatique (phénomène d'augmentation de la température moyenne des océans et de l'atmosphère qui se produit dans le monde entier et sur plusieurs années) et quels sont les enjeux de ce phénomène (impact sur l'écosystème, répercussions sur les hommes... par exemple, le dérèglement climatique engendre des catastrophes écologiques qui elles-mêmes entraînent des catastrophes sociales et économiques). Puis, demandez-leur ce que nous pouvons faire pour combattre le réchauffement climatique (réduire la consommation des énergies fossiles, privilégier les énergies vertes, supprimer les voitures en ville...). Profitez de cette activité pour mobiliser le lexique de l'écologie introduit au cours des activités précédentes.

Déroulement

A. Invitez les apprenants à se concentrer uniquement sur le titre de l'article (« Les projets les plus fous pour combattre le réchauffement climatique ») et des quatre projets (« Le parasol spatial », « Du soufre dans l'atmosphère », « Du fer dans les océans » et « Fabriquer des nuages avec de l'eau de mer »). Faites expliquer « soufre » (corps simple solide d'une couleur jaune citron), « fer » (métal gris blanc utilisé en métallurgie) et « atmosphère » (enveloppe gazeuse entourant une planète, en particulier la Terre). Puis, invitez le groupe-classe à observer les images et à émettre des hypothèses sur le contenu de chaque paragraphe et sur l'objectif de chaque projet. Laissez les apprenants s'exprimer librement au sein du groupe-classe.

B. Proposez-leur ensuite de lire l'article et de repérer l'objectif et les conséquences de chacun des projets. Procédez à une mise en commun des réponses au cours de laquelle vous pourrez faire expliquer les termes suivants : « la calotte glaciaire arctique » (type de glacier formant une étendue de glace de grandes dimensions mais n'excédant pas 50 000 km²), « se pencher sur un problème » (prêter une attention particulière à un problème), « un puits de carbone » (réservoir, naturel ou artificiel, de carbone qui absorbe le carbone de l'atmosphère et contribue à diminuer la quantité de CO^2 atmosphérique, une forêt ou un océan par exemple), « le plancton » (ensemble des organismes transparents flottant plus ou moins passivement dans l'eau douce ou salée), « l'absorption de CO^2 » (fait de retirer le CO^2, le faire disparaître en l'assimilant), « les gaz à effet de serre » (substance gazeuse ayant la caractéristique d'absorber le rayonnement infrarouge produit par la Terre et étant considérée comme l'une des causes du réchauffement climatique), « un écosystème » (système formé par un environnement et par l'ensemble des espèces qui y vivent, s'y nourrissent et s'y reproduisent) et « quant à » (en ce qui concerne). Demandez-leur ensuite quel projet semble le plus réaliste et pourquoi. Invitez quelques apprenants à partager leur point de vue avec la classe et les autres à réagir : s'ils ne sont pas d'accord, demandez-leur d'argumenter en rappelant quel est le principal défaut/problème du projet.

C. Faites prendre connaissance du tableau sur les constructions impersonnelles et demandez aux apprenants à quoi elles servent (à exprimer une opinion, donner un avis, exprimer une réaction face à un événement) et quelles sont les deux structures possibles (avec des verbes impersonnels, avec des adjectifs ou adverbes). Assurez-vous qu'ils connaissent le sens des adjectifs du tableau (« impensable », « inimaginable »...). Pour cela, amenez-les à identifier les sentiments qu'ils permettent d'exprimer (incompréhension, révolte, surprise, déception, enthousiasme...). Vous pouvez leur demander de classer les adjectifs selon ce qu'ils expriment et leur degré d'intensité (exemple : surprenant, stupéfiant, fantastique, hallucinant). Dans un deuxième temps, formez des binômes et invitez-les à reformuler les phrases extraites de l'article en utilisant les constructions impersonnelles. Corrigez ensemble.

D. Formez des groupes de trois ou quatre apprenants et invitez-les à imaginer un projet fou pour lutter contre le changement climatique (ses causes ou ses conséquences). Pour préparer leur présentation, amenez-les à fournir les informations suivantes : nom du projet, sa description, son objectif et les éventuels problèmes ou incertitudes. À tour de rôle, les groupes exposent leur projet à la classe. Incitez les autres apprenants à le commenter en réemployant les constructions impersonnelles. À l'issue des présentations, proposez à la classe de voter pour désigner le projet écologique le plus fou.

Pour aller plus loin

En classe, les apprenants peuvent réaliser les exercices 1, 2 et 3 page 97 avant l'activité D.

Les apprenants pourront s'exercer en autonomie en effectuant les exercices 1, 2 et 3 pages 187-188.

Activité de prolongement

Vous pouvez proposer aux apprenants de chercher un dessin dans la presse et/ou sur Internet traitant du changement climatique et de le présenter à la classe (dessinateur, sujet abordé, critique). Précisez qu'ils peuvent choisir un dessin en français ou dans leur langue et le traduire. Invitez le reste du groupe à commenter la situation exposée en incitant les apprenants à réemployer les constructions impersonnelles.

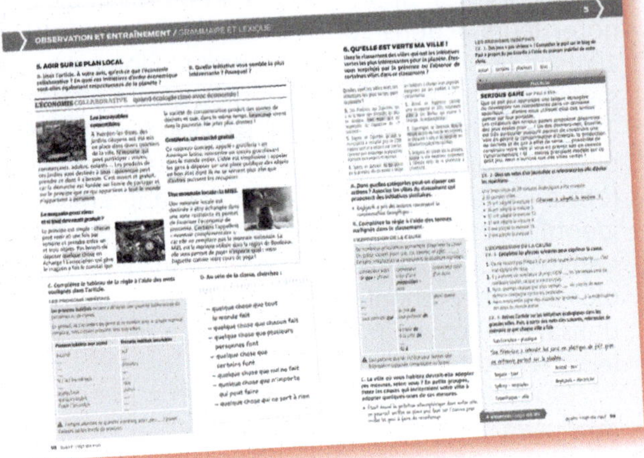

5. AGIR SUR LE PLAN LOCAL

Déroulement

A. Invitez les apprenants à lire individuellement l'article et à résumer en une phrase chaque initiative. Faites définir les termes « zone restreinte » (une étendue délimitée) et « l'économie de proximité » (économie organisée autour de la relation directe – circuits courts, ventes en direct – et qui développe des activités en lien direct avec le territoire pour valoriser le patrimoine et les savoir-faire locaux). Ensuite, demandez-leur d'expliquer en quoi consiste l'économie collaborative. Incitez le groupe-classe à harmoniser ses réponses afin d'aboutir à une définition commune. Proposez aux apprenants de lire une deuxième fois le texte pour repérer ce que chaque initiative a d'écologique. Procédez à une mise en commun des réponses au sein du groupe-classe.

B. Formez des groupes de trois ou quatre apprenants et demandez-leur de discuter pour désigner l'initiative la plus intéressante et de justifier leur réponse. Proposez à chaque groupe de prolonger sa réflexion à partir des questions suivantes :

- Avez-vous déjà participé à une telle initiative ou seriez-vous prêts à y participer ?
- Quels sont ses avantages ?
- Menace-t-elle la croissance économique du pays ? Celle des entreprises ?

Invitez chaque groupe à présenter son point de vue au reste de la classe et encouragez les autres apprenants à le commenter.

C. Demandez tout d'abord aux apprenants à quoi font référence les termes surlignés en jaune dans l'article (une quantité indéterminée de personnes ou de choses). Invitez-les ensuite à les reporter dans le tableau. Procédez à une mise en commun des réponses au sein du groupe-classe.

D. Formez des petits groupes de trois ou quatre apprenants et invitez-les à mener l'enquête au sein de la classe : il s'agit de comptabiliser le nombre de personnes concernées par chacune des catégories listées et d'identifier une activité pour chacune (exemple : tout le monde ferme le robinet quand il se brosse les dents). En guise de correction, demandez à chaque groupe de présenter ses résultats à la classe et voyez si les réponses concordent.

Pour aller plus loin

En classe, les apprenants peuvent réaliser les exercices 1 et 2 page 99 avant l'activité D.

Les apprenants pourront s'exercer en autonomie en effectuant les exercices 4, 5 et 6 pages 188-189.

6. QU'ELLE EST VERTE MA VILLE !

Mise en route
Questionnez les apprenants sur ce qu'est pour eux une ville verte (qui a beaucoup d'espaces verts, de parcs, d'arbres dans la rue/qui prend des mesures pour réduire la pollution urbaine/qui développe un urbanisme respectant le développement durable : des éco quartiers, des éco villages, des bâtiments passifs...). Puis, demandez-leur quelles sont, à leur avis, les villes les plus novatrices en matière d'initiatives vertes.

Déroulement
A. Faites prendre connaissance du document (« Quelles sont les villes avec les initiatives les plus vertes pour la planète ? ») et demandez aux apprenants de définir les termes suivants : « le 7e continent » (mers de plastique dans les océans), « instaurer une taxe » (mettre en place une taxe), « énergivore » (consommant beaucoup d'énergie), « la matière fécale » (les excréments) et « la géothermie » (technique de production de chaleur à partir de l'énergie contenue dans le sol). Demandez finalement au groupe-classe s'ils sont surpris par ce classement. Laissez les apprenants le commenter librement et interagir entre eux.

B. Demandez au groupe-classe à quel problème s'est attaquée chaque ville et invitez-les à regrouper les villes qui proposent des initiatives similaires. Procédez à une mise en commun des réponses au sein du groupe-classe.

C. Attirez l'attention des apprenants sur les termes surlignés en jaune dans le texte et demandez-leur ce qu'ils expriment (la cause). Puis, faites-les leur reporter dans le tableau. La correction est collective.

D. Demandez au groupe-classe si leur ville devrait adopter certaines de ces mesures et pourquoi. Laissez-les échanger librement. Faites prendre connaissance de l'exemple. Puis, formez des groupes de trois ou quatre apprenants et proposez-leur de lister les causes qui inciteraient leur ville à les adopter. Si les apprenants sont originaires de différentes villes, regroupez-les selon la taille de leur ville d'origine. Encouragez-les à réemployer l'expression de la cause en variant les articulateurs. Procédez à une mise en commun des réponses en désignant un apprenant par groupe pour résumer les mesures et les causes envisagées.

Pour aller plus loin

En classe, les apprenants peuvent réaliser les exercices 3 et 4 page 99 avant l'activité C.

Les apprenants pourront s'exercer en autonomie en effectuant les exercices 7, 8 et 9 page 189.

Activité de prolongement :
Vous pouvez prolonger la réflexion sur le désastre écologique que représente le 7e continent marin composé d'ordures et de déchets. Pour cela, faites visionner l'émission *Le Dessous des cartes : Des îles de déchets* consacrée à cette catastrophe écologique (https://www.youtube.com/watch?v=rVCbQaONa9o).

MÉTHODOLOGIE

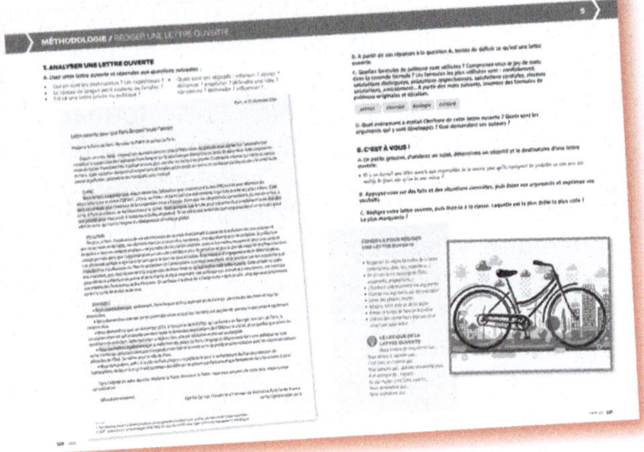

7. ANALYSER UNE LETTRE OUVERTE

Déroulement

A. Invitez les apprenants à lire individuellement le document et à répondre aux questions de la consigne. Pour la dernière question, demandez aux apprenants de justifier leurs choix en citant le texte (les éléments surlignés en jaune). Attirez l'attention des apprenants sur l'emploi du « nous » : il permet de s'exprimer au nom d'un groupe et rend le discours plus collectif ; il est d'usage de l'employer dans ce type de lettre de nature collégiale et basée sur une démarche solidaire. Procédez à une mise en commun des réponses au sein du groupe-classe.

B. Formez des binômes et demandez-leur de donner la définition de ce qu'est une lettre ouverte en s'appuyant sur les réponses de l'activité précédente. Mettez en commun les propositions et amenez les apprenants à se mettre d'accord afin d'aboutir à une définition commune formulée comme dans un dictionnaire.

C. Demandez aux apprenants de repérer les formules de politesse : Quel est le jeu de mots de la seconde formule (« vélorutionnairement ») ? Si nécessaire, faites prendre connaissance des formules énumérées dans la consigne pour aider les apprenants à l'interpréter. Puis, formez des binômes et proposez-leur d'inventer des formules de politesse originales à partir des termes proposés dans les étiquettes (« animal », « chocolat », « écologie », « militant »). En guise de correction, invitez chaque groupe à présenter son mot (néologisme) à la classe qui doit deviner sa signification et de quels éléments il se compose.

D. Proposez aux apprenants de relire la lettre ouverte et de relever les éléments demandés. Faites expliquer le terme « suspension » et « Franciliens ». Lors de la mise en commun des réponses, faites repérer à quoi correspond chaque paragraphe (introduction = motivation de la lettre, développement = deux paragraphes = deux arguments, conclusion = demandes). Attirez également l'attention des apprenants sur le style rédactionnel (phrases courtes) et sur le fait que des exemples illustrent les arguments. Finalement, amenez-les à prendre connaissance des conseils et du lexique employé pour rédiger une lettre ouverte.

8. C'EST À VOUS !

Mise en route

Vous pouvez demander aux apprenants s'ils ont déjà écrit une lettre ouverte, dans quel but, pour défendre quelle cause. Par ailleurs, demandez-leur s'ils pensent que ce soit un moyen efficace pour défendre une idée et s'il existe des lettres ouvertes devenues célèbres dans leur pays (exemple français : *J'accuse* d'Émile Zola).

Déroulement

A. Annoncez aux apprenants que c'est à leur tour de rédiger une lettre ouverte. Formez des petits groupes et invitez-les à choisir un sujet (transport, alimentation, énergie, espèces en voie de disparition, agriculture...), un objectif (ce qu'ils souhaitent demander) et un destinataire. Faites prendre connaissance de l'exemple et précisez qu'ils peuvent opter pour des exigences farfelues (mettre des feux de circulation avec des lampes en forme de cœur, peindre les pistes cyclables en vert...).

B. Invitez les apprenants à lister plusieurs arguments pour convaincre les destinataires de leur lettre. Précisez-leur qu'il est important d'illustrer chaque argument par un exemple et que les figures de style sont un bon moyen de renforcer leur argumentation (hyperbole, répétition, jeu de mots). Demandez-leur aussi d'exprimer des souhaits comme dans l'exemple en réemployant les mêmes structures (« nous demandons que », « nous souhaitons que »). À partir de ces éléments, amenez-les à rédiger leur plan en trois paragraphes (introduction, arguments, souhaits).

C. Proposez aux apprenants de passer à la rédaction de leur lettre ouverte. Cette activité peut être réalisée en groupes en classe ou individuellement à la maison. En guise de correction, demandez aux apprenants de lire leur production à la classe. À l'issue des présentations, demandez-leur de désigner la lettre la plus drôle et la lettre la plus marquante. Pour une correction plus personnalisée, ramassez les écrits.

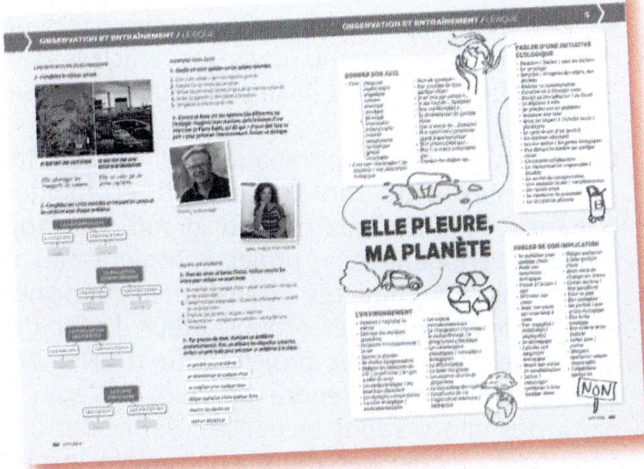
ELLE PLEURE, MA PLANÈTE

LEXIQUE

La plupart des exercices de cette page peuvent être réalisés en autonomie : ce sont des activités complémentaires pour travailler plus spécifiquement l'expression orale.

Exercice 2
Formez des binômes pour compléter les cartes mentales. Pour chaque problème écologique, les apprenants doivent lister leurs causes et proposer des solutions. Procédez à la mise en commun des réponses.

Exercice 3
Formez des groupes de trois ou quatre apprenants et demandez-leur de donner leur opinion sur les actions proposées. Incitez-les à réemployer les constructions impersonnelles. La mise en commun peut se faire sous forme de débat libre. Rappelez-leur qu'ils doivent illustrer leur point de vue par des exemples.

Exercice 4
Formez des binômes et amenez-les tout d'abord à lister des arguments et à penser à des exemples concrets et personnels pour étayer leur position. Invitez-les ensuite à rédiger leur dialogue et à l'interpréter devant la classe.

Exercice 6
Formez des binômes et demandez aux apprenants de choisir un problème environnemental (changement climatique, catastrophes climatiques, fonte des glaces...) et de rédiger un court texte pour le présenter à la classe. Précisez-leur qu'ils doivent réemployer les verbes proposés dans les étiquettes (« se pencher sur », « se désintéresser de », « se mobiliser pour »...). Avant de le présenter à la classe, invitez les apprenants à s'exercer à le prononcer. Pour compliquer la tâche des apprenants, il est également possible de leur demander de se mettre dans la peau d'autres personnes (un agriculteur, un homme politique, un enseignant, un écologiste, un industriel...) ou d'employer un ton particulier (passionné, angoissé, agressif, culpabilisant...). En guise de correction, les binômes présentent leur texte devant la classe et le reste du groupe identifie le problème et les informations principales présentés.

Carte mentale
La page 103 reprend l'ensemble des éléments lexicaux présentés dans l'unité 5 sous la forme d'un schéma qui permet de faciliter la mémorisation par la visualisation. N'hésitez pas à vous référer à cette page au cours de l'étude de l'unité ainsi qu'à la fin, pour effectuer un bilan sur l'ensemble des éléments lexicaux abordés. Vous pouvez effectuer différentes activités à partir de cette page :

- **Mime :** La carte mentale contient plusieurs adjectifs et expressions pour exprimer un point de vue. Notez les termes de la section « Donner son avis » sur des morceaux de papier. Formez deux équipes. Expliquez-leur qu'elles auront deux minutes pour mimer le plus de réactions possible. À l'issue du temps imparti, comptabilisez le nombre de mots découverts pour chaque équipe et comptez les points.
- **Proposition express :** Notez sur des bouts de papier les verbes de la carte mentale (« extraire », « préserver », « calculer »...). Divisez la classe en deux groupes. Piochez un papier et énoncez le verbe : le premier groupe qui fait une proposition en lien avec l'environnement à l'aide de ce verbe marque un point (exemples : *extraire des matières premières, préserver l'environnement, calculer son empreinte écologique*...). N'oubliez pas de comptabiliser les points à la fin !

REGARDS CULTURELS

REGARDS CULTURELS

ART

REGARD SUR LES ÉCO-ARTISTES

LA NATURE EST MON ATELIER

9. ART ET ENVIRONNEMENT FONT-ILS BON MÉNAGE ?

10. LA BEAUTÉ DE LA NATURE

11. À VOTRE TOUR

9. ART ET ENVIRONNEMENT FONT-ILS BON MÉNAGE ?

Mise en route

Écrivez le titre de la séquence au tableau : « Art et environnement font-ils bon ménage ? ». Faites expliquer l'expression « faire bon ménage » (bien s'entendre, relation équilibrée entre deux personnes, relation complémentaire). Puis, demandez aux apprenants d'émettre des hypothèses sur le sujet abordé dans cette séquence (des œuvres d'art exposées dans la nature, des œuvres d'art fabriquées à partir d'éléments naturels ou de déchets, des œuvres d'art engagées critiquant la société de consommation...). Laissez les apprenants s'exprimer librement et incitez-les à interagir.

Déroulement

A. Invitez les apprenants à observer les quatre photographies d'œuvres d'art proposées et à les décrire. Puis, demandez-leur si elles leur plaisent et pourquoi. Laissez les apprenants donner leur avis librement.

B. Demandez aux apprenants de lire les deux articles, d'identifier de quel type d'art traite chacun d'eux (« Regard sur les éco-artistes » = l'art écologique ; « La nature est mon atelier » = le land art) et en quoi consistent ces deux courants artistiques. Procédez à une mise en commun des réponses. Au cours d'une deuxième lecture, demandez-leur de repérer leurs différences et leurs points communs. Mettez en commun les réponses. Pour enrichir le lexique des apprenants, il est possible de faire ensuite relever les prépositions de lieu ou les structures en rapport avec un lieu dans le premier article (« face à », « loin de », « confiner », « remettre au centre de », « au-delà de », « mobiliser », « autour de »). Vous pouvez aussi proposer aux apprenants de choisir un mot inconnu dans les articles, d'en chercher la définition et de la présenter à la classe.

C. Demandez aux apprenants de relever les projets cités dans l'article sur l'art écologique (réhabilitation du quartier du grand Mermoz, projet « Pedogenesis », projet « Topique-Eau », projet des Architectes transitoires). Formez ensuite des binômes et proposez-leur d'effectuer des recherches sur ces projets pour trouver des illustrations et comprendre de quoi il s'agit. À partir des informations recueillies, demandez aux apprenants lequel des deux leur semble le plus intéressant et pourquoi. La mise en commun des réponses peut se faire librement à l'oral.

10. LA BEAUTÉ DE LA NATURE

Déroulement

A. Formez des petits groupes d'apprenants et interrogez-les sur ce qu'ils trouvent beau dans la nature ainsi que sur les éléments naturels et les paysages qu'ils préfèrent. Vous pouvez leur demander d'expliquer les sentiments que ces éléments et lieux font naître en eux en employant les constructions impersonnelles. Proposez aux groupes d'échanger entre eux sur leurs préférences en guise de correction.

B. Demandez aux apprenants s'ils aiment être au contact de la nature et de quelle(s) façon(s) (promenade en forêt, séjour à la montagne, camping, décoration du logement...). Laissez-les s'exprimer librement au sein du groupe-classe.

11. À VOTRE TOUR

Déroulement

Annoncez aux apprenants qu'ils vont devoir présenter une œuvre ou un artiste de land art ou d'art écologique. Précisez les informations à fournir : courte biographie de l'artiste, démarche artistique, objectifs, analyse des œuvres... Proposez-leur de faire au préalable des recherches sur Internet et d'imprimer la photographie de l'œuvre choisie chez eux. Incitez-les à réemployer le lexique utilisé pour définir les deux courants artistiques (activité 9B). Lors du cours suivant, demandez-leur de faire leur présentation devant la classe. À l'issue des présentations, proposez-leur de voter pour l'artiste ou l'œuvre qu'ils ont préféré(e) parmi ceux qu'ils ont découverts et d'expliquer pourquoi.

TÂCHES FINALES

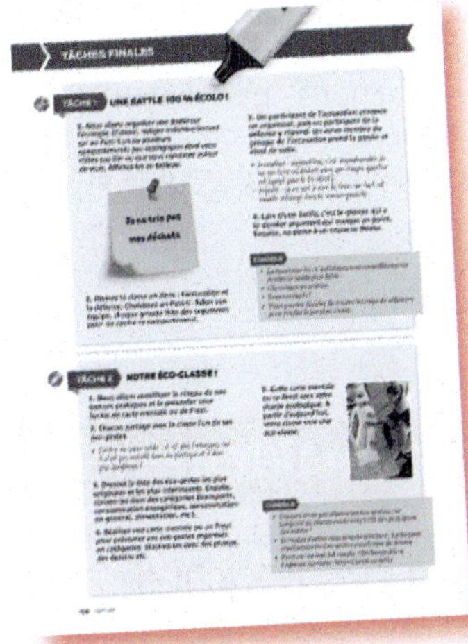

Tâche 1 : Une *battle* 100 % écolo !

Cette tâche étant à dominante orale, invitez les apprenants à parler et à intervenir le plus possible. Vous pouvez introduire cette activité en demandant aux apprenants d'expliquer ce qu'est une *battle* (compétition entre deux équipes de hip-hop ou de rappeurs ; une confrontation d'improvisation ; une bataille verbale). Si nécessaire, proposez-leur de faire des recherches sur Internet.

1. Informez les apprenants qu'ils vont participer à une *battle* sur l'écologie. Distribuez des Post-it sur lesquels les apprenants doivent noter un comportement peu écologique (acheter des bouteilles d'eau en plastique, laisser le chauffage allumé quand on aère une pièce...). Affichez les Post-it au tableau.

2. Faites prendre connaissance des conseils. Assurez-vous que les termes « mauvaise foi » et « dérision » sont bien compris. Divisez la classe en deux camps : l'accusation et la défense. Choisissez un Post-it. Selon la position de son équipe, chaque groupe doit réfléchir aux arguments pour (la défense) ou contre (l'accusation) ce comportement qu'il utilisera lors de la battle et les lister. Incitez les apprenants à s'appuyer sur des exemples. Pour dynamiser l'activité, limitez le temps de réflexion à 2 minutes.

3. Expliquez aux apprenants le déroulement de la bataille : un membre de l'accusation avance un argument, puis un membre de la défense y répond. Puis un autre membre de l'accusation rétorque et ainsi de suite. Recommandez l'emploi des constructions impersonnelles et l'expression de la cause. À tour de rôle, chaque apprenant est l'arbitre de la *battle* : il chronomètre la préparation, veille au bon déroulement de la *battle* et s'assure de la pertinence des arguments énoncés).

4. Précisez que l'équipe qui donne le dernier argument remporte le point. Choisissez ensuite un nouveau thème et désignez un nouvel arbitre.

Tâche 2 : Notre éco-classe !

Cette tâche étant à dominante écrite, attirez l'attention des apprenants sur les formes spécifiques à l'écrit étudiées dans cette unité. Vous pouvez commencer cette activité en demandant aux apprenants s'ils connaissent le logiciel Prezi (logiciel permettant de préparer une présentation captivante, sur une seule page, contrairement à une suite de diapositives avec PowerPoint). Le cas échéant, proposez à ceux qui l'utilisent de le présenter au reste de la classe.

1. Demandez aux apprenants d'expliquer ce qu'est une charte (énumération de règles ou d'actions que l'on s'engage volontairement à suivre). Annoncez-leur qu'ils vont réaliser la charte écologique de leur classe basée sur la mutualisation de leurs écogestes et la présenter sous forme de carte mentale (logiciels gratuits : Xmind, Edraw) ou d'un document Prezi (https://prezi.com/). Interrogez-les sur le style qu'ils souhaitent employer pour la rédiger : usage de constructions impersonnelles (*Il faut venir à l'école à vélo*), de l'impératif (*Venez à l'école à vélo*), de l'infinitif (*Venir à l'école à vélo*) ou du présent (*Je viens à l'école à vélo*).

2. Chaque apprenant partage avec la classe l'un de ses écogestes en précisant pourquoi il le fait. Notez-les au fur et à mesure au tableau et vérifiez qu'ils sont différents.

3. Une fois les gestes les plus originaux et intéressants listés, amenez les apprenants à les classer dans des catégories (transports, consommations énergétiques, consommation en général, alimentation...).

4. Si votre établissement est muni de tablettes ou d'ordinateurs, faites travailler les apprenants en binômes. Dans le cas contraire, invitez les apprenants à réaliser collectivement une carte mentale sur une grande feuille de papier (A2) pour présenter leurs écogestes. Dans les deux cas, proposez-leur de personnaliser leur présentation avec des photographies ou des dessins. Finalement, les apprenants présentent oralement leur(s) charte(s). Proposez-leur de comparer et de commenter leurs créations. Puis invitez-les à sélectionner celle qu'ils préfèrent.

5. Imprimez la charte écologique et affichez-la en classe. Vous pouvez proposer aux apprenants d'adopter un ou plusieurs nouveaux écogestes pour devenir véritablement une éco-classe.

DÉCOUVERTE

PREMIERS REGARDS

1. UN FILM « GORE »

A. Réponse libre.

B. La bande dessinée aborde le sujet des films qui mettent en lumière les conséquences du réchauffement climatique et de la réaction du public. Durant le visionnage du film, les deux spectateurs sont de plus en plus angoissés. Finalement, à la sortie du film, ils décident de « passer à autre chose » : ils ne passent pas à l'action et rentrent simplement chez eux.

C. – Catastrophes climatiques mentionnées dans le film : le rehaussement du niveau de la mer et la disparition d'espèces animales.
– Autres catastrophes climatiques : la sécheresse, les cyclones, les inondations, les tornades, les glissements de terrain.
– Le titre de la bande dessinée joue sur le mot « Gore » qui fait référence à l'ancien vice-président des États-Unis (Al Gore) et à l'adjectif « gore » qui signifie « violent » ou « choquant ». Al Gore a fait une présentation pour une campagne de sensibilisation sur le réchauffement planétaire qui a été réutilisée dans le documentaire de David Guggenheim, sorti en 2006. Ce titre permet de mettre l'accent sur la « violence » des informations liées au réchauffement climatique : elles sont aussi terrifiantes qu'un film gore ou d'horreur.

D. Réponse libre.

PREMIERS TEXTES

2. L'ÉCOLOGIE ? NON MERCI !

A.
Alice : Elle ne veut pas renoncer à sa voiture, elle ne veut pas prendre le temps de trier ses déchets ou de recycler ses piles, elle refuse de renoncer à la viande. Elle considère que ce sont les gouvernements et les industriels, non les citoyens qui ont le devoir de faire des efforts.
Benjamin : Il ne se sent pas concerné par le réchauffement climatique car il n'y est pas confronté au quotidien.

B. Réponse libre.

C. De plus en plus de Français s'intéressent à l'environnement : de 15 % en 2015, ils sont passés à 25 % (un quart) en 2016. Ce sont les femmes qui s'engagent le plus pour cette cause car en tant que consommatrices, elles prennent en compte les effets sur la santé et la valeur sociale des produits qu'elles achètent.

D. Réponse libre.

3. CHACUN DOIT FAIRE SA PART

A. La stratégie du colibri est fondée sur le principe que chaque individu a le devoir d'apporter sa contribution, ou de « faire sa part » dans le domaine de la protection de l'environnement. Les actions peuvent paraître très limitées individuellement mais contribuent au changement lorsqu'elles s'ajoutent les unes aux autres.

B. Réponse libre.

C. Réponse libre.

OBSERVATION ET ENTRAÎNEMENT

GRAMMAIRE ET LEXIQUE

4. C'EST INCROYABLE !

A. Réponse libre.

B. Réponse libre.

C. *Suggestion de réponses :*
– Il est évident que le responsable en est le réchauffement climatique.
– Il est impensable que ce projet voie le jour car il coûte trop cher : 5 000 milliards de dollars.
– Il s'agirait d'accélérer l'activité du plancton pour augmenter leur absorption de CO2.
– Il est inimaginable de mettre en place de tels agissements sur l'atmosphère de la planète car les conséquences sont inconnues.

D. Réponse libre.

EX. 1.
L'écoconception, c'est une nouvelle manière d'envisager la conception des produits. Rien de très compliqué : **il suffit de** les imaginer comme le cycle de la vie ! D'abord, on extrait les matières premières, on les transforme, on les utilise, puis les produits redeviennent de la matière première. Bien entendu, **il importe** de faire attention à chaque étape pour limiter les déchets : sans quoi le produit ne pourra pas revenir à la terre sans polluer ! **Il faut que** nous prenions conscience de notre empreinte environnementale, et cet outil peut nous y aider. **Il est** évident qu'**il faut** y réfléchir avant la conception du produit !

EX. 2. *Suggestion de réponses :*
1. *Cf. exemple.*
2. Sacs plastiques : la poubelle du Pacifique ! Il faut interdire tous les sacs plastiques gratuits dans les commerces !
3. La vérité derrière les étiquettes : c'est inadmissible qu'il n'y ait aucune transparence.
4. Contre la déforestation, il suffit que nous boycottions l'huile de palme !
5. Pour aider les petits agriculteurs, il suffit d'arrêter d'acheter nos fruits et légumes au supermarché !

EX. 3. *Suggestion de réponses :*

Il vaut mieux utiliser des détergents biologiques.

LE PÈRE :
Il faut acheter des produits respectueux de la planète quand cela est possible.

LE FILS :
C'est révoltant de devoir payer deux fois plus cher pour des produits qui finissent dans les canalisations.

LA MÈRE ET LA FILLE :
Il suffirait tout simplement d'interdire les produits qui ne respectent pas l'environnement et il n'y aurait plus de problème de pollution des eaux.

La voiture est inutile quand on habite dans une grande ville.

LE PÈRE :
C'est fantastique que les municipalités développent les transports en commun mais parfois on ne peut pas éviter d'utiliser la voiture.

LE FILS :
C'est inadmissible qu'avec toutes ces voies de bus et ces lignes de tram, on ne puisse même plus circuler en voiture.

LA MÈRE ET LA FILLE :
Il faut que les communes interdisent tout simplement la circulation des voitures dans les centres-villes.

5. AGIR SUR LE PLAN LOCAL

A. L'économie collaborative est basée sur la mise en commun de biens ou de services entre un groupe d'individus ou une communauté. Les membres de ces communautés n'utilisent plus l'argent comme moyen d'échange et favorisent l'idée d'être « utilisateur » d'un objet plutôt que propriétaire.

B. Réponse libre.

C. LES PRONOMS INDÉFINIS

Les pronoms indéfinis servent à désigner une quantité indéterminée de choses ou de personnes.
En général, ils s'accordent en genre et en nombre avec le groupe nominal remplacé, et d'autres sont invariables.

PRONOMS INDÉFINIS AVEC ACCORD	PRONOMS INDÉFINIS INVARIABLES
aucun/e tout/s / toute/s chacun/e certain/e/s le / la / les même(s) d'autres / un autre quelqu'un/e quelques-uns/e/s l'un/e les un/e/s	nul personne plusieurs quiconque tout le monde rien autrui quelque chose n'importe qui n'importe quoi

⚠ Certains adverbes de quantité (combien, assez, peu, beaucoup) jouent d'ailleurs parfois le rôle de pronoms.

D. Réponse libre.

6. QU'ELLE EST VERTE MA VILLE !

A. Réponse libre.

B. La lutte contre la pollution : San Francisco
La consommation énergétique : Sydney, Reykjavic
Les transports : Bristol, Copenhague, Bogota
Les espaces verts : Bogota

C. L'EXPRESSION DE LA CAUSE

De nombreux articulateurs permettent d'exprimer la cause.
On utilise souvent *parce que, car, comme, en effet,* puisque, dans la mesure où.
Certains articulateurs se construisent de plusieurs manières.

Connecteur suivi de *que* + phrase	Connecteur suivi d'une **préposition** + nom	Connecteur suivi d'un nom
étant donné que vu que du fait que *sous prétexte que*	*du fait* **de** *sous prétexte* **de** en raison de *à cause* **de** *à la suite* **de** grâce à *dû* **à**	*étant donné* *vu*

⚠ Sous prétexte que/de s'utilise pour donner une information supposée mensongère ou fausse.

D. Réponse libre.

EX. 1.
SERIOUS GAME par Paul à 15 h 00.
Que ce soit pour apprendre une langue étrangère ou développer ses compétences dans un domaine spécifique, **plusieurs** d'entre nous utilisent déjà des *serious game* sur leur portable.
Les créateurs des *serious game* proposent désormais des jeux écolos pour **tous** ! Un des derniers-nés, Ecoville,

est très particulier puisqu'il permet de construire une ville en gérant la consommation d'énergie, de déchets et les gaz à effet de serre. **Aucune** possibilité de construire votre ville si vous ne prenez pas en compte l'environnement ! Si **certains** maires prenaient modèle sur ce petit jeu, nous n'aurions que des villes vertes !

EX. 2.
– 35 ont adopté la mesure 5 : **Toutes ont adopté la mesure 5.**
– 32 ont adopté la mesure 12 : **Plusieurs ont adopté la mesure 12.**
– 17 ont adopté la mesure 8 : **Certaines ont adopté la mesure 8.**
– 5 ont adopté la mesure 18 : **Quelques-unes ont adopté la mesure 18.**
– 0 ont adopté la mesure 7 : **Aucune n'a adopté la mesure 7.**

EX. 3.
1. On ne ressent pas l'impact d'un arbre coupé en Amazonie **car/parce que/dans la mesure où** c'est trop éloigné de nous.
2. Il y a encore de nombreux champs OGM **sous prétexte** que les semences sont de meilleure qualité, ce que je ne crois pas.
3. Nous sommes chaque jour plus motivés **du fait/en raison/à la suite** du succès de notre dernière campagne contre les pesticides.
4. Nous avons enfin signé des accords sur le climat **suite/grâce** à la mobilisation des pays du monde entier.

EX. 4. *Suggestion de réponses :*
– *San Francisco a interdit les sacs en plastique du fait qu'on en retrouve partout sur la planète.*
– Comme la municipalité veut encourager la population à prendre les transports en commun, la ville de Bogota a instauré une taxe sur l'essence.
– Étant donné que les ampoules classiques consomment beaucoup d'énergie, Sydney a obligé ses habitants à les changer par des modèles à basse consommation.
– Un tiers des habitants de Copenhague se déplacent à vélo en raison des 390 kilomètres de pistes cyclables.
– L'amélioration de la qualité de l'air dans la ville de Bristol est due à la mise en place de Bio-bus.
– Reykjavic est une ville verte parce qu'elle fonctionne entièrement à l'énergie verte.

MÉTHODOLOGIE

7. ANALYSER UNE LETTRE OUVERTE

A.
– Les destinataires de cette lettre sont la Maire et le Préfet de police de Paris. L'expéditrice est Camille Carnoz, Présidente d'honneur de Vélorution Paris, au nom de tous les citoyen(ne)s réuni(e)s.
– Le niveau de langue est soutenu (« tentons de vous alerter »; « Cette suspension invite de fait les Franciliens... »; etc.).
– Il s'agit d'une lettre publique car elle est rédigée au nom de tous les citoyens.
– Cette lettre vise à informer, alerter, dénoncer, défendre une idée, demander, influencer.

B. Une lettre ouverte est une lettre écrite au nom d'un groupe de citoyens dans le but d'attirer l'attention des pouvoirs publics sur un problème ou une situation. Elle est rédigée dans un style formel qui interpelle le lecteur, proche de celui d'un éditorial. La lettre est ensuite diffusée publiquement (presse, médias, voie publique) afin d'être lue par un large public.

C. *Suggestion de réponses :* animalement, Salutations chocolatées, Salutations respectueusement écologiques, Militantes salutations.

D. L'événement qui a motivé l'écriture de cette lettre est la suspension de l'opération Paris respire, qui prévoyait la fermeture de certaines voies de circulation le dimanche. Les arguments développés dans la lettre sont l'importance de la lutte contre le réchauffement climatique à grande échelle et les conséquences de la pollution sur la santé des Franciliens. Les auteurs demandent en conséquence la reprise de l'opération Paris respire ainsi que son extension (toute l'année et dans toutes les zones). De manière plus large, la ville de Paris (préfecture, mairies) est invitée à s'investir davantage et sur le long terme dans la lutte contre la pollution.

8. C'EST À VOUS !

A. *Suggestion de lettres ouvertes :*
– Construire des pistes cyclables prioritaires sur les voitures
– Installer un potager géant au cœur de la ville pour les habitants
– Adopter un design écologique pour toutes les nouvelles constructions

B. Réponse libre.

C. Réponse libre.

LEXIQUE

1. *Suggestion de réponses :*

CE QUE FAIT UNE VILLE ÉCOLO	CE QUE FAIT UNE VILLE ÉCOLO-JE-M'EN-FOUTISTE
Elle développe les transports en commun. Elle met en place un système de recyclage des déchets. Elle investit dans la construction d'espaces verts. Elle met en place un système de vélos en libre-service. Elle construit des bâtiments publics qui respectent les normes écologiques.	*Elle ne crée pas de pistes cyclables.* Elle investit dans la construction de voies rapides pour faciliter la circulation des voitures. Elle ne favorise pas le recyclage. Elle autorise la construction d'usines polluantes à proximité de la ville. Elle développe la construction de grands centres commerciaux au détriment des espaces verts.

2. *Suggestion de réponses :*

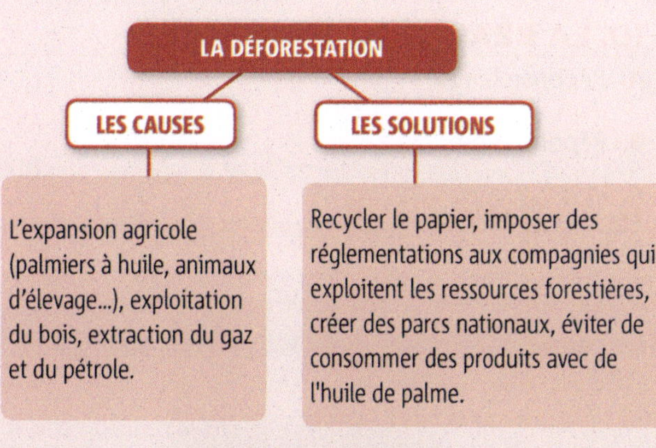

LA DÉFORESTATION
LES CAUSES
LES SOLUTIONS
L'expansion agricole (palmiers à huile, animaux d'élevage...), exploitation du bois, extraction du gaz et du pétrole.
Recycler le papier, imposer des réglementations aux compagnies qui exploitent les ressources forestières, créer des parcs nationaux, éviter de consommer des produits avec de l'huile de palme.

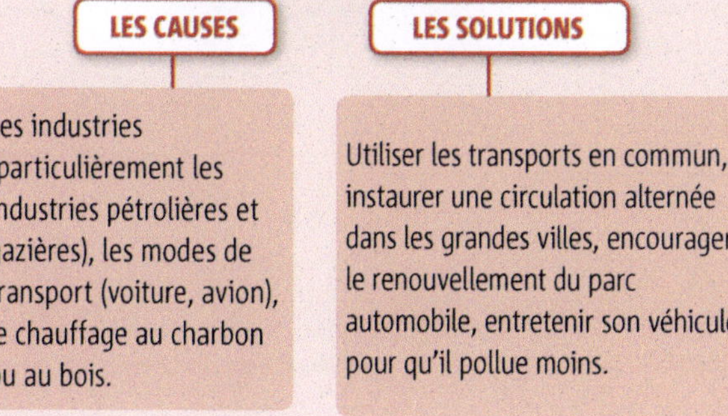

LA POLLUTION ATMOSPHÉRIQUE
LES CAUSES
LES SOLUTIONS
Les industries (particulièrement les industries pétrolières et gazières), les modes de transport (voiture, avion), le chauffage au charbon ou au bois.
Utiliser les transports en commun, instaurer une circulation alternée dans les grandes villes, encourager le renouvellement du parc automobile, entretenir son véhicule pour qu'il pollue moins.

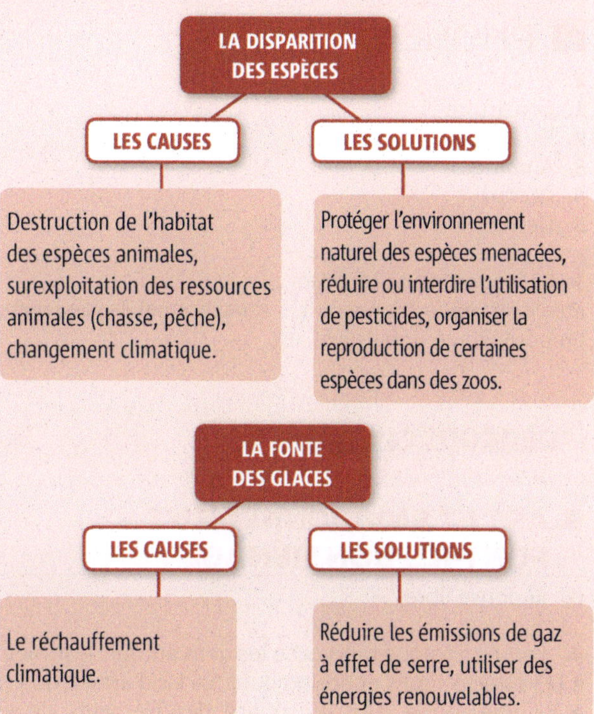

LA DISPARITION DES ESPÈCES
LES CAUSES
LES SOLUTIONS
Destruction de l'habitat des espèces animales, surexploitation des ressources animales (chasse, pêche), changement climatique.
Protéger l'environnement naturel des espèces menacées, réduire ou interdire l'utilisation de pesticides, organiser la reproduction de certaines espèces dans des zoos.
LA FONTE DES GLACES
LES CAUSES
LES SOLUTIONS
Le réchauffement climatique.
Réduire les émissions de gaz à effet de serre, utiliser des énergies renouvelables.

3. Réponses libres.

4. *Suggestion de réponses :*
Vincent : Je suis content que des gens comme Pierre Rabhi incitent les gens à agir individuellement en faveur de l'environnement.
Anna : Oh, quel ennui ! On en a marre d'entendre toujours les mêmes discours : on dit aux gens de faire des efforts sous prétexte que leurs mauvaises habitudes détruisent la planète. Mais franchement, c'est navrant qu'on ne parle jamais des grandes industries qui polluent deux fois plus que nous.
Vincent : Je ne suis pas d'accord ! Il est essentiel que chacun se mobilise individuellement pour changer les choses. C'est vrai que les industriels polluent beaucoup ; mais nous devons également faire des efforts pour réduire notre empreinte écologique parce que chaque action a son importance !
Anna : Oui, mais personne n'a envie de passer des heures à trier ses poubelles ou prendre le vélo sous la pluie. En tout cas, pas moi.
Vincent : Certains n'y voient pas d'inconvénient. Il faut arrêter de croiser les bras et d'attendre que la situation s'améliore. C'est d'abord à nous de changer les mentalités.

5.
1. Se mobiliser pour quelque chose – passer à l'action ~~– ne pas se sentir concerné(e)~~
2. Consommation responsable – économie collaborative ~~– société de consommation~~
3. ~~Produire des déchets~~ – recycler – réutiliser
4. Déforestation – énergies renouvelables – ~~réchauffement climatique~~

PHONÉTIQUE

2.

1. Construire
2. Facilitateur
3. Ambitieux
4. Accord
5. Dernier

3. A. *Suggestion de réponses :*
atmosphérique [atmɔsferik], sensationnel [sɑsasjɔnɛl], embouteillage [ɑbutɛjaʒ], etc.

REGARDS CULTURELS

9. ART ET ENVIRONNEMENT FONT-ILS BON MÉNAGE ?

A. Réponse libre.

B. L'art écologique rapproche les gens autour de projets à la fois artistiques et écologiques. Le land art est quant à lui une forme d'art qui utilise des éléments de la nature créant des œuvres faisant partie d'un paysage et éphémères. Les deux formes d'art ont en commun le thème de la nature qui est utilisé dans le but de sensibiliser aux problématiques liées à l'environnement. La différence tient dans le fait que l'art écologique appelle le public à s'impliquer dans un projet alors que le land art place le visiteur dans la position de spectateur.

C.

Projet « Prenez racines » de Thierry Boutonnier.
Dans le cadre du contrat urbain de cohésion sociale, Thierry Boutonnier est intervenu durant quatre années dans des travaux de réhabilitation de l'Entrée Est du Grand Lyon. Des actions concrètes ont été menées par les habitants comme la création d'un lieu écologique de concertation et la mise en place d'une pépinière urbaine, d'un pigeonnier, de ruches et même d'une bergerie.

« Pedogenesis », d'Andrea Caretto et Raffaella Spagna.
Il s'agit d'un projet mené au sein du centre d'Art contemporain de Turin qui consiste en une installation extérieure comportant une zone de compost et un potager. Le projet a ensuite été confié à 80 citoyens pendant deux ans afin qu'ils cultivent cette parcelle de terre.

« Le Topique-eau » d'Isabelle Daëron
Il s'agit d'un projet initialement réalisé en 2012 mettant en place un système de récupération d'eau de pluie permettant d'irriguer un potager en contrebas. Il offre la possibilité d'être installé dans l'espace urbain afin de proposer une eau potable aux citadins. Installée sur un arbre ou un lampadaire, une fontaine permet aux passants de comprendre le processus de captation, stockage et filtration de l'eau. Ce projet a reçu une Étoile de l'Observeur du design 11 et le Prix de la Ville de Paris en novembre 2010.

10. LA BEAUTÉ DE LA NATURE

A. Réponse libre.

B. Réponse libre.

11. À VOTRE TOUR

Réponse libre.

6 ENGAGEZ-VOUS !

DÉCOUVERTE

Premiers regards
- Découvrir différentes formes d'engagement
- Donner une définition personnelle de l'engagement

Premiers textes
- Parler des différentes formes de la crise de l'engagement
- Découvrir la situation du bénévolat en France

OBSERVATION ET ENTRAÎNEMENT

Grammaire
- Les préfixes
- Les mots composés
- Les registres de langue
- Les accents écrits

Méthodologie
- Écrire un e-mail de motivation

Lexique
- Le lexique de l'engagement
- Les mots familiers

Phonétique p. 160
- Les consonnes en contact
- Les registres

REGARDS CULTURELS

Document
- La Déclaration des droits de la femme et de la citoyenne d'Olympe de Gouges

TÂCHES FINALES

Tâche 1
- Réaliser le portrait du parfait (dés)engagé

Tâche 2
- Réaliser un reportage pour présenter une association de votre ville

AVANT D'ENTRER DANS L'UNITÉ

Arrêtez-vous en groupe-classe sur l'intitulé de l'unité : « Engagez-vous ! » et sur la photographie qui l'accompagne. Demandez aux apprenants ce que leur inspire l'image du poing levé et ce qu'il symbolise (ce geste exprime la révolte, la force ou la solidarité, il est employé par les activistes de gauche tels que les marxistes, les anarchistes et les communistes). Invitez-les ensuite à discuter du titre et à l'interpréter (c'est un ordre, une injonction visant à se mobiliser, à s'investir, à soutenir une cause...).

DÉCOUVERTE

PREMIERS REGARDS

DÉCOUVERTE / PREMIERS REGARDS

PENSÉES D'UNE ENGAGÉE

Ma vision de l'engagement

« Ce n'est pas être, pour un homme, que de ne pas agir. »

1. S'ENGAGER ? OUI, MAIS COMMENT ?

Objectifs

- Découvrir différentes formes d'engagement
- Donner une définition personnelle de l'engagement

1. S'ENGAGER ? OUI, MAIS COMMENT ?

Mise en route

Projetez ou imprimez l'image suivante (des mains de couleurs différentes en forme d'arbre) : http://media.istockphoto.com/vectors/tree-hands-coloured-vector-id174387635. Demandez aux apprenants de la décrire et dire ce qu'elle leur inspire (la solidarité, l'union fait la force, la diversité/le multiculturalisme est source de création...). Le poing levé et l'arbre symbolisent la solidarité : amenez les étudiants à différencier par quel biais elle se manifeste (pour le poing, la solidarité est plus combattive, c'est une lutte, qui sous-entend une opposition entre deux forces, alors que pour l'arbre, l'union est plus paisible voire pacifique et source de création).

Déroulement

A. Invitez les apprenants à observer cette page de blog et les photographies qui le composent, et interrogez-les sur le sujet abordé (l'engagement). Demandez-leur d'identifier les formes d'engagement proposées à partir des situations représentées sur les photographies et s'ils en connaissent d'autres. Invitez-les alors à donner un exemple concret et/ou personnel (professionnel : collaborer pour réaliser un projet, familial : s'occuper de ses parents quand ils sont plus âgés, sportif : entraîner des jeunes en difficulté, amical : aider ses amis, être à leur écoute...).

B. Distribuez des Post-it de couleurs différentes. Invitez les apprenants à expliquer en une phrase ce que signifie, pour eux, l'engagement et à l'écrire sur leur Post-it. Sur une feuille A3, dessinez en bas de la page le tronc d'un arbre à l'intérieur duquel il est inscrit « Pour moi, l'engagement c'est... » et amenez les apprenants à coller leur Post-it pour former les feuilles de l'arbre (comme sur l'image de la mise en route). Affichez l'œuvre collective sur un mur de la classe et invitez le groupe-classe à la commenter. Laissez les apprenants interagir librement

C. Proposez maintenant aux apprenants de lire (individuellement) les commentaires laissés sur le blog. Demandez au groupe-classe de relever les actes d'engagement dans les définitions données par les internautes (donner de soi et de son temps, s'impliquer dans un projet, s'investir pour une cause, faire des propositions, agir, s'investir auprès de personnes, d'associations). Invitez les apprenants à expliquer les termes « adhérer à » (approuver une idée, une opinion, en être partisan) et « une sorte de fil conducteur » (axe, thème principal d'un récit). Formez ensuite des petits groupes et demandez-leur s'ils se reconnaissent dans certaines définitions. Invitez-les à en discuter ensemble et à parler de leurs engagements. En guise de correction, chaque groupe désigne un rapporteur qui résumera la discussion à la classe.

D. Gardez les mêmes groupes pour prolonger la discussion : demandez-leur pour quelle association ils s'engageraient et ce qu'ils y feraient. Lors de la mise en commun, demandez à quelques apprenants de présenter leur choix à la classe. Incitez les autres à poser des questions. En fin de séance, vous pouvez établir le profil d'engagement de la classe en comptant le type d'actions envisagées.

Et vous ?

Vous pouvez questionner les apprenants sur les formes d'engagement les plus faciles pour eux (celles qu'ils font naturellement, celles qui leur demandent peu d'efforts ou de temps). Laissez-les s'exprimer librement au sein du groupe-classe.

Pour aller plus loin

Vous pouvez proposer aux apprenants de lire la citation de Paul Claudel en haut à droite de la page 109. Demandez-leur d'expliquer ce que veut dire l'auteur (un homme n'existe que dans l'action, pour être un homme, il faut agir). Puis, invitez-les à exprimer leur accord ou désaccord avec la citation en illustrant leur point de vue par des exemples concrets et/ou personnels.

PREMIERS TEXTES

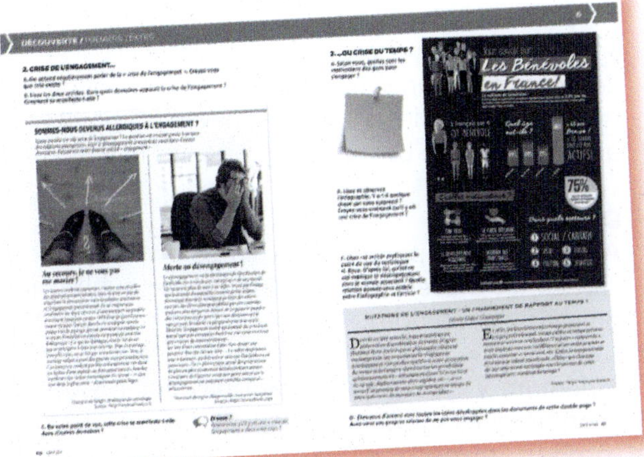

Objectifs

- Parler des différentes formes de la crise de l'engagement
- Découvrir la situation du bénévolat en France

2. CRISE DE L'ENGAGEMENT...

Mise en route

Vous pouvez faire visionner le clip de la chanson de Bénébar *Y a une fille qui habite chez moi (https://www.youtube.com/watch?v=3Esk7UJbLUk)* en demandant aux apprenants de repérer le sentiment éprouvé (la peur), les changements engendrés par cet emménagement (vêtements, deux brosses à dents, savon sans savon, sèche-cheveux, boules pour le bain, ménage, plante verte...), et si la vie à deux demande beaucoup d'engagement. Laissez-les s'exprimer librement au sein du groupe-classe.

Déroulement

A. Demandez aux apprenants ce qu'est la « crise de l'engagement » (diminution de l'engagement) et quels domaines elle peut concerner (peur de l'engagement amoureux, désintéressement des jeunes de la politique, diminution du nombre de bénévoles...). Amenez-les ensuite à discuter de ce phénomène pour tenter de l'expliquer (carrière professionnelle plus importante que la vie de couple, contexte social n'incite pas à voter, contexte économique difficile pour tout le monde...). Laissez-les interagir librement.

B. Proposez aux apprenants de lire individuellement les deux articles et de relever les domaines concernés par le désengagement (relations amoureuses et travail) et comment il se manifeste. Lors de la correction, faites expliquer les termes suivants : « la dissociation, « se précipiter à (faire les choses sans prendre le temps d'y réfléchir, se hâter), « rêver d'un monde léger, « l'implication » (fait de s'investir dans quelque chose), « trouver du sens à une tâche », « prendre des initiatives » et « sournoisement » (d'une manière hypocrite, dissimulant ses véritables intentions).

C. Demandez aux apprenants s'ils pensent que cette crise de l'engagement se manifeste dans d'autres domaines. Invitez-les à justifier leur point de vue à l'aide d'exemples concrets (domaine politique : abstentionnisme en hausse, domaine humanitaire : diminution des dons...). Vous pouvez prolonger la réflexion en leur demandant s'il y a, selon eux, des engagements plus importants que d'autres. Laissez-les s'exprimer librement au sein du groupe-classe.

Et vous?

Demandez à l'ensemble des apprenants s'ils pensent qu'il existe une « crise de l'engagement » dans leur pays. Proposez-leur de faire des recherches sur Internet pour collecter quelques chiffres sur l'importance du bénévolat, le nombre de mariages et de divorces... dans leur pays.

3. ... OU CRISE DU TEMPS ?

Mise en route

Demandez aux apprenants quel rapport ils ont au temps : s'ils pensent que le temps passe trop vite, qu'il ne leur laisse pas suffisamment de temps pour s'engager... Laissez-les en discuter librement au sein du groupe-classe.

Déroulement

A. Interrogez les apprenants sur ce qui pousse les gens à s'engager : Quelles peuvent être leurs motivations ? Quel(s) sentiment(s) procure(nt) le fait d'aider quelqu'un ? Encouragez-les à réemployer le lexique de l'engagement abordé lors de la séquence précédente. Laissez-les interagir librement.

B. Proposez aux apprenants d'observer le document et d'identifier sa nature (une infographie), le sujet abordé (les bénévoles en France), et les principales informations fournies (nombre de bénévoles, leur âge, leurs motivations et le secteur de leur engagement). Demandez-leur ensuite si certaines données les surprennent et s'ils croient vraiment à la crise de l'engagement : Est-ce que l'infographie confirme le désengagement mentionné dans l'article ? Est-ce que le collectif a pris le dessus sur l'individuel ? Encouragez les apprenants à prendre la parole.

C. Demandez aux apprenants de lire l'article du sociologue H. Rosa (*Mutations de l'engagement :*

un changement de rapport au temps) et de repérer dans le texte les raisons du désengagement associatif. En parallèle, faites relever les mots-clés (« accélération du temps », « avancées technologiques », « manquer de temps libre », valeur marchande »). Ensuite, invitez-les à établir une relation entre l'infographie et l'article en les aidant à l'aide des questions suivantes : Quelle donnée de l'infographie reflète le changement de rapport au temps ? Quel impact le temps a-t-il sur le profil des bénévoles ? Laissez les apprenants prendre des notes puis corrigez ensemble.

D. Proposez aux apprenants de réfléchir individuellement à toutes les idées développées dans les documents de cette double page : Êtes-vous d'accord avec les points de vue énoncés ? Que pensez-vous des motivations des bénévoles ? A-t-on besoin de se sentir utile pour être heureux ? Faut-il attendre des crises (économiques, sociales, humanitaires) pour que l'entraide et la solidarité soient revalorisées ? Avez-vous des raisons de ne pas vous engager ? Invitez chaque apprenant à développer son point de vue à l'écrit en notant ses arguments, puis organisez un débat pour que les apprenants partagent leurs avis collectivement.

OBSERVATION ET ENTRAÎNEMENT

GRAMMAIRE ET LEXIQUE

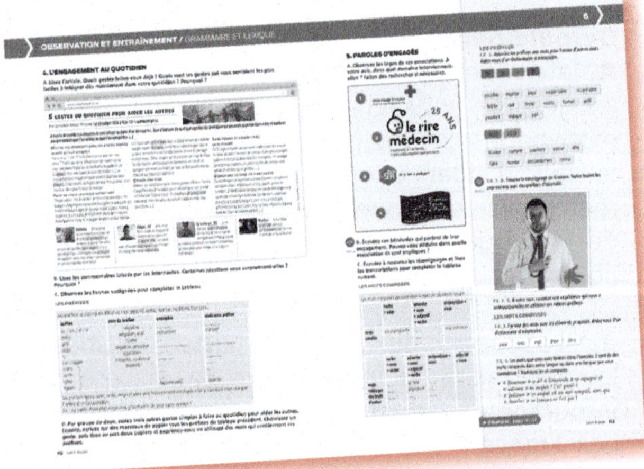

4. L'ENGAGEMENT AU QUOTIDIEN

Mise en route

Écrivez « civisme » (dévouement pour l'intérêt public, pour la collectivité) et « citoyenneté » (état/statut juridique permettant à un individu d'être reconnu comme membre d'une société et de participer à la vie politique). Faites définir ces termes. Demandez ensuite aux apprenants quels gestes ils accomplissent naturellement pour aider les autres, par civisme, pour créer du lien ou promouvoir le vivre ensemble (laisser sa place à une personne âgée dans les transports, tenir la porte à la personne derrière soi, donner une pièce à une personne qui fait la manche, faire don de ses cheveux pour en faire une perruque…). Laissez-les en discuter librement.

Déroulement

A. Invitez les apprenants à lire individuellement l'article et à présenter chaque geste (public visé, objectif de l'action). Faites expliquer les termes suivants : « une benne », « se débarrasser », « démuni » (personne n'ayant pas des ressources économiques suffisantes), « idem », « une denrée » (produit comestible), « un coup de main », « épicerie solidaire » (structures associatives proposant à leurs bénéficiaires des produits à moindre coût, généralement de 10 % à 30 % du prix du produit dans le secteur marchand « classique »), « désemplir » et le civisme ». Demandez ensuite aux apprenants quels gestes ils font déjà et ceux qu'ils pourraient facilement adopter en expliquant pourquoi.

B. Proposez aux apprenants de lire les commentaires laissés par les internautes : Que pensent-ils de l'article ? (Tous sont d'accord excepté Grincheux_92.) Êtes-vous surpris par certaines de leurs réactions ? Levez les difficultés lexicales : « empathie » (capacité de ressentir les émotions, les sentiments, les expériences d'une autre personne ou de se mettre à sa place), « ultra peur », « archi convaincu » et « ras-le-bol » (en avoir assez). Amenez les apprenants à commenter les réactions en justifiant leur point de vue. Laissez-les s'exprimer librement et interagir entre eux.

C. Attirez à présent l'attention des apprenants sur les termes surlignés en jaune dans le texte et questionnez-les : Quel est leur point commun ? (Ils possèdent tous des préfixes.) Qu'est-ce qu'un préfixe ? (Ce sont quelques lettres placées devant un mot.) Quel impact a un préfixe sur un terme ? (Il en change le sens.) Demandez aux apprenants de citer quelques préfixes et d'en donner le sens. Formez des binômes et proposez-leur ensuite de compléter le tableau à l'aide des mots surlignés en jaune dans le texte. Corrigez ensemble.

D. Écrivez les préfixes du tableau sur des morceaux de papier. Formez des binômes et demandez-leur de noter trois autres gestes simples à faire au quotidien pour aider les autres (laisser une voiture changer de voie lors d'un embouteillage, ne pas klaxonner inutilement quand on est coincé dans le trafic, apporter des jouets aux orphelinats, couper les cheveux gratuitement aux sans-abris…). À tour de rôle, au sein des binômes, chaque apprenant choisit un geste et tire au sort deux préfixes : il doit commenter le geste en utilisant des mots contenant les préfixes piochés (exemples : *Laisser un conducteur changer de voie, c'est méga cool ! Cela arrive si rarement. – C'est ultra irritant ces conducteurs impatients qui klaxonnent parce que la rue est bloquée à cause du camion à ordures !*). En guise de correction, faites la liste au tableau des mots formés par chaque groupe et regroupez-les par préfixe.

Pour aller plus loin

En classe, les apprenants peuvent réaliser les exercices 1 et 2 page 113 avant l'activité D.

Les apprenants pourront s'exercer en autonomie en effectuant les exercices 1, 2 et 3 page 191.

5. PAROLES D'ENGAGÉS

Mise en route

Demandez aux apprenants quels logos d'association ils reconnaissent facilement sur l'affiche (WWF, la Croix-Rouge, UNICEF...) et à quoi sert un logo (c'est un outil de communication visuelle, il détermine l'identité de l'association).

Déroulement

A. Proposez aux apprenants d'observer les logos des associations et d'émettre des hypothèses sur leur domaine d'intervention. Pour confirmer leurs suppositions, amenez les apprenants à faire des recherches sur Internet. Procédez à la mise en commun des réponses au sein du groupe-classe.

PISTE 14 **B.** Annoncez aux apprenants qu'ils vont écouter quatre bénévoles parler de leur engagement. Lors de la première écoute, invitez-les à déduire dans quelle association les personnes interrogées sont impliquées. Précisez-leur que chaque personne travaille pour une des associations présentées précédemment. Lors de la deuxième écoute, demandez-leur de relever leurs motivations et leurs actions (Sophie : utilité de son engagement, révolte contre la maltraitance des animaux – s'occuper des animaux...). En guise de correction, dessinez 4 colonnes au tableau (prénoms, associations, motivations, actions) et invitez quelques apprenants à le remplir. Levez les difficultés lexicales (« maltraitance », « un sans domicile fixe » (SDF) et « un sans-papiers »).

PISTE 14 **C.** Lors de la troisième écoute, demandez aux apprenants de relever les mots composés employés pour exprimer les éléments suivants : personne qui vit dans la rue (« mal-logé », « sans-abri », « sans domicile fixe »), méthode de vente où le client se sert lui-même (« libre-service »), action qui est très difficile à faire (« casse-tête »), personne qu'on accueille avec plaisir (« bienvenu »), occupation qu'on fait pendant son temps libre par plaisir (« passe-temps ») et une compétence (« savoir-faire »). Si nécessaire, proposez aux apprenants de lire la transcription page 225 pour compléter leurs réponses. Corrigez ensemble. Notez au fur et à mesure les réponses au tableau. Invitez maintenant les apprenants à prendre connaissance du tableau. Faites expliquer ce qu'est un mot composé (terme construit à partir de deux mots et formant un troisième mot). Proposez-leur de compléter le tableau à l'aide des mots composés entendus dans le document audio. Corrigez ensemble.

Pour aller plus loin

En classe, les apprenants peuvent réaliser les exercices 3 et 4 page 113 avant l'activité C.

Les apprenants pourront s'exercer en autonomie en effectuant les exercices 5 et 6 pages 191-192.

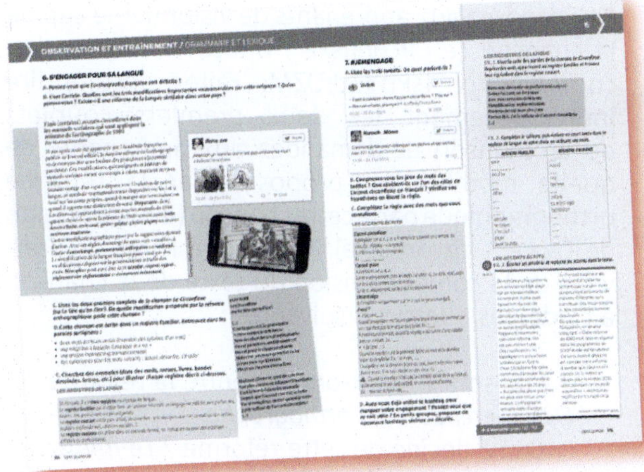

6. S'ENGAGER POUR SA LANGUE

Mise en route

Vous pouvez imprimer et distribuer la quatrième de couverture du roman d'Erik Orsenna *La Révolte des accents* (http://www.paperblog.fr/162358/erik-orsenna-la-revolte-des-accents/). Faites-la lire individuellement. Questionnez ensuite les apprenants sur le sujet traité (les accents dans la langue française) et amenez-les à imaginer les conséquences de la disparition des accents dans la langue française (cela engendrerait des problèmes de communication, on devrait changer la prononciation des mots...).

Déroulement

A. Demandez aux apprenants s'ils trouvent que l'orthographe française est difficile : Qu'est-ce qui est le plus difficile ? (Les accents, les lettres finales qui ne se prononcent pas, l'accord du participe passé…) Que pourrait-on faire pour simplifier l'orthographe ? (Supprimer les lettres muettes à la fin des mots, supprimer les exceptions…) Laissez les apprenants en discuter librement entre eux.

B. Invitez les apprenants à lire individuellement le texte et à relever les trois modifications importantes recommandées par cette réforme. Corrigez ensemble. Précisez que l'Académie française est une institution créée en 1635 qui est chargée de définir la langue française par l'élaboration de son dictionnaire qui fixe l'usage du français et que Erik Orsenna est l'un des quarante immortels (élus de l'Académie française) y siégeant. Il est possible de leur demander si une telle institution existe dans leur pays. Faites ensuite expliquer les termes *sous les feux des projecteurs* (très en vue, attirant toute l'attention), *un vestige* (trace laissée par quelque chose qui a disparu) et *à l'instar de* (à l'exemple de, à la manière de). Puis, demandez-leur s'il existe une réforme linguistique similaire dans leur pays.

C. Proposez aux apprenants de visionner le clip de la chanson *Le Circonflexe* : https://www.youtube.com/watch?v=4sPnY7U-DZM. Faites ensuite lire individuellement les deux premiers couplets de la chanson et demandez aux apprenants de quelle modification proposée par la réforme orthographique parle cette chanson (la suppression de l'accent circonflexe). Toujours à l'oral, assurez-vous de la compréhension du texte de la chanson à l'aide des questions suivantes :

- Qui sont les personnes contre la réforme ? *Des chercheurs en orthographe.*
- Qui a décidé de cette réforme ? *Le ministère de l'Éducation nationale.*

Puis, faites expliquer « pionnier » (personne qui est la première à faire quelque chose) et *Kleenex* (mouchoir, nom d'une marque devenu un nom générique). N'abordez pas le lexique inconnu à cette étape.

D. Demandez aux apprenants d'expliquer ce qu'est le registre familier et de citer les autres types de registre en français. Invitez-les ensuite à prendre connaissance du tableau sur les registres de langue. Formez des binômes et proposez-leur de retrouver dans les paroles surlignées de la chanson les mots et expressions demandés sans expliquer le lexique inconnu. Lors de la mise en commun des réponses, levez les difficultés lexicales : « vénère » (énervé, en verlan), « faire son taf » (faire son travail, en verlan), « le chapeau chinois » (l'accent circonflexe).

E. Demandez aux apprenants de chercher des exemples pour illustrer les différents registres de langue. Formez des binômes et proposez-leur de faire leurs recherches conjointement (à la bibliothèque et sur Internet). Précisez-leur qu'il faut trouver des exemples issus de sources variées (mails, livres, revues, bandes dessinées, lettres, etc.) et les citer. Mettez en commun les réponses et demandez aux apprenants de contextualiser leurs citations si nécessaire (le sens de la phrase citée par rapport au paragraphe auquel elle appartient).

Pour aller plus loin

En classe, les apprenants peuvent réaliser les exercices 1 et 2 page 115 avant l'activité E.

Les apprenants pourront s'exercer en autonomie en effectuant les exercices 7 et 8 page 192.

Activité de prolongement :
Vous pouvez également les inviter à se concerter sur l'évolution des langues et les nouveaux mots à intégrer dans le dictionnaire en leur distribuant la liste et les définitions des nouvelles entrées du dictionnaire *Le Robert illustré* en 2017 : http://www.lerobert.com/docs/2017-CP-mots-nouveaux.pdf

7. #JEMENGAGE

Déroulement

A. Invitez les apprenants à lire les trois tweets pages 114-115 et à dire de quoi ils parlent. Demandez-leur ensuite comment ils sont parvenus à identifier le sujet (grâce au hashtag), ce qu'est un hashtag et à quoi ça sert (c'est un mot-clé précédé du symbole dièse # que les internautes utilisent dans leurs publications sur les réseaux sociaux ; les autres utilisateurs peuvent ainsi accéder au contenu qui contient ledit mot-clé ; en cliquant sur un hashtag, on accède à toutes les publications du réseau social comportant le même hashtag). Laissez les apprenants s'exprimer librement.

B. Amenez les apprenants à expliquer les jeux de mots dans les tweets et à quoi sert l'accent circonflexe dans les trois cas mentionnés. Invitez-les ensuite à vérifier leurs hypothèses en consultant le tableau sur « Les accents écrits ».

C. Proposez aux apprenants de compléter le tableau avec des termes qu'ils connaissent. S'ils trouvent l'activité difficile, incitez-les à trouver quelques mots manquants dans l'article sur la réforme de l'orthographe page 114.

D. Demandez aux apprenants s'ils ont déjà utilisé un hashtag pour montrer leur engagement et s'ils pensent que cela est utile. Laissez-les s'exprimer librement au sein du groupe-classe. Puis, interrogez-les sur les autres possibilités qu'offrent les hashtags (exemples : *suivre en direct un événement : le Live Tweet – LT – est le fait de publier une série de messages sur Twitter afin de retranscrire en temps réel ce que l'on voit, faire connaître son association/sa marque, faire un canular/de l'humour…*). Formez ensuite des petits groupes et proposez-leur de rédiger de nouveaux hashtags sérieux ou décalés sur la langue française ou sur l'engagement.

Pour aller plus loin

En classe, les apprenants peuvent réaliser l'exercice 3 page 115 avant l'activité D.

Les apprenants pourront s'exercer en autonomie en effectuant les exercices 9, 10, 11 page 193.

MÉTHODOLOGIE

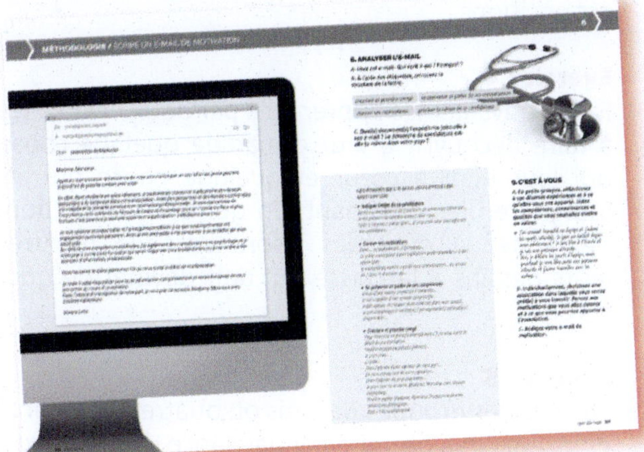

8. ANALYSER L'E-MAIL

Mise en route

Demandez aux apprenants s'ils ont déjà rédigé des lettres de motivation et à quelle occasion, s'ils trouvent facile de les rédiger et pourquoi. Amenez-les ensuite à décrire leur contenu et les questions auxquelles elle doit répondre (Pourquoi est-ce que je m'adresse à cette entreprise ? En quoi suis-je le bon candidat ?). Au terme de la discussion, les apprenants comprennent que la lettre doit être réajustée à chaque nouvelle candidature.

Déroulement

A. Dites aux apprenants de lire individuellement l'e-mail en repérant qui en est l'expéditeur (DE), le destinataire (À) et quel est l'objet du message. Précisez que l'objet du courriel doit être court et efficace. En outre, vous pouvez leur demander à quoi correspondent les abréviations et ce qu'elles signifient « Cc » (Copie carbone : chaque destinataire connaît l'émetteur et les autres destinataires) et « Cci » (Copie carbone invisible : chaque destinataire connaît l'émetteur, mais aucun destinataire ne connaît les autres destinataires). Procédez à la mise en commun des réponses.

B. Demandez aux apprenants de retrouver la structure de la lettre de motivation à l'aide des étiquettes proposées (« conclure et prendre congé » – « se présenter et parler de ses compétences » – « donner ses motivations » – « préciser la raison de sa candidature »). Levez les difficultés lexicales : « précarité » (absence des conditions et des sécurités permettant à une personne d'assumer pleinement ses responsabilités et de bénéficier de ses droits fondamentaux) et « dispenser une formation » (donner une formation). Faites relever les phrases permettant d'indiquer l'objet de la candidature (« Ayant eu connaissance de l'existence… »), d'expliquer ses motivations (« étant étudiante en soins infirmiers, je souhaiterais consacrer quelques heures de mon temps libre à du bénévolat… »/« Aider des personnes [….] a motivé mon orientation professionnelle. »), de présenter ses compétences (« Je suis sérieuse et responsable… »/« Ainsi, je me sens prête à… »/« Au-delà de mes compétences médicales, j'ai également des connaissances en psychologie. »), et de clôturer la lettre (« Dans l'attente d'une réponse… »).Puis proposez-leur de prendre connaissance du tableau « Les étapes de l'e-mail (ou lettre) de motivation ».

C. Demandez aux apprenants quel(s) document(s) l'expéditrice a joint à son courriel (un CV) et si la démarche de candidature est la même dans leur pays : Comment postule-t-on à un poste dans votre pays ? Existe-t-il d'autres moyens que la lettre de motivation ? (Présentation en vidéo, Prezi, carte mentale, customiser son CV en fonction de l'entreprise à laquelle on s'adresse : en forme de ballon de football pour un club de football, de gâteau géant pour une pâtisserie…). Pensez-vous que l'originalité puisse desservir un candidat ? (Oui, selon le type de poste recherché, par exemple un comptable n'a pas à être original, mais sérieux et rigoureux.) Laissez-les en discuter librement.

9. C'EST À VOUS !

Déroulement

A. Annoncez aux apprenants qu'ils vont devoir rédiger un e-mail de motivation. Tout d'abord, faites-les travailler en petits groupes. Pour mettre en avant la méthode de l'effet miroir (réflexion sur soi à travers le regard de l'autre), vous pouvez aussi les faire travailler en binômes : l'un des apprenants décrit son expérience et l'autre identifie ses compétences, qualités et connaissances. Invitez-les à présenter leurs diverses expériences et ce qu'elles leur ont apporté ; puis à lister leurs compétences, connaissances et qualités. Lors de la mise en commun, proposez à certains apprenants de présenter une de leurs expériences à la classe et encouragez les autres à poser des questions.

B. Cette étape ainsi que la suivante peuvent être réalisées en autonomie à la maison. Proposez aux apprenants de choisir chacun une association pour laquelle ils souhaiteraient s'impliquer. Amenez-les à réfléchir à leurs motivations et à ce qu'ils pourraient apporter à l'association. Puis, invitez-les à organiser leurs idées sous forme de plan en respectant la structure de la lettre de motivation (indiquer l'objet de sa candidature, donner ses motivations, se présenter et parler de ses compétences, conclure et prendre congé).

C. Faites rédiger aux apprenants l'e-mail de motivation en les incitant à réemployer les différentes formules nécessaires. Lors de la séance suivante, demandez à quelques apprenants de lire leur production à la classe et invitez les autres à commenter la performance globale et l'efficacité de la lettre. Pour une correction plus personnalisée, ramassez les écrits.

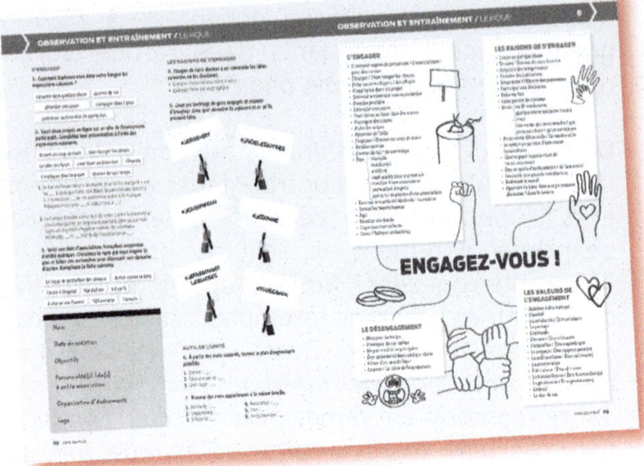

LEXIQUE

La plupart des exercices de cette page peuvent être réalisés en autonomie : ce sont des activités complémentaires pour travailler plus spécifiquement l'expression orale.

Exercice 1

Dans le cas d'une classe homogène (partageant la même langue de communication), formez des binômes et demandez-leur de traduire dans leur langue les expressions proposées. En guise de correction, mettez en commun les traductions et invitez les apprenants à comparer leurs propositions.

Exercice 4

Faites travailler les apprenants par deux. Invitez-les à faire découvrir à leur camarade quelque chose qui leur tient à cœur et quelque chose qui les indigne en les dessinant. En guise de correction, demandez à quelques apprenants de montrer leurs dessins à la classe qui doit deviner de quoi il s'agit.

Exercice 5

Formez des groupes de trois ou quatre apprenants et invitez-les à prendre connaissance des hashtags. Proposez-leur ensuite d'imaginer dans quel domaine agissent ces personnes et ce qu'elles peuvent concrètement faire. Mettez en commun les hypothèses.

Exercice 6

Formez des binômes et demandez-leur de former le plus d'expressions possible à partir des mots proposés (« donner », « faire preuve » et « une cause »). Indiquez qu'ils peuvent s'aider de la carte mentale page 119. Pour dynamiser l'activité, délimitez le temps de réflexion à 5 minutes. Procédez finalement à la mise en commun des réponses.

Exercice 7
Gardez les mêmes binômes et invitez-les à trouver des termes appartenant à la même famille que « bénévole », « engagement », « solidarité », « association », don » et « investissement ». Les apprenants peuvent s'aider de la carte mentale page 119. Mettez en commun les réponses.

Carte mentale
La page 119 reprend l'ensemble des éléments lexicaux présentés dans l'unité 6 sous la forme d'un schéma qui permet de faciliter la mémorisation par la visualisation. N'hésitez pas à vous référer à cette page au cours de l'étude de l'unité ainsi qu'à la fin, pour effectuer un bilan sur l'ensemble des éléments lexicaux abordés. Vous pouvez effectuer différentes activités à partir de cette page :

- **L'assemblée générale :** Proposez aux apprenants d'organiser l'entretien d'embauche de bénévoles. Divisez la classe en trois groupes. Chaque groupe représente une association. Pour chacune d'elles, désignez un président, des salariés, des bénévoles et des candidats. Les candidats passent à tour de rôle leur entretien : les membres de l'association les interrogent sur leurs motivations, leurs compétences et leurs qualités. Les candidats, quant à eux, sont invités à poser des questions sur l'organisation et les actions de l'association. Il est possible de réutiliser tout ou partie des lettres de motivation rédigées à la séquence 9. À chaque fois que les apprenants utilisent un mot de la carte mentale, ils marquent un point.
- **Battle de mots :** Formez deux groupes dans la classe et invitez-les à défendre ou à s'opposer à l'idée même d'engagement en s'aidant des mots et expressions figurant sur la carte mentale. La difficulté sera plus importante pour ceux qui jouent le rôle des opposants car les arguments sont moins nombreux (il y a plus de raisons de s'engager que de ne pas le faire...). À chaque fois que les apprenants utilisent un mot de la carte mentale, ils marquent un point.

REGARDS CULTURELS

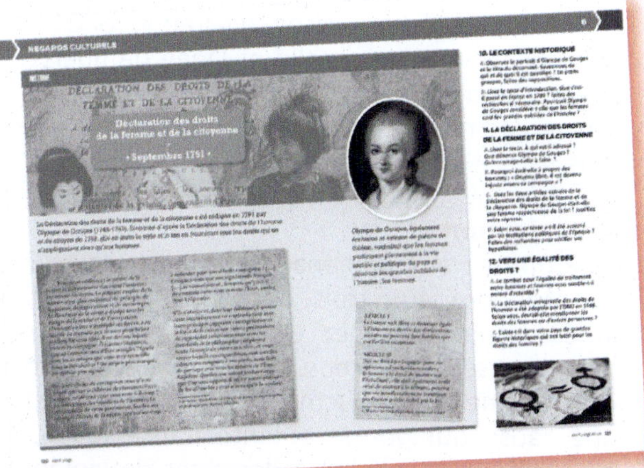

10. LE CONTEXTE HISTORIQUE

Mise en route
Demandez aux apprenants ce que ne pouvaient pas faire les femmes avant le XXe siècle. Proposez-leur d'effectuer des recherches sur Internet si nécessaire. Laissez-les s'exprimer librement.

Déroulement
A. Invitez les apprenants à observer le portrait d'Olympe de Gouges page 121 et le titre du document « Déclaration des droits de la femme et de la citoyenne ». Faites travailler les apprenants en petits groupes et invitez-les à émettre des hypothèses sur cette femme : qui elle est et de quoi il est question dans le document. Lors de la mise en commun, chaque groupe présente ses hypothèses à la classe et les autres apprenants expriment leur accord ou désaccord.

B. Faites lire individuellement le texte d'introduction page 120 et demandez aux apprenants de situer dans le temps la « Déclaration des droits de la femme et de la citoyenne » (élaborée d'après la Déclaration des droits de l'homme et du citoyen). Invitez-les ensuite à dire ce qui s'est passé en France en 1789. Si nécessaire, proposez-leur de faire des recherches sur Internet. Mettez en commun les informations recueillies et discutez enfin des raisons pour lesquelles Olympe de Gouges pense que les femmes sont les grandes oubliées de l'histoire.

11. LA DÉCLARATION DES DROITS DE LA FEMME ET DE LA CITOYENNE

Mise en route
Demandez aux apprenants d'expliquer ce qu'on entend par le « Siècle des lumières » (période qui va de la mort de Louis XIV en 1715 au début

de la Révolution française en 1789) et à quoi correspond ce mouvement (courant intellectuel, philosophique ou littéraire du XVIIIe siècle qui prône l'usage de la « raison éclairée », fondée sur la connaissance rationnelle et l'idée de liberté…). Si vous le jugez nécessaire, invitez les apprenants à faire des recherches sur Internet pour en savoir plus.

Déroulement

A. Proposez aux apprenants de lire le texte afin de répondre aux trois questions posées dans la consigne. Procédez à la mise en commun des réponses. Faites ensuite expliquer les termes « fanatisme » (dévouement absolu et exclusif à une cause qui pousse à l'intolérance religieuse ou politique et conduit à des actes de violence), « sottise », « usurpation » (fait de s'approprier un rôle politique illégalement), « recourir à », « briser ses fers » (se libérer de la tyrannie), « dédain » (mépris), « patrimoine », « prétention de supériorité » et « affranchir ».

B. Invitez les apprenants à expliquer les propos d'Olympe de Gouges (« Devenu libre, il est devenu injuste envers sa compagne ») en prenant en compte le contexte de la Révolution française. Si nécessaire, demandez-leur quel rôle ont joué les femmes pendant la Révolution (exemples de leur engagement : 1. La marche de milliers de femmes sur Versailles, les 5 et 6 octobre 1789, qui a ramené Louis XVI à Paris et l'a obligé à ratifier les décrets du 4 août. 2. Les femmes ont été présentes à chacune des étapes qui ont marqué la radicalisation de la Révolution : au rassemblement du Champ-de-Mars le 17 juillet 1791, parmi les initiateurs de la pétition pour l'abolition de la royauté, au sein du mouvement des sans-culottes parisiens).

C. Faites lire individuellement les deux articles extraits de la *Déclaration des droits de la femme et de la citoyenne*. Invitez les apprenants à expliquer les termes suivants : « demeurer », « utilité commune » (la distinction sociale est reconnue et admise comme nécessaire), « monter à la tribune ». Demandez-leur ensuite si Olympe de Gouges était une femme respectueuse de la loi. Pour guider les apprenants dans leur réflexion, questionnez- les sur les intentions d'Olympe de Gouges : Comment voulait-elle faire évoluer le statut des femmes ? (Égalité de traitement homme-femme, liberté d'expression pour les femmes aussi.) Les hommes et les femmes encouraient-ils les mêmes condamnations ? (Oui, l'échafaud.) Vous pouvez également préciser qu'Olympe de Gouges a refusé de se remarier après le décès de son époux pour conserver sa liberté de publication (à l'époque, une femme ne pouvait publier qu'avec le consentement de son mari). Procédez à une mise en commun des réponses.

D. Demandez aux apprenants si, selon eux, ce texte a été accepté par les institutions politiques de l'époque. Laissez-les s'exprimer librement en leur demandant de justifier leur point de vue. Proposez-leur d'abord de faire des recherches sur Internet pour vérifier leurs hypothèses. Puis, procédez à une mise en commun des réponses au sein du groupe-classe.

12. VERS UNE ÉGALITÉ DES DROITS ?

Déroulement

A. Formez des groupes de trois ou quatre apprenants et demandez-leur si le combat pour l'égalité de traitement entre les hommes et les femmes leur semble encore d'actualité. Ils doivent justifier leur point de vue à l'aide d'exemples concrets et/ou personnels. Pour les guider dans leur discussion, amenez-les à réfléchir aux (in) égalités dans la sphère publique (étude, travail, comportement) et privée (famille, couple). Lors de la mise en commun, chaque groupe désigne un rapporteur qui résume le contenu des discussions à la classe.

B. Avant de répondre à la question posée, notez au tableau le premier article de la Déclaration universelle des droits de l'homme : « Tous les êtres humains naissent libres et égaux en dignité et en droits. Ils sont doués de raison et de conscience et doivent agir les uns envers les autres dans un esprit de fraternité. » (http://www.ohchr.org/EN/UDHR/Documents/UDHR_Translations/frn.pdf). Il est possible de faire remarquer l'emploi des pronoms indéfinis, usage commun dans ce type de documents (« chacun », « nul », « tout individu », « toute personne », « tous »). Demandez ensuite au groupe-classe si la déclaration devrait mentionner les droits des femmes ou d'autres personnes, et le cas échéant, de qui précisément.

C. Proposez aux apprenants de faire des recherches sur les grandes figures historiques ayant lutté pour les droits des femmes. Lors du cours suivant, formez des petits groupes et au sein de chacun, invitez les apprenants à présenter leur personnalité. Amenez-les ensuite à désigner celle qui a le plus œuvré pour le statut des femmes.

TÂCHES FINALES

Tâche 1 : Portrait du parfait (dés)engagé !
Cette tâche étant à dominante orale, invitez les apprenants à parler le plus possible.

1. Annoncez aux apprenants qu'ils vont réaliser le portrait illustré du parfait engagé ou désengagé. Veillez à une répartition équilibrée des deux profils dans la classe. Formez des groupes de trois ou quatre apprenants et dites à chacun de faire un dessin ou un collage de ce personnage (visage et corps). Mettez des magazines et du papier à leur disposition. Amenez-les ensuite à définir ses qualités ou défauts en décrivant sa personnalité, son caractère, son attitude, ses valeurs... Précisez qu'ils peuvent s'inspirer de personnes qu'ils connaissent et en exagérer les traits.

2. Invitez les apprenants à imaginer les accessoires qui le caractérisent, à les représenter sur leur dessin et à les accompagner de légendes (courts textes expliquant ce que représente une image).

3. En guise de correction, proposez à chaque apprenant de présenter son personnage à la classe. À l'issue des présentations, invitez les apprenants à désigner qui est le personnage le plus engagé et le plus désengagé.

Tâche 2 : À la rencontre des militants
Cette tâche est à dominante écrite. Selon le pays où sont dispensés les cours, elle fera également appel à la médiation linguistique puisque les apprenants seront amenés à traduire des interviews.

1. Annoncez aux apprenants qu'ils vont devoir faire un état des lieux de l'engagement associatif dans leur ville. Formez des groupes de trois ou quatre apprenants et invitez-les à faire des recherches sur les associations présentes dans leur ville. Notez le nom des associations et leur champ d'action au tableau.

2. Demandez à chaque groupe de choisir une association. Veillez à ce que les groupes choisissent des associations différentes et issues de domaines variés (santé, protection des animaux, éducation, environnement, égalité...). Invitez-les ensuite à préparer les questions qu'ils souhaitent poser aux militants de l'association choisie (date de création, slogan, nombre de membres, rôle, action sur le terrain, raison de leur engagement, leurs valeurs, les difficultés rencontrées...).

3. Si la tâche est réalisée dans un pays francophone, vous pouvez d'abord leur demander de rédiger le courriel (contenant la présentation du projet et la demande de RV) et mettez en commun les propositions. Proposez ensuite aux apprenants d'interviewer les militants et, avec leur accord, d'enregistrer l'entretien. Il est également possible de leur demander de traduire les interviews réalisées.

4. À partir des informations recueillies, invitez les apprenants à dresser le portrait de l'association et de ses militants sous la forme d'une carte mentale ou d'un document Prezi. En guise de correction, chaque groupe présente l'association choisie à la classe.

DÉCOUVERTE

PREMIERS REGARDS

1. S'ENGAGER ? OUI, MAIS COMMENT ?

A. Photographie n° 1 : l'engagement humanitaire, photographie n° 2 : l'engagement social, photographie n° 3 : l'engagement citoyen ou politique, photographie n° 4 : l'engagement amoureux, photographie n° 5 : l'engagement artistique. Le blog mentionne également l'engagement spirituel (et politique).

B. Réponse libre.

C. Réponse libre.

D. Réponse libre.

PREMIERS TEXTES

2. CRISE DE L'ENGAGEMENT...

A. *Suggestion de réponses :*
La crise de l'engagement existe plus ou moins.
– Le contexte de la crise économique peut avoir des conséquences sur l'envie de s'engager dans la vie de couple. La génération Y a davantage peur de s'engager dans le mariage, elle le fait plus tardivement que les générations précédentes.
– Pour ce qui est de l'engagement associatif, c'est justement en période de crise que les liens peuvent se resserrer et que l'envie d'aider les plus démunis peut naître, mais ce n'est pas toujours le cas.
– Quant au domaine professionnel, les attitudes sont ambivalentes : on peut s'accrocher fortement à son travail de peur de le perdre ou bien s'en détacher car l'engagement professionnel ne protège pas des éventuels licenciements économiques.

B. La crise de l'engagement apparaît dans le domaine de la vie amoureuse et du travail. Dans le domaine amoureux, le désengagement se manifeste par le repoussement de l'installation dans un foyer commun, du mariage ou de la naissance d'un enfant. Dans le domaine du travail, le désengagement se manifeste par une passivité discrète, un laisser-faire ou l'expression subite d'un mécontentement.

C. *Suggestion de réponse :*
Dans la vie politique (ne plus être informé de l'actualité politique, ne pas aller voter), le contexte familial (réduire le contact avec ses proches), sur un plan personnel et spirituel (ne plus croire en rien).

3. ... OU CRISE DU TEMPS ?

A. *Suggestion de réponse :*
Lorsque l'on souhaite défendre une cause, que l'on se sent moralement impliqué dans une situation, que l'on a du temps libre, que l'on souhaite partager quelque chose avec les autres.

B. L'engagement n'est pas vraiment en crise en France car on compte 13 millions de bénévoles (1 Français sur 4). Ce chiffre augmente de 2,8 % chaque année depuis 2010.

C. Les avancées technologiques ont entraîné une accélération du temps, brouillant les frontières entre le temps personnel et professionnel. Le temps se quantifie dorénavant de manière marchande, incitant les gens à réfléchir de manière consciente sur la durée dédiée à leurs différentes activités.
Ce constat crée un lien avec le graphique qui met en avant l'implication importante des seniors dans les activités bénévoles. En effet, cette catégorie de la population dispose, d'une part de plus de temps libre et est, d'autre part moins « connectée » que les autres tranches d'âge.

D. Réponse libre.

OBSERVATION ET ENTRAÎNEMENT

GRAMMAIRE ET LEXIQUE

4. L'ENGAGEMENT AU QUOTIDIEN

A. Réponse libre.

B. On peut être étonné par la réaction de chacun des internautes :

- Sidonie, qui est prête à surmonter sa peur des aiguilles pour donner son sang.
- Edgar, qui, malgré son jeune âge, pense qu'il est impossible de changer les choses.
- Grincheux, qui n'aime pas, par principe, rendre service.
- Marion, qui critique le phénomène de surconsommation alors que l'acte de consommer est de nos jours généralement considéré comme une norme.

C. LES PRÉFIXES

Les préfixes se placent en début de mot (adjectif, verbe, nom) et modifient leur sens.

préfixe	sens du préfixe	exemples	mots sans préfixe
in- / im- / il- / ir-	négation	insupportable, impossible	supportable, possible
mé(s)-	négation, mal	*mécontent*	*content*
anti-	contre	anti-gaspillage	gaspillage
dé(s)-	négation, privation	dépose, démunis, désemplissent, désengagés	poser, muni, remplir, engagé
re-	répétition	redistribués	distribuer
sur- / super-	intensité, au-dessus	super simples, surconsommation	simple, consommation
extra-	intensité	extraordinaire	ordinaire
archi-		archi convaincu	convaincu
ultra-		ultra peur	peur
hyper-		*hypermarché*	*marché*

Les préfixes *hyper, super, archi, méga* et *ultra* sont fréquemment employés à l'oral (familier) pour marquer l'intensité et l'exagération.
Ex. : La soirée d'hier était méga cool, y'avait plein de gens super sympas !

D. Réponse libre.

5. PAROLES D'ENGAGÉS

A.

La Croix-Rouge française : aide aux personnes (Samu social, dons de vêtements, aide alimentaire, hébergement), formation (illétrisme, formation initiale des infirmières), action internationale (lutte contre le SIDA, reconstruction de logements).
Le Rire médecin : fait intervenir des clowns en milieu hospitalier pour les enfants et leurs familles.
La SPA : protection et défense des animaux (refuges, centres de soins).
France terre d'asile : soutien aux demandeurs d'asile (centres d'accueil et activités d'insertion).

B.

Sophie : Elle intervient à la SPA (« J'ai choisi de m'occuper d'animaux », « Quand je vois arriver des chiens et des chats mal-en-point par la faute des hommes, ça me révolte »).
Jean-Jacques : Il participe à des activités organisées par La Croix-Rouge (« On fait des rondes le soir », « On organise des bars à soupe en libre-service »).
Malika : Elle est impliquée dans l'association France terre d'asile (« On aide les sans-papiers », « Il est important que les étrangers se sentent les bienvenus dans mon pays »).
Paolo : Il est membre de l'association Le Rire médecin (« Faire rire les gens et leur apporter du bien-être, c'est un véritable savoir-faire ! »).

C. LES MOTS COMPOSÉS

Les mots composés peuvent être formés de plusieurs façons.

	VERBE + NOM	ADVERBE + NOM + ADJECTIF + VERBE	PRÉPOSITION + NOM
mots soudés	*un portefeuille*	entraide bienveillant maltraiter	*une entrevue*

	verbe + nom + verbe	adverbe + nom + adjectif + verbe	préposition + nom	adjectif + nom
mots reliés par des traits d'union	casse-tête passe-temps savoir-faire	*le mal-logement* mal-en-point mal-logés bien-être	sans-domicile-fixe sans-papiers	libre-service

EX. 1.
IN : insupportable, inconnu, informel, inactif.
IMP : impossible, imprudent, impoli.
IL : illégal, illisible, illimité, illogique.
IR : irrégulier, irrécupérable, irréel.

MÉ(S) : mécontent, mésaventure, médire, méconnu
DÉ(S) : désillusion, dépasser, défaire, démonter, désenchantement

EX. 2.
super dur – hyper triste – ultra important – méga sourire – hyper sollicité – archi cool

EX. 3.
Pour : noms ➞ des pourparlers, un pourboire, un pourvoyeur / verbes ➞ pourvoir, pourchasser, poursuivre.
Sans : un sans-travail, un sans-le-sous, un sans-gêne, un sans-cœur, un sans-faute.
Mal : noms ➞ un mal-aimé, un malpropre, une malformation, un malfaiteur, un mal-voyant, la malbouffe, un malentendu, la malnutrition / adjectifs ➞ maladroit, malintentionné, malpoli, mal à l'aise, malchanceux, malodorant / verbes ➞ malmener, maltraiter.
Bien : noms ➞ un bienfait, un bien-aimé, un bien-fondé, un bienfaiteur / adjectifs ➞ bien-portant, bienveillant, bienvenue.

Libre : noms ➞ un libre-choix, un libre-échange / adjectifs ➞ en libre-service.

EX.4. Réponse libre.

6. S'ENGAGER POUR SA LANGUE

A. Réponse libre.

B. Les trois modifications importantes recommandées par cette réforme sont la disparition de l'accent circonflexe sur les i et u dans certains mots (boîte, coût, goûter, piqûre, maîtresse), la disparition du trait d'union et la modification de l'orthographe de certains mots (nén**u**phar, o**i**gnon, r**é**glementaire, év**é**nement).

C. Cette chanson fait référence à la disparition de l'accent circonflexe dans certains mots.

D.
Deux mots écrits en verlan : « vénère », « çais-fran ».
Une négation à laquelle il manque le « ne » : « c'est pas nous » (➞ ce n'est pas nous) et « sait plus » (➞ elle ne sait plus).
Une phrase incorrecte grammaticalement : « c'est pas nous qu'on fait la loi » (➞ ce n'est pas nous qui faisons la loi).
Des synonymes pour travail (« taf »), **désordre** (« bordel »), **s'évader** (« se faire la belle »).

7. #JEMENGAGE

A.
Ces trois tweets parlent de la réforme de l'orthographe qui propose de supprimer des accents circonflexes dans certains mots.

B.

- Le nom du fil Twitter *JeSuisCirconflexe* utilise le mot « circonflexe » qui, par sa sonorité (proche de « perplexe ») et sa forme (^) suggère la surprise.
- Dans son message, Viviteli n'utilise pas l'accent circonflexe dans le mot « sûr » créant un double sens entre l'adjectif « sûr » (être certain de quelque chose) et l'adverbe « sur » (« être sur une chaise », par exemple).
- Hannah_Moore fait allusion aux deux homophones « tâche » (un travail à faire) et « tache » (marque laissée sur un vêtement).
- Relou_pro fait allusion aux deux homophones « mûr » (d'un certain âge) et « mur » (élément qui constitue un bâtiment).

C. LES ACCENTS ÉCRITS

L'accent circonflexe
Il s'emploie sur *a, e, i, o, u*. Il remplace souvent un s venant du latin.
Ex. : *hôpital* ➞ *hospitalis*
Il différencie des homonymes.
Ex. : forêt, fenêtre, tête, tempête, arrêter
Tâche/tache, sûr/sur ; jeune/jeûne ; mur/mûr

L'accent grave
Il s'emploie sur *a, e, u*.
Sur le a uniquement dans les mots suivants : à, au-delà, voilà, déjà.
Sur le u uniquement dans le mot *où*.
Sur le e, uniquement sur le e qui se prononce [ɛ].

L'accent aigu
Il s'emploie uniquement sur le *e* qui se prononce **[e]**.
é ou è ?
• *è* (accent grave)
Quand la voyelle *e* est l'avant-dernière lettre d'un mot terminé par un *s* qui n'est pas la marque du pluriel. Ex. : progrès, accès, près
À l'intérieur d'un mot, quand la voyelle *e* est suivie d'une syllabe avec un *e* muet. Ex. : règle, derrière, collège, père
• é (accent aigu)
Quand la voyelle *e* est la première lettre du mot et la dernière lettre de la syllabe. Ex. : té-moin, é-lection, é-ducation, ré-forme, pré-fé-ré,
La voyelle *e* est la dernière lettre du mot, éventuellement suivie d'un *e* muet, d'un *s* du pluriel ou des deux. Ex. : liberté, beauté, café, blé, thé, dictée, musée, rentrée

⚠ Quand la voyelle *e* n'est pas la dernière lettre de la syllabe et qu'on entend le son [e] ou [ə], on ne met pas d'accent.
Ex. : mer-cre-di, ter-ri-ble, manu-el, ac-tu-el, per-sonne

EX. 1.
cain-ri : américain (du mot familier « ricain » transformé en verlan).
Tchao : au revoir (du mot italien « Ciao » dont l'orthographe a été transformée).
con : personne stupide ou naïve.
H.S. : être très fatigué, cette expression vient de l'acronyme signifiant « hors-service ».

REGISTRE FAMILIER	REGISTRE COURANT
pote	**ami**
boulot, taff, bosser	travail
bouffer	**manger**
se marrer	rire
mec	homme
kiffer	**apprécier**
gosse	enfant
je m'en fous	ça m'est égal
faire la gueule	(se) fâcher
gueuler	**crier**
se casser	**partir**
c'est ouf !	**c'est fou !**
piger	**comprendre**
avoir la dalle	**avoir faim**

EX. 3.
De nombreux changements qui ont **é**norm**é**ment fait r**é**agir sur les r**é**seaux sociaux, notamment Twitter, avec l'apparition du mot-cl**é** #JeSuisCirconflexe, pour d**é**noncer la disparition de cette particularit**é** graphique

et autres simplifications. Rappelons néanmoins que cette réforme n'en est pas vraiment une. Ces modifications ne s'appliqueront qu'aux livres scolaires qui en font le choix. L'Académie française continuera d'accepter les deux orthographes comme elle le fait depuis plus de 25 ans : « Aucune des deux graphies ne peut être tenue pour fautive. L'orthographe actuelle reste d'usage, et les recommandations du Conseil supérieur de la langue française ne portent que sur des mots qui pourront être écrits de manière différente sans constituer des incorrections ni être considerés comme des fautes.» Du côté du ministère de l'Éducation, on se veut rassurant. « Cette réforme de 1990 était déjà en vigueur dans les programmes de 2008 et elle est facultative. Certains avaient déjà pris en compte cette réforme, il semble que d'autres ont décidé de la mettre en œuvre pour la rentrée 2016. Voilà pourquoi on en parle aujourd'hui», explique au HuffPost l'entourage de la ministre.
Source : Huffington post

MÉTHODOLOGIE

8. ANALYSER L'E-MAIL

A. Cet e-mail a été rédigé par Viviane Letis à l'association Médecins pour tous dans le but de proposer ses services en tant que bénévole.

B. 1 : Se présenter et parler de ses compétences ; 2 : Préciser la raison de sa candidature ; 3 : Donner ses motivations ; 4 : conclure et prendre congé.

C. L'expéditrice joint à l'e-mail un CV afin que les responsables de l'association puissent connaître son profil de façon plus détaillée (formation, expérience professionnelle...).

9. C'EST À VOUS !

A. Réponse libre.

B. Réponse libre.

C. Réponse libre

LEXIQUE

2.

1. Le but de l'association « Je chante pour qu'ils mangent » est de **donner de son temps** à ceux qui n'ont rien. Nous organisons des concerts à 2 euros pour **contribuer au bien-être** de ces personnes grâce à la musique. Rejoignez-nous pour **donner un coup de main** et aidez-nous à **faire bouger les choses** !

2. Le Camion Douche a pour but de lutter contre la pauvreté et l'exclusion sociale en proposant aux sans-abris et aux mal logés un dispositif d'hygiène mobile. De nombreux bénévoles **s'impliquent dans le projet** et **s'investissent** auprès de l'association en **récoltant des fonds.**

3.

Nom : Ligue de protection des oiseaux
Date de création : 1912.
Objectif : Protéger les oiseaux et les écosystèmes dont ils sont dépendants.
Personnalité(s) liée(s) à cette association : /
Organisation d'événements : Organisent des sorties dans la nature afin d'apprendre à reconnaître les oiseaux.

Nom : Action contre la faim
Date de création : 1978.
Objectif : Lutter contre la malnutrition dans le monde.
Personnalité(s) liée(s) à cette association : Bernard-Henri Lévi, Jacques Attali.
Organisation d'événements : Conférences, journées de sensibilisation, courses solidaires.

Nom : L'école à l'hôpital
Date de création : 1929.
Objectif : Dispenser des cours gratuits pour les enfants hospitalisés.
Personnalité(s) liée(s) à cette association : /
Organisation d'événements : /

Nom : Handichien
Date de création : 1989.
Objectif : Former gratuitement des chiens d'assistance pour les personnes handicapées.
Personnalité(s) liée(s) à cette association : Laurent Baffi.
Organisation d'événements : Collecte de bouchons permettant ensuite de récolter de l'argent (opération « Bouchons d'amour »).

Nom : Sol en Si
Date de création : 1990.
Objectif : Soutenir les enfants atteints du Sida.
Personnalité(s) liée(s) à cette association : Francis Cabrel, Véronique Sanson, Zazie, Michel Fugain, Alain Souchon...
Organisation d'événements : Organisation de concerts.

Nom : À chacun son Everest
Date de création : 1994.
Objectif : Aider les enfants atteints de leucémie ou de cancer.
Personnalité(s) liée(s) à cette association : /
Organisation d'événements : Organisation de stages de réhabilitation pour les enfants malades, durant lesquels ils sont incités à « atteindre leur sommet ».

Nom : SOS Racisme
Date de création : 1984.
Objectif : Lutter contre le racisme et toutes les formes de discrimination.
Personnalité(s) liée(s) à cette association : /
Organisation d'événements : Le « Concert des potes ».

Nom : Emmaüs
Date de création : 1954
Objectif : Lutter contre la pauvreté et l'exclusion
Personnalité(s) liée(s) à cette association : Abbé Pierre
Organisation d'événements : collectes solidaires, concerts, expositions

5. *Suggestion de réponses :*
#JESUISVERT :
Domaine → Environnement.
Actions → Protéger les espaces verts en ville, promouvoir l'installation de potagers partagés en ville.
#JESUISPARRAIN :
Domaine → Aide internationale.
Actions → Parrainer un enfant en situation de pauvreté (dons mensuels, échange de lettres).

#JEFAISBOUGERLESCHOSES :
Domaine ➞ Lutte contre les discriminations.
Actions ➞ Lutter contre les discriminations et les idées reçues, organiser des actions solidaires au niveau local.
#JAIDELESAUTRES :
Domaine ➞ Aide sociale.
Actions ➞ Mettre en contact des personnes proposant leurs services avec d'autres qui en ont besoin (échange d'objets, trocs de savoirs).
#JEDONNE :
Domaine ➞ Aide sociale.
Actions ➞ Faciliter le don d'objets pouvant être jetés par les particuliers.
#TOUSEGAUX :
Domaine ➞ Immigration et intégration.
Actions ➞ Aider à l'intégration des immigrés et soutenir les personnes en situation irrégulière.

6.
1. Donner : un coup de main (= aider), du fil à retordre (mettre une personne dans une situation compliquée), raison à quelqu'un, sa voix à quelqu'un (voter pour quelqu'un), du chagrin à quelqu'un (rendre triste)...
2. Faire preuve de : patience, compréhension, humanité, enthousiasme, dynamisme...
3. Une cause : remettre en cause (remettre en question), une cause perdue (une action désespérée), avoir gain de cause (obtenir ce que l'on souhaite)...

7.
1. Bénévole : bénévolat, bénévolement
2. Engagement : s'engager, se désengager
3. Solidarité : solidaire
4. Don : donner, donateur, donneur
5. Investissement : s'investir, investisseur

PHONÉTIQUE

2. A.

	RELÂCHÉ	SOUTENU
1.		X
2.	X	
3.	X	
4.		X

5. B.
Alors si tout se joue à l'école, il est temps d'entendre le SOS. Ne laissons pas se creuser le fossé d'un enseignement à deux vitesses. Au milieu des tours, il y a trop de pions dans le jeu d'échec scolaire. Ne laissons pas nos rois devenir fous dans des défaites spectaculaires.

REGARDS CULTURELS

10. LE CONTEXTE HISTORIQUE

A. Le document parle d'Olympe de Gouges, une femme de lettres qui a rédigé de nombreux écrits en faveur des droits des femmes dont la Déclaration des droits de la femme et de la citoyenne en 1791.

B. L'année 1789 correspond au début de la Révolution française. Il s'agit d'un tournant important dans l'Histoire de France car cette période marque la fin de l'Ancien Régime (caractérisé par la monarchie absolue) et la société de privilèges (droits ne s'appliquant qu'à certains groupes de la société : la noblesse et le clergé). La Déclaration des droits de l'Homme et du citoyen, signée le 26 août 1789 proclame l'égalité des citoyens devant la loi et la souveraineté de la Nation, qui devient apte à gouverner de manière indépendante au travers de représentants élus par le peuple.
Les femmes participent activement à la Révolution en menant de nombreuses actions collectives et en descendant dans la rue. Malgré leur implication, elles sont par la suite délaissées par le nouveau régime car les nouvelles notions de liberté et d'égalité ne s'appliquent qu'aux hommes. Cette situation reflète la place des femmes dans l'Histoire qui n'ont jamais été considérées comme les égales des hommes.

11. LA DÉCLARATION DES DROITS DE LA FEMME ET DE LA CITOYENNE

A. Ce texte s'adresse de façon très directe aux femmes (« Femme, réveille-toi », « Ô femmes », utilisation du « vous » : « vous n'avez régné », « réunissez-vous », etc.). Elle dénonce le refus des hommes d'octroyer des droits aux femmes après que celles-ci les ont aidés à obtenir plus de liberté. Elle encourage les femmes à se regrouper puis à s'opposer aux hommes au moyen de l'argumentation dans le but d'obtenir une égalité en droits.

B. Olympe de Gouges reproche aux hommes de ne pas reconnaître l'égalité naturelle des femmes alors que celles-ci ont contribué à la Révolution. L'injustice qui s'appliquait auparavant aux hommes du peuple est reportée sur les femmes.

C. Olympe de Gouges n'est pas une femme irrespectueuse de la loi, elle voulait que celle-ci soit appliquée indifféremment pour les hommes et les femmes.

D. À l'époque de sa rédaction, ce texte fut complètement ignoré politiquement par les hommes qui avaient mené la Révolution. Olympe de Gouges continua à se battre pour les droits des femmes à travers la rédaction de pièces de théâtre et de nombreuses actions politiques. En 1793, elle fut arrêtée et exécutée quelques mois plus tard par le tribunal révolutionnaire.

12. VERS UNE ÉGALITÉ DES DROITS ?

A. Réponse libre.

B. Réponse libre.

C. Réponse libre.

7 (RÉ)CRÉATION

DÉCOUVERTE

Premiers regards
- Découvrir différentes formes d'art public urbain
- Découvrir le lexique de l'art
- Découvrir une manifestation artistique à Montréal

Premiers textes
- Parler des pratiques artistiques amatrices

OBSERVATION ET ENTRAÎNEMENT

Grammaire
- L'expression de la subjectivité
- Le subjonctif passé

Méthodologie
- Analyser un tableau

Lexique
- Le lexique de l'art
- Le lexique pour analyser une œuvre d'art
- Le lexique du monde artistique

Phonétique p. 161
- Être expressif(ve) en français
- Les mots composés

REGARDS CULTURELS

Document
- L'architecture insolite

TÂCHES FINALES

Tâche 1
- Organiser une présentation insolite d'œuvres d'art

Tâche 2
- Créer un blog sur l'art public dans notre ville

AVANT D'ENTRER DANS L'UNITÉ

Arrêtez-vous en groupe-classe sur l'intitulé de l'unité « Ré(création) » et sur la photographie qui l'accompagne, et posez aux apprenants les questions suivantes :

- Que représente la photographie ? *Il s'agit d'une palette de peintre avec des pinceaux.*
- Quels termes vous inspire-t-elle ? *L'art, le mélange, la création, la vie, la peinture, une toile...*
- Que signifie le préfixe « re- » ? Comment interprétez-vous l'intitulé de cette séquence ? *Ce préfixe signifie la répétition. Pour moi, il signifie qu'on se divertit en pratiquant un art, on s'amuse./Moi, je vois plus une idée de régénérescence, de résurrection, l'art permet de renaître, de développer sa personnalité, de s'ouvrir aux autres...*

DÉCOUVERTE

PREMIERS REGARDS

Objectifs

- Découvrir différentes formes d'art public urbain
- Découvrir le lexique de l'art
- Découvrir une manifestation artistique à Montréal

1. L'ART DESCEND DANS LA RUE

Mise en route

Proposez aux apprenants de lire la citation de Marcel Duchamp en haut à droite de la page 125. Demandez-leur d'expliquer dans un premier temps ce que veut dire l'auteur (il plaide pour une esthétique de l'existence/il nous invite à construire notre vie, à en être l'artiste/il nous pousse à vivre notre vie comme on l'entend). Amenez ensuite les élèves à imaginer comment ils transformeraient leur vie pour en faire une œuvre d'art. Laissez-les s'exprimer librement.

Déroulement

A. Faites observer les photographies pages 124-125 et demandez aux apprenants de trouver le point commun entre les œuvres présentées (elles sont dans la rue/c'est de l'art public). Faites prendre connaissance des légendes et interrogez-les sur les formes d'art représentées. Précisez qu'ils peuvent s'aider des étiquettes proposées (sculpture, architecture, peinture, installation). Faites expliquer le terme « installation » (œuvre d'art visuelle en trois dimensions, souvent créée pour un lieu spécifique et conçue pour modifier la perception de l'espace). Corrigez ensemble et faites un remue-méninges sur les autres formes d'art que l'on peut rencontrer dans l'espace public (graffiti, pochoir, mapping vidéo qui est une technique de projection 3D), fresque murale, mobilier urbain...). Invitez les apprenants à lire individuellement le texte d'introduction en repérant les caractéristiques de l'art public (il est partout/il pimente notre vie/il embellit l'espace public). Demandez-leur s'ils sont d'accord avec cette description.

B. Annoncez aux apprenants qu'ils vont regarder une vidéo sur l'art public à Montréal (https://www.youtube.com/watch?v=JvAcGH3WYTU). La vidéo est également disponible sur l'espace virtuel (https://espacevirtuel.emdl.fr/). Après le visionnage, demandez aux apprenants pourquoi ces personnes sont interviewées et ce qu'a mis en place la ville de Montréal. Ensuite, posez-leur les questions suivantes :

- Qui est l'annonceur de cette vidéo ? *Tourisme Montréal.*
- Quelle est la diversité des œuvres d'art publique à Montréal ? *Il y a plus de mille œuvres datant de 1809 à 2013 et allant de la sculpture à des installations.*
- À qui s'adresse le site artpublic.montreal.ca ? *Aux touristes et aux Montréalais.*

Procédez à la mise en commun des réponses.

C. Diffusez la vidéo une seconde fois et faites compléter le tableau (profession et idées des intervenantes). Formez des binômes pour faire comparer les réponses. Lors de la mise en commun des réponses au sein du groupe-classe, demandez aux apprenants d'expliquer les expressions ou termes suivants : « marqueur de culture » (élément permettant de repérer la culture d'une ville, d'un pays), « la mosaïque » (assemblage de petits cubes multicolores juxtaposés pour former un dessin), « des œuvres médiatiques ou sonores », « dialoguer avec l'environnement », « tisser un rapport de proximité » et « la morphologie » (étude de la forme/structure).

D. Invitez les apprenants à consulter le site artpublicmontreal.ca en explorant ses diverses ressources. Vous pouvez proposer aux apprenants de le consulter chez eux avant le cours. Demandez-leur ce qui a retenu leur attention, ce qui les a impressionnés et si le site leur a donné envie de visiter la ville. Laissez les apprenants s'exprimer librement au sein du groupe-classe.

Et vous ?

Questionnez les apprenants sur l'existence d'œuvres d'art dans les espaces publics de leur ville. Laissez-les en discuter en veillant à relancer les échanges. Vous pouvez poursuivre la discussion en leur demandant si l'art public a d'autres fonctions que l'embellissement d'une ville (attirer les touristes, créer du lien social dans l'espace public, rappeler l'histoire de la ville, réduire les infractions mineures...).

PREMIERS TEXTES

Objectif

- Parler des pratiques artistiques amatrices

2. MARGUERITE

Mise en route

Diffusez le court-métrage *Alike* (Pareil) (https://www.youtube.com/watch?v=PDHIyrfMl_U). Demandez aux apprenants quels éléments sont en couleurs (l'enfant, le père au contact de l'enfant, la nature et l'art) et pourquoi (ils sont « vivants »). Demandez aux apprenants quel message le film d'animation délivre sur le système scolaire et le monde de l'entreprise (l'uniformisation de la pensée), et ce que permet l'art (le développement de soi, l'expression de sa différence, le refus de la conformité...).

Déroulement

A. Écrivez au tableau « chanter comme une casserole » et invitez le groupe-classe à émettre des hypothèses sur la signification de cette expression (chanter faux). Vous pouvez demander aux apprenants s'il existe une expression similaire dans leur pays. Demandez-leur ensuite s'ils aiment chanter, à quelle occasion et ce qu'ils pensent de leur voix. Faites observer le document et demandez aux apprenants d'identifier sa nature (C'est une affiche de film). Vous pouvez faire relever les informations fournies (le titre du film est *Marguerite*/l'actrice principale est Catherine Frot/ le réalisateur est Xavier Giannoli) et demander de décrire l'affiche (on voit une femme de dos face à une salle pleine de spectateurs, il y a un orchestre devant la scène). Proposez aux apprenants de lire individuellement les extraits des dialogues tirés de la bande-annonce du film. Amenez le groupe-classe à émettre des hypothèses sur le sujet du film. Diffusez ensuite sa bande-annonce (https://www.youtube.com/watch?v=hTArMZZOKIE) ou invitez les apprenants à effectuer des recherches sur Internet pour vérifier leurs hypothèses.

B. Avant de lancer la discussion, interrogez les apprenants sur la réaction de l'entourage de Marguerite à propos de ses talents de cantatrice (personne ne lui dit rien/le public se moque). Formez des petits groupes et demandez-leur s'il est nécessaire de dire aux gens s'ils sont mauvais dans leur pratique artistique. Les apprenants doivent justifier leur point de vue par des exemples concrets et/ou personnels. En guise de correction, demandez à chaque groupe de faire, à l'oral, le compte rendu de leur discussion devant la classe.

C. Demandez aux apprenants quel(le) artiste connu(e) ils souhaiteraient être. Faites-les travailler en petits groupes. Invitez-les à se poser des questions pour trouver l'identité de l'artiste choisi(e). En guise de correction, demandez à quelques apprenants d'expliquer les raisons de leur choix au reste de la classe.

Pour aller plus loin

Vous pouvez inviter les apprenants à expliquer et à commenter l'expression « Le ridicule ne tue pas » (on survit à la moquerie). Demandez-leur si, sur scène, on peut tout oser, si l'on peut se permettre toutes les extravagances. Invitez-les à exprimer leur accord ou leur désaccord en justifiant leur point de vue à l'aide d'exemples concrets. Laissez-les s'exprimer librement en les encourageant à interagir.

3. AVIS AUX AMATEURS

Mise en route

Écrivez le titre de la séquence « Avis aux amateurs » au tableau. Faites tout d'abord expliquer les différents sens du terme « amateur » (personne qui pratique une activité artistique ou sportive pour son plaisir et sans en faire sa profession). Puis, demandez aux apprenants ce que signifie l'expression « avis aux amateurs » (formule signifiant « à ceux que cela intéresse »).

Déroulement

A. Formez des groupes de trois ou quatre apprenants et interrogez-les sur leurs activités artistiques et sur ce qu'elles leur apportent. Invitez ceux qui n'en pratiquent pas à expliquer pourquoi et à dire celle qui les attirerait le plus. En guise de correction, faites un tour de table pour que chacun présente ses activités artistiques et explique ce qu'elles lui apportent. Notez les informations au fur et à mesure au tableau en les organisant en deux colonnes (activités/bienfaits).

B. Avant de faire lire l'article, demandez aux apprenants quelles formes d'art pratiquent les personnes sur la photographie (l'art du clown, le mime, le théâtre). Invitez-les ensuite à lire individuellement l'article « C'est aussi la rentrée pour les amateurs » en surlignant les données chiffrées. Questionnez-les sur le sujet traité (la pratique non professionnelle d'activités artistiques et ses bienfaits). Puis, levez les difficultés lexicales : « le renoncement/renoncer à », « le découragement/se décourager », « le frisson de la scène », « le cumul/cumuler les pratiques », « le solfège », « affronter un jury », « une chorale », « lâcher prise », « une bouffée d'air », « la musique de chambre » (composition musicale dédiée à un petit ensemble de cordes, bois, cuivres ou percussions dont chaque partie est écrite pour un seul instrumentiste). Finalement, demandez-leur si les données chiffrées de cet article les surprennent et pourquoi :
– Un Français sur quatre de 15 ans et plus (environ 12 millions de personnes) déclarait avoir pratiqué au moins une discipline de spectacle.
– Un quart des Français (23 %) déclarait savoir jouer d'un instrument de musique.
– Ils étaient 2 % à pratiquer le théâtre (1 million de personnes), 8 % à pratiquer la danse (4 millions), mais aussi 14 % à faire du dessin, 9 % de la peinture ou sculpture, 6 % à écrire des nouvelles ou des romans.
– 700 € pour 1 h 30 hebdomadaire de théâtre.
– 289 projets ont été soutenus par le gouvernement français.

C. Proposez aux apprenants de relire l'article et de repérer les bienfaits des activités artistiques. Procédez à la mise en commun des réponses. Notez les réponses au fur et à mesure au tableau, à côté de celles de l'activité A. Puis demandez-leur de comparer leurs réponses avec celles des personnes interrogées. Laissez-les s'exprimer librement au sein du groupe-classe.

D. Vous pouvez proposer aux apprenants de faire des recherches sur Internet chez eux pour pouvoir répondre aux questions posées. Lors du cours suivant, invitez les apprenants à comparer en binômes les informations récoltées. Lors de la mise en commun, faites comparer les pratiques amatrices dans leur pays à celles en France fournies dans l'article « C'est aussi la rentrée pour les amateurs ».

OBSERVATION ET ENTRAÎNEMENT

GRAMMAIRE ET LEXIQUE

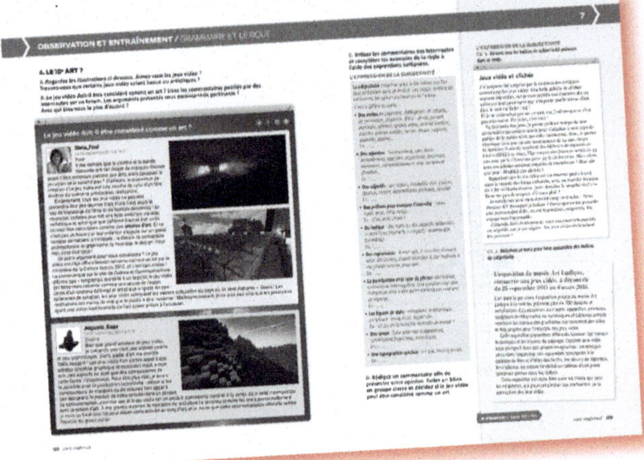

4. LE 10e ART ?

Mise en route
Demandez aux apprenants s'ils connaissent la classification des arts. Notez les formes artistiques dans le désordre au tableau et amenez-les en binômes à faire une proposition de classification (1. l'architecture, 2. la sculpture, 3. la peinture, 4. la musique, 5. la poésie, 6. la danse, le mime, le théâtre et le cirque, 7. le cinéma, 8. les arts médiatiques regroupant la radio, la télévision et la photographie, 9. la bande dessinée). Procédez à la mise en commun des réponses. Puis, invitez-les à émettre des hypothèses sur les nouvelles formes artistiques qui pourraient entrer dans cette classification (10. le modélisme, le mapping vidéo, les arts numériques, les jeux vidéo...).

Déroulement
A. Demandez aux apprenants d'observer les illustrations de la page 128 et invitez-les à émettre des hypothèses sur leur origine et ce qu'elles représentent (captures d'écran de jeux vidéo). Posez-leur ensuite les deux questions de la consigne : Aimez-vous les jeux vidéo ? Trouvez-vous que certains jeux vidéo sont beaux ou artistiques ? Laissez-les en discuter librement en les encourageant à interagir.

B. Demandez au groupe-classe si le jeu vidéo doit être considéré comme un art. Amenez les apprenants à justifier leur point de vue. Ensuite, invitez-les à lire les commentaires des internautes sur le forum et à identifier les arguments qu'ils avancent (Stela_Foul est pour : processus de création très proche de celui d'un film/ambition visuelle, esthétique et artistique digne d'œuvres d'art/plusieurs artistes participent à leur création/ le ministère de la Culture a reconnu le jeu vidéo comme un art depuis 2012 ; Auguste_Gaga est contre : activité puérile et peu sophistiquée/même si des artistes participent à leur création, les jeux vidéo restent des produits de consommation). Corrigez ensemble en demandant aux apprenants d'expliquer les termes suivants : « critiques féroces » (critique méchante, impitoyable), « le processus de création », « une œuvre d'art », « l'art total » (œuvres qui utilisent en même temps plusieurs disciplines artistiques dans le but de refléter l'unité de vie), « assimiler à », « doté de », « un contenu éditorial », « puérile » (qui manque de sérieux), « une composante » (élément constituant d'un ensemble complexe) et « incompatible ». Faites ensuite travailler les apprenants en petits groupes pour commenter les arguments avancés et exprimer leur accord ou désaccord. Demandez à chaque groupe de prendre en note les arguments énoncés pour garder une trace écrite qui sera utilisée à l'activité D.

C. Avant de faire prendre connaissance du tableau sur l'expression de la subjectivité, vous pouvez demander aux apprenants quel est le point commun entre toutes les expressions surlignées en jaune dans le texte (expression d'une opinion). Invitez-les ensuite à lire le tableau. Formez des binômes et demandez-leur d'y reporter les occurrences du texte. Procédez à une correction collective.

D. Invitez les apprenants à rédiger un commentaire sur le forum « Le jeu vidéo doit-il être considéré comme un art ? » à partir des commentaires émis à l'activité B. Cette activité peut être réalisée à la maison. Incitez les apprenants à employer divers moyens pour exprimer leur opinion. Lors du cours suivant, formez des binômes et faites échanger les productions écrites. Ils doivent repérer les outils employés par leur binôme. En guise de correction, demandez à quelques apprenants de lire leur commentaire au reste de la classe. Invitez les autres à les commenter.

Pour aller plus loin

En classe, les apprenants peuvent réaliser les exercices 1 et 2 page 129 avant l'activité D.

Les apprenants pourront s'exercer en autonomie en effectuant les exercices 1 à 5 pages 195-196.

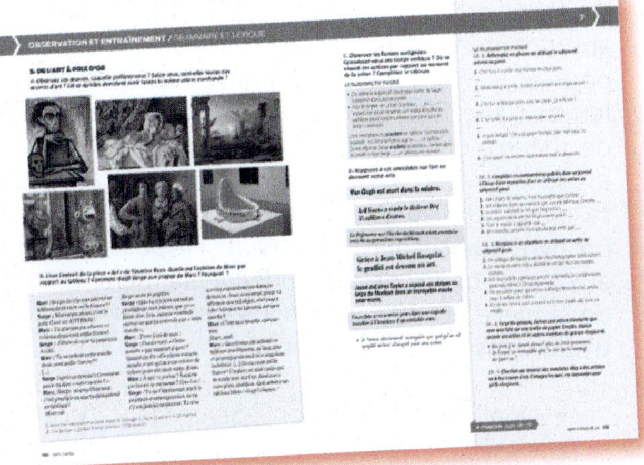

5. DE L'ART À PRIX D'OR

Mise en route

Écrivez ces deux définitions d'une œuvre d'art au tableau et demandez aux apprenants celle qui convient le mieux :

- Une œuvre d'art est un objet physique en deux ou trois dimensions qui remplit une fonction esthétique.
- Une œuvre d'art est un objet qui transmet un message, une idée, un concept.

Laissez-les s'exprimer librement au sein du groupe-classe. Puis, avant d'aborder l'activité A, demandez aux apprenants d'expliquer le titre de cette séquence « De l'art à prix d'or » (qui coûte très cher).

Déroulement

A. Demandez aux apprenants d'observer les six œuvres présentées et d'identifier leur forme artistique (peintures et sculptures), puis amenez-les à décrire les œuvres. Introduisez les termes « autoportrait », « nature morte » et « paysage ». Vous pouvez également leur proposer de retrouver le nom des artistes (Bernard Dubuffet, *Selfportrait*/ Paul Cézanne, *Nature morte avec rideau et pichet fleuri*/Claude Gellée dit Le Lorrain, *Port de mer au soleil couchant*/Takashi Murakami, *Kaikai et Kiki*/ Georges de la Tour, *La Diseuse de bonne aventure*/ Marcel Duchamp, *Fontaine*). Posez-leur ensuite les questions suivantes : Quelle œuvre préférez-vous ? Selon vous, sont-elles toutes des œuvres d'art ? Est-ce qu'elles devraient avoir toutes la même valeur marchande ? Précisez que la valeur marchande d'une œuvre correspond au prix de vente d'un produit sur le marché. Laissez les apprenants échanger librement et incitez-les à exprimer leur accord ou leur désaccord (cf. les outils pour exprimer la subjectivité page 129). Finalement, vous pouvez leur demander si ces œuvres correspondent à l'une des définitions de la mise en route.

B. Avant de commencer cette activité, invitez les apprenants à faire des recherches sur Internet pour en savoir plus sur Yasmina Reza (femme de lettres françaises/elle a écrit des livres, des pièces de théâtre et des scénarios/sa pièce *Art* a connu un succès international/Roman Polanski a adapté sa pièce *Le Dieu du carnage* à l'écran/elle a écrit un livre sur Nicolas Sarkozy...). Proposez ensuite aux apprenants de lire individuellement l'extrait de la pièce *Art* de Yasmina Reza et posez-leur tout d'abord les questions suivantes :

- Quelle est la situation ? *Serge vient d'acheter une toile.*
- Que représente la toile ? *C'est une toile blanche (un monochrome blanc).*
- Quelle est sa valeur marchande ? *Elle a coûté 10 000 francs, c'est-à-dire 1 500 euros.*

Demandez-leur ensuite quelle est l'opinion de Marc par rapport au tableau et comment réagit Serge aux propos de Marc. Faites expliquer les termes « monochromes » (œuvre en général non figurative peinte d'une seule couleur), « prodigieux » (extraordinaire), « rouler sur l'or » (être riche) et « être aisé » (situation financière assurant une vie matérielle confortable). Invitez les apprenants à commenter les arguments des deux amis et demandez-leur avec qui ils sont d'accord. Laissez-les s'exprimer librement.

C. Amenez les apprenants à observer les formes surlignées en jaune dans l'extrait de la pièce et posez-leur les questions suivantes : Connaissez-vous ces temps verbaux ? Où se situent ces actions par rapport au moment de la scène ? Puis, complétez collectivement le tableau sur le subjonctif passé.

D. Faites prendre connaissance des étiquettes. Levez les difficultés lexicales : « au large de » et « une capsule » (habitacle). Proposez un remue-méninges sur les structures pour exprimer une opinion (le subjonctif, les structures impersonnelles...). Formez des binômes et invitez-les à réagir aux anecdotes sur l'art. Incitez-les à employer toutes les structures mentionnées précédemment. En guise de correction, faites un tour de table au cours duquel chaque apprenant exprime un point de vue. L'exercice 5 page 131 peut être fait en prolongement de l'activité D.

Activité de prolongement

Vous pouvez faire visionner l'émission *D'Art d'Art* consacrée au *Déjeuner sur l'herbe* d'Édouard Manet (https://www.youtube.com/watch?v=G2tG19a8sfE) en faisant repérer pourquoi le tableau a fait scandale lors de sa première exposition (la femme nue a conscience de sa nudité). Invitez ensuite les apprenants à sélectionner une œuvre d'art qui a scandalisé et à la présenter à la classe. Vous pouvez afficher toutes les œuvres choisies au tableau et invitez le groupe-classe à identifier la raison du scandale (sujet représenté, posture du sujet, organisation du tableau, manière de peindre, choix des couleurs, lieu d'exposition...).

Pour aller plus loin

En classe, les apprenants peuvent réaliser les exercices 1 à 5 page 131.

Les apprenants pourront s'exercer en autonomie en effectuant les exercices 6, 7 et 8 pages 196-197.

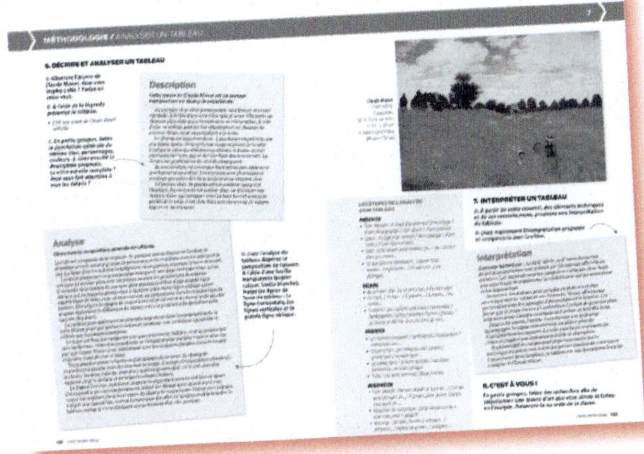

MÉTHODOLOGIE

6. DÉCRIRE ET ANALYSER UN TABLEAU

Mise en route

Proposez aux apprenants de faire des recherches sur Internet sur les méthodes de travail, le style et les thèmes de prédilection de Claude Monet (il aimait travailler dans la nature, il a peint beaucoup de paysages, il mettait la nature en avant à l'ère de l'industrialisation, il s'intéressait aux effets de lumière qui changent selon l'heure et la saison…). Procédez à la mise en commun des informations collectées.

Déroulement

A. Invitez les apprenants à observer la toile de Claude Monet page 133 et guidez la réflexion à l'aide des questions suivantes : Que vous inspire-t-elle ? Quels sentiments éprouvez-vous en la regardant ? Laissez-les en discuter librement au sein du groupe-classe.

B. Annoncez aux apprenants qu'ils vont présenter le tableau de Claude Monet à partir de sa légende. Faites tout d'abord expliquer le terme « coquelicot ». Demandez ensuite aux apprenants quelles informations fournit la légende (nom de l'artiste, titre, date d'exécution, matière des couleurs et du support, dimension et lieu de conservation). Précisez ce qu'est une huile sur toile (un procédé de peinture utilisant des pigments mélangés à de l'huile). Formez ensuite des binômes et invitez-les à poursuivre la présentation de l'œuvre dont l'amorce est donnée en italique. En guise de correction, demandez à quelques groupes de lire leur production à la classe. Notez les phrases clés au tableau *(Cette toile a été réalisée en…/Elle mesure X sur Y…/Il s'agit de…/Elle est conservée…).*

C. Faites prendre connaissance des deux premières sections (présenter et analyser) du tableau « Les étapes de l'analyse d'un tableau ». Levez les difficultés lexicales : « au premier plan » (désigne ce qui paraît le plus proche du spectateur), « au second plan » (ce qui est entre le premier plan et l'arrière-plan), « à l'arrière-plan (plan le plus éloigné du spectateur dans une perspective), « les couleurs vives » (couleurs éclatantes, lumineuses), « flamboyantes » (d'un éclat trop brillant), « ternes » (qui est sans éclat, sans luminosité), « froides ». Formez des petits groupes et demandez-leur de faire la description générale du tableau (lieu, personnages, couleurs) en réemployant le lexique introduit précédemment. Procédez à la mise en commun des propositions. Dans un deuxième temps, invitez le groupe-classe à lire individuellement la description. Expliquez les termes posant problème (« ombrelle », « butte », « un champ herbeux »). Amenez les apprenants à comparer leur description à celle du livre : La vôtre était-elle complète ? Avez-vous fait attention à tous les détails ? Laissez-les répondre à ces questions librement et corriger leur description si nécessaire.

D. Proposez aux apprenants de lire l'analyse de l'œuvre de Claude Monet et d'observer les éléments de composition de l'œuvre (l'organisation du tableau, les plans et les lignes, les couleurs, la technique, les traits et la lumière). Faites expliquer les termes suivants : « la ligne d'horizon » (en perspective, l'horizon est une ligne fictive tracée sur la surface de la représentation où on situera le point de fuite), « les points forts » (là où se porte le regard), « la ligne oblique » (qui est de biais par rapport à une ligne horizontale ou verticale), « la ligne de fuite » (point imaginaire utilisé en dessin afin de faciliter la représentation des perspectives réalistes de l'objet, de la personne ou du lieu illustré) et « les petites touches de peinture » (fait de poser une petite surface de peinture sur le support et que le résultat de ce geste soit visible sur l'œuvre terminée). Faites prendre connaissance des expressions utiles pour analyser un tableau (cf. « Les étapes de l'analyse d'un tableau »). Puis, formez des binômes, distribuez des feuilles transparentes et demandez-leur d'y tracer les lignes de force du tableau. En guise de première correction, faites comparer collectivement les tracés.

7. INTERPRÉTER UN TABLEAU

Déroulement

A. Annoncez aux apprenants qu'ils vont maintenant interpréter le tableau de Claude Monet en binômes, c'est-à-dire expliquer ce que veut dire l'auteur. Faites prendre connaissance du lexique dans le tableau « Les étapes de l'analyse d'un tableau » afin qu'ils le réemploient dans cette activité. Conseillez-leur de se reporter aux informations collectées au cours de la séquence précédente. Suggérez-leur de contextualiser la création de cette toile (industrialisation/ impressionnisme). Procédez à la mise en commun des réponses au sein du groupe-classe.

B. Proposez aux apprenants de lire individuellement le texte sur l'interprétation du tableau et d'en relever les différentes parties (présentation du mouvement impressionniste et du sujet du tableau, réaction du spectateur, message de l'artiste, place de cette toile dans le mouvement artistique et la carrière de l'artiste). Faites expliquer « affectionner » (aimer) et « susciter » (provoquer). Proposez au groupe-classe de comparer cette interprétation à la leur : Avez-vous abordé les mêmes éléments ? Dans le même ordre ? Êtes-vous d'accord avec cette analyse ? Laissez les apprenants s'exprimer librement au sein du groupe classe.

8. C'EST À VOUS !

Déroulement

Proposez aux apprenants d'analyser à leur tour une œuvre d'art de leur choix. Formez des petits groupes et invitez-les à faire des recherches sur Internet pour l'analyser. Incitez-les à suivre les étapes de l'analyse d'un tableau : présenter, décrire, analyser et interpréter. Proposez-leur de présenter leur œuvre sous la forme d'un document Prezi ou d'une carte mentale. Demandez-leur de préparer également quelques questions de compréhension sur leur exposé afin de s'assurer de la bonne compréhension de l'analyse par le reste de la classe. Lors de la mise en commun, chaque groupe présente l'œuvre choisie et s'assure de la bonne compréhension du reste du groupe en lui posant les questions préparées.

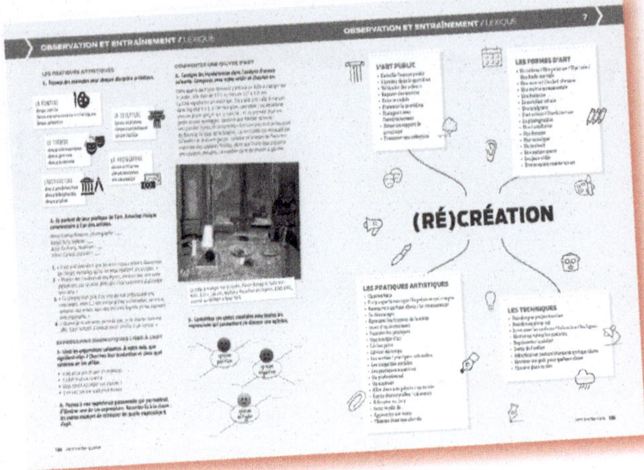

LEXIQUE

La plupart des exercices de cette page peuvent être réalisés en classe : ce sont des activités complémentaires pour travailler plus spécifiquement l'expression orale.

Exercice 1

Pour dynamiser l'activité, réalisez-la sous forme de jeu. Formez plusieurs équipes de deux joueurs. Délimitez le temps de réflexion pour chaque art à une minute. Procédez à la mise en commun des réponses. Comptez un point pour chaque réponse correcte proposée par groupe. Si deux groupes ou plus proposent la même réponse, alors aucun ne marque de point.

Exercice 4

Invitez les apprenants à penser à une expérience personnelle qui illustre les expressions traduites à l'activité 3. Vous pouvez la faire raconter ou proposer aux apprenants de jouer une saynète. Faites-les travailler en petits groupes pour se mettre d'accord sur la situation et ce qu'ils vont faire/dire. En guise de correction, faites jouer la saynète devant la classe qui doit trouver l'expression illustrée.

Carte mentale

La page 135 reprend l'ensemble des éléments lexicaux présentés dans l'unité 7 sous la forme d'un schéma qui permet de faciliter la mémorisation par la visualisation. N'hésitez pas à vous référer à cette page au cours de l'étude de l'unité ainsi qu'à la fin, pour effectuer un bilan sur l'ensemble des éléments lexicaux abordés. Vous pouvez effectuer différentes activités à partir de cette page :

- **Tournoi lexical :** Divisez la classe en deux. À tour de rôle, chaque équipe doit proposer un terme ou une expression en lien avec l'un des quatre thèmes proposés. La dernière équipe à faire une proposition gagne la partie.

- **Time's up :** Inscrivez toutes les formes d'art sur des morceaux de papier. Divisez la classe en deux équipes. La partie se déroulera en trois manches durant lesquelles un membre de chaque équipe devra faire deviner le plus de mots à ses camarades en temps limité. Pour la première manche, le joueur peut parler autant qu'il le souhaite afin de faire deviner le mot de la carte. Lors de la deuxième manche, il aura la possibilité de ne prononcer qu'un seul mot. Pour la troisième manche, il devra faire deviner le mot de la carte en le mimant. Comptez les points marqués par chaque équipe durant les trois manches.

REGARDS CULTURELS

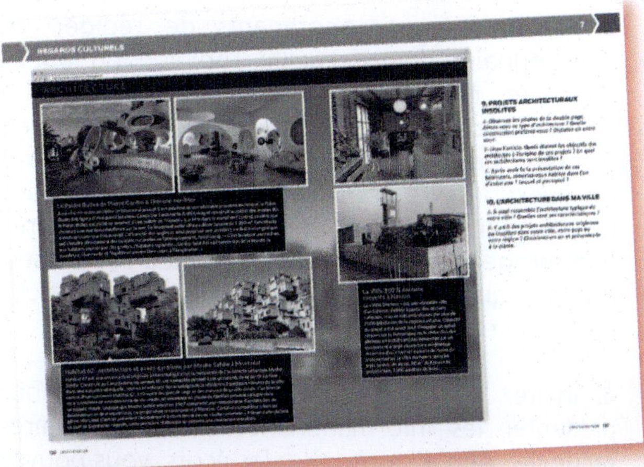

9. PROJETS ARCHITECTURAUX INSOLITES

Mise en route

Demandez aux apprenants quelles qualités ou caractéristiques doit avoir un logement, s'ils ont plutôt des goûts classiques ou modernes en matière d'architecture et s'ils admirent un bâtiment/une construction et pourquoi. Laissez les apprenants s'exprimer librement au sein du groupe-classe.

Déroulement

A. Formez des groupes de trois ou quatre apprenants. Invitez-les à observer les photographies de la double page et posez-leur les questions suivantes : Aimez-vous ce type d'architecture ? Quelle construction préférez-vous ? Pourquoi ? À l'issue des échanges, faites voter les apprenants pour désigner l'architecture la plus appréciée dans la classe.

B. Demandez aux apprenants de lire les articles et de repérer les objectifs des architectes à l'origine de leurs projets et en quoi leur construction est insolite. Mettez en commun les réponses. Faites expliquer les termes suivants : « un ovni », « être niché », « s'affranchir de », « l'habitat troglodyte » (demeure creusée dans la roche), « un maquettiste », « semer la controverse », « empiler » et « un chantier ».

C. Demandez aux apprenants s'ils souhaiteraient vivre dans l'un des bâtiments présentés, si oui, lequel et pourquoi. Laissez-les s'exprimer librement au sein du groupe-classe. Vous pouvez poursuivre la discussion en leur demandant si tout le monde peut vivre dans ce type de maisons (faire appel aux compétences d'un architecte pour bâtir sa propre maison est assez onéreux, cependant les architectes mettent aussi leurs compétences au service de l'habitat collectif comme Le Corbusier l'a fait, par exemple).

10. L'ARCHITECTURE DANS MA VILLE

Mise en route

Projetez à l'écran la vision de la ville (cité végétale : http://www.vegetalcity.net/) de l'architecte belge Luc Schuiten qui cherche des solutions alternatives à la dégradation de l'environnement et à l'architecture objet de design. Demandez tout d'abord aux apprenants de décrire la ville (beaucoup de verdure, potagers sur les toits, murs végétaux...) et invitez-les à commenter sa conception de l'architecture : La conception de cet architecte est-elle utopique ou visionnaire ? Incitez les apprenants à réagir aux commentaires des autres.

Déroulement

A. Invitez les apprenants à décrire l'architecture de la ville où ils résident actuellement : Quelles sont ses caractéristiques ? Si nécessaire, proposez-leur de faire des recherches sur Internet et de consulter notamment le site de la ville ou de la mairie. Laissez-les intervenir librement et encouragez les échanges.

B. Annoncez aux apprenants qu'ils vont présenter un projet architectural original voire insolite mené dans leur ville ou pays. Formez des binômes et demandez-leur de choisir un bâtiment, de le décrire, de le localiser, de donner son année de construction, d'expliquer les objectifs et l'inspiration de l'architecte. Proposez-leur de faire au préalable des recherches sur Internet et d'apporter une photographie du projet lors du cours suivant. Affichez toutes les photographies au tableau et invitez chaque groupe à présenter son projet à la classe sans le désigner ; les autres apprenants doivent deviner de quel projet il s'agit.

TÂCHES FINALES

Tâche 1 : Une visite insolite

Cette tâche étant à dominante orale, invitez les apprenants à parler le plus possible. Vous pouvez commencer cette activité en sélectionnant une des émissions de Julien Baldacchino dans *BAV{ART} DAGES* dans lesquelles il dialogue avec des œuvres d'art (par exemple : « Clash » entre « Balloon Dog », de Jeff Koons et l'urinoir de Duchamp, https://www.franceinter.fr/emissions/bav-art-dages).

1. Annoncez aux apprenants qu'ils vont devoir faire parler une œuvre d'art. Invitez-les à proposer des thèmes. Écrivez-les au tableau. Le groupe-classe doit se mettre d'accord afin de n'en retenir qu'un.

2. Formez des groupes de trois ou quatre apprenants et amenez-les à choisir trois œuvres qu'ils apprécient en respectant bien le thème sélectionné.

3. Demandez aux apprenants de faire des recherches sur ces trois œuvres : sur leur histoire, les éléments qui les composent et éventuellement des anecdotes à leur sujet.

4. Amenez les apprenants à décider quels élément ou personnage de chaque œuvre ils veulent faire parler. À l'aide des informations collectées lors de leurs recherches, proposez-leur de rédiger leur texte sous la forme d'un monologue. Incitez-les à faire de l'humour.

5. Proposez aux apprenants d'enregistrer leur texte en utilisant l'outil Blabberize (http://blabberize.com/) qui permet l'animation des lèvres du personnage. Lors de la mise en commun, chaque groupe fait écouter son document audio ou interprète son texte devant la classe qui peut ensuite commenter les productions.

Tâche 2 : L'art public dans notre ville

1. Indiquez aux apprenants qu'ils vont devoir créer un blog recensant les œuvres d'art publiques de leur ville et l'opinion des habitants à leur sujet. Formez des petits groupes. Demandez-leur d'en discuter ensemble et de se répartir les œuvres (une œuvre par groupe).

2. Amenez ensuite chaque groupe à faire des recherches sur l'œuvre choisie pour collecter un maximum d'informations (date d'exécution, analyse, interprétation, choix de l'emplacement dans la ville...).

3. Demandez aux apprenants de rédiger un questionnaire pour recueillir l'opinion du public au sujet de l'œuvre choisie. Faites prendre connaissance des exemples. Procédez à la mise en commun des questions. Il est possible d'aboutir à un questionnaire commun (pour la classe). Dans un deuxième temps, proposez aux apprenants d'interroger les passants et de noter leurs réponses. Précisez qu'ils doivent prendre l'œuvre en photo afin de la mettre sur le blog.

4. Invitez les apprenants à rédiger l'article pour présenter les informations et les commentaires recueillis. Afin d'harmoniser les écrits, vous pouvez proposer aux apprenants de décider d'une structure commune (présentation, localisation, description, dialogue avec l'environnement...). Si nécessaire, faites consulter à nouveau le portail d'art public de Montréal (https://artpublicmontreal.ca/) dédié à l'art public pour les inspirer.

5. Créez un blog sur lequel les apprenants déposeront leur travail. Invitez-les à choisir un titre et à personnaliser leur environnement. Lorsque tous les groupes ont publié leur production sur le blog, demandez-leur de prendre connaissance de l'ensemble des articles. Lors du cours suivant, invitez-les à réagir en postant des commentaires sur le blog. Vous pouvez faire la promotion du blog sur le site de l'école pour que les autres élèves de l'établissement commentent les œuvres présentées.

DÉCOUVERTE

PREMIERS REGARDS

1. L'ART DESCEND DANS LA RUE

A. *Le Confident* : installation – *Zinneke Pis* : sculpture – *La Fontaine Stravinsky* : fontaine – *Banc-nana* : installation/ mobilier public – *Habiter sa couleur* : fresque ou murale – *Libres comme l'art* : graffiti.

B. La ville de Montréal a mis en place le projet Art public Montréal qui présente une collection d'art public. Les quatre personnes sont interrogées car elles sont toutes impliquées dans ce projet dans l'organisation, la réalisation ou l'analyse.

C.

PERSONNE	PROFESSION	IDÉES
Nathalie Bondil	Directrice et conservatrice du musée des beaux-arts de Montréal.	La ville de Montréal abrite un nombre important d'œuvres d'art public anciennes et plus modernes et le portail a été créé pour les faire découvrir au grand public.
Marie-France Brière	Artiste	L'art public est le reflet d'une culture et permet aux artistes de communiquer directement avec le public.
Linda Covit	Artiste	Pour les personnes qui se rendent rarement ou même jamais dans les musées, l'art public est une possibilité de découvrir l'art.
Annie Gérin	Professeur au département d'histoire de l'art de l'UQAM	L'art public prend différentes formes (sculptures, fontaines, murales, mosaïques, installations, mobilier urbain...). Les œuvres créent un lien ou un contraste avec le lieu dans lequel elles se trouvent.

D. Réponse libre.

PREMIERS TEXTES

2. MARGUERITE

A. Le film, qui se déroule dans les années vingt, retrace la vie d'une aristocrate nommée Marguerite. Passionnée de musique, elle s'exerce au chant avec ferveur mais ne réalise pas qu'elle chante extrêmement faux. Les concerts privés qu'elle donne dans sa riche demeure suscitent les moqueries ou l'admiration. Depuis longtemps, Marguerite vit dans l'illusion car aucun membre de son entourage n'ose lui dire la vérité ; jusqu'au jour où elle décide de se produire à l'opéra devant un vrai public...

B. Réponse libre.

C. Réponse libre.

3. AVIS AUX AMATEURS

A. Réponse libre.

B. Réponse libre.

C. Les activités artistiques apportent un bien-être physique (la danse), aident à la construction de sa personnalité (avoir plus confiance en soi), permettent de prendre une bouffée d'air, de lâcher prise (fous rires), de rencontrer de nouvelles personnes, de garder des bons souvenirs.

D. Réponse libre.

OBSERVATION ET ENTRAÎNEMENT

GRAMMAIRE ET LEXIQUE

4. LE 10e ART ?

A. Réponse libre.

B. Arguments présentés dans le document :

Le jeu vidéo est une forme d'art.
– Les nouvelles formes d'art ne sont généralement pas reconnues comme telles tout de suite (cinéma, bande dessinée).
– Le processus de création d'un jeu vidéo est proche de celui d'un film.
– Le jeu vidéo est reconnu officiellement comme forme d'art par le ministère de la Culture depuis 2012.

Le jeu vidéo n'est pas une forme d'art.
– Il s'agit d'une activité puérile et peu sophistiquée.
– Le jeu vidéo est un produit de consommation et non une œuvre d'art.

C. L'EXPRESSION DE LA SUBJECTIVITÉ

La subjectivité s'exprime par des indices que l'on peut rechercher dans un énoncé. Ces indices révèlent les sentiments, les valeurs ou l'opinion de l'auteur.
Il existe différents outils.

- **Des verbes** de jugement, d'obligation, de volonté, de permission, d'opinion, d'état : *devoir, pouvoir, prétendre, affirmer, ignorer, croire, estimer, sembler, paraître, assurer, certifier, penser, douter, supposer, souhaiter, espérer...*
Ex. : Il me semble que..., J'affirme haut et fort..., Je prétends que..., Parler d'art me semble ..., J'estime que..., Je crois que..., Je doute que...
- **Des adverbes :** *heureusement, sans doute, probablement, peut-être, assurément, forcément, réellement, vraisemblablement, trop, vachement (familier)...*
Ex. : Évidemment, malheureusement, tant mieux, très, personnellement
- **Des adjectifs :** *sûr, certain, inévitable, clair, évident, douteux, certain, vraisemblable, probable, possible*
Ex. : Je ne suis pas sûre que...,
- **Des préfixes pour marquer l'intensité :** *hyper, super, archi, extra, méga...*
Ex. : C'est archi-simple !
- **Du lexique :** des noms ou des adjectifs mélioratifs (= positif) ou péjoratifs (= négatif) : *inadmissible, formidable...*
Ex. : Puérile, peu sophistiquée, incompatible
- **Des expressions :** *À mon avis, si vous êtes d'accord, selon des sources, d'après Monsieur X, par bonheur, à ma grande surprise, pour moi...*
Ex. : À mon avis, Pour moi, Bravo !, À ma grande surprise
- **La ponctuation et le type de phrase** (déclarative, exclamative, interrogative). La question peut être rhétorique, c'est-à-dire qu'on n'attend pas vraiment de réponse.
Ex. : Alors pourquoi le jeu vidéo ne le serait-il pas ? Mais c'est aussi le cas de beaucoup de films et de bandes dessinées ! Un autre argument pour vous convaincre ?
- **Les figures de style :** métaphore, comparaison, antiphrase, ironie, litote, hyperbole...
Ex. : Ce jeu est la huitième merveille du monde !
- **Des temps :** futur antérieur (supposition), conditionnel (hypothèse, incertitude)
Ex. : Je ferais le parallèle...
- **Une typographie spéciale :** en gras, en majuscules.
Ex. : TRÈS exagéré ! ŒUVRES d'art

D. Réponse libre.

EX. 1.
J'ai toujours été **surprise** par la violence des critiques concernant les jeux vidéo. Une **belle** galerie de **clichés** souvent **injustifiés**, car **je vous certifie** que l'univers du jeu vidéo est tout aussi **varié** que n'importe quelle forme d'art. Oui, **le mot est lâché** : art ! Et **je** ne développerai pas sur ce mot, car **j'estime que** ce n'est pas nécessaire. **Un point, c'est tout !** Vu le succès des jeux, **je** pense qu'il est temps de leur reconnaître un certain **talent** pour s'adapter à tout type de public. Et le public n'est pas celui qu'on croit. **Non**, le gamer classique n'est pas un **ado boutonneux de 14 ans.** Selon la dernière étude du syndicat des éditeurs de logiciels de loisir (SELL) en 2015, l'âge moyen des joueurs **serait** de 35 ans avec 56 % d'hommes pour 44 % de femmes. Mais alors, tous ces adultes seraient **stupides** et **immatures** ? **Bien sûr que non ! MARRE des clichés ! Rappelons que** le jeu vidéo est un énorme **poids lourd** dans le monde des biens culturels, avec un marché français de 2,87 milliards d'euros, juste derrière le marché du livre. Donc **un peu de respect, s'il vous plaît !** Je **conclurai** avec mon dernier **coup de foudre** : Final Fantasy XV. **Pourquoi je l'adore ?** Parce que ce jeu possède une personnalité **folle**, on est **hypnotisés**, **emportés**. Un voyage vers l'incroyable. **J**'attends, bien **évidemment**, tous vos courriels **positifs** ou **négatifs**, car **je me répète** : les jeux vidéo déclenchent les **passions**.

EX. 2. *Suggestion de réponse :*
La **magnifique** exposition du musée Art Ludique, consacrée aux jeux vidéo, à découvrir (**absolument !**) du 25 septembre 2015 au 6 mars 2016.
Cette semaine, **nous vous recommandons** L'art dans le jeu vidéo, une exposition prévue au musée Art Ludique à la rentrée. **Pourquoi s'y rendre absolument ?** Parce qu'elle présente plus de 700 dessins et installations. Ces esquisses au crayon, aquarelles, peintures, sculptures traditionnelles ou numériques et tableaux animés montrent les travaux **incroyables** des graphistes **archi-talentueux** qui dessinent des villes et des peuples pour l'industrie du jeu vidéo. **Un voyage fantastique qui vous fera rêver !**
Grâce à cette exposition, **vous aurez la chance de** découvrir des travaux **tout aussi géniaux les uns que les autres :** les travaux historiques et les travaux de paysage. **Pourquoi les jeux vidéo sont-ils d'ailleurs aussi passionnants ?** Parce qu'ils nous plongent dans des univers imaginaires : on retrouve alors dans l'exposition de **magnifiques** aquarelles consacrées à la création de fées et d'elfes des forêts, les décors de légendes **(ceux qui nous faisaient rêver quand nous étions gamins !)**, les châteaux **mystérieux** ou encore l'installation-tableau d'une jeune et **séduisante** princesse perdue dans les limbes. **De vraies ŒUVRES D'ART qui frappent par leur originalité !**
Cette exposition **incroyablement bien concue** est aussi bien pour les initiés que pour les néophytes, qui pourront s'initier aux contraintes de la conception des jeux vidéo. **Alors qu'attendez-vous pour vous y rendre ?**

5. DE L'ART À PRIX D'OR

A. Réponse libre.

B. Marc n'aime pas le tableau, qu'il décrit comme « une merde », bien qu'il n'ait pas vraiment d'arguments pour justifier son opinion. Serge ne comprend pas la réaction de son ami car il pense que le tableau a beaucoup de qualités (il a été créé par un artiste célèbre, il a une grande valeur marchande, il présente un intérêt artistique).

C. LE SUBJONCTIF PASSÉ

• On utilise le subjonctif passé pour parler de façon subjective d'une action passée.
• Pour le former, on utilise l'auxiliaire *être* ou *avoir* + participe passé du verbe. Les règles d'accord du participe passé sont les mêmes que pour tous les temps composés.

EXEMPLE	ACTION PASSÉE
*C'est prodigieux que tu **aies acheté** ce tableau !*	C'est prodigieux : tu as acheté ce tableau.
*Que Serge **ait acheté** ce tableau me dépasse...*	Ça me dépasse : Serge a acheté ce tableau.

D. *Suggestion de réponses :*
Je suis étonné d'apprendre que Van Gogh soit mort dans la misère.
C'est incroyable que quelqu'un ait dépensé autant d'argent pour un chien de baudruche.
Je ne comprends pas que *Le Déjeuner sur l'herbe* de Manet ait fait scandale lors de sa première exposition.
C'est génial que grâce à Basquiat, le graffiti ait été reconnu comme un art.
C'est impensable qu'un artiste ait pu exposer ses statues dans un musée sous-marin.
Je ne peux même pas imaginer que quelqu'un ait vécu à l'intérieur d'un ours pendant treize jours.

EX. 1.
1. C'est fou qu'il ait visité cinq musées en deux jours.
2. J'ai du mal à croire qu'il vienne au concert avec nous ce soir.
3. Ça m'épate que cet artiste peigne avec ses pieds.
4. C'est drôle qu'il ait peint ce tableau avec ses pieds.
5. Je suis indigné qu'on ait dû payer l'entrée plein tarif pour les enfants.
6. C'est super que les enfants payent demi-tarif le dimanche.

EX. 2. *Suggestion de réponses :*
1. Avec si peu de moyens, il est incroyable que l'artiste ait pu créer une installation aussi impressionnante.
2. Les visiteurs n'ont pas compris que, sur ses tableaux, l'artiste ait mis en avant les conséquences du réchauffement climatique.
3. Le public a déploré le fait que l'exposition n'ait duré que 6 semaines.
4. Les organisateurs ont été déçus que le public soit venu si peu nombreux.
5. Tout le monde a apprécié que l'entrée soit gratuite pour les moins de 16 ans.
6. En revanche, certains n'ont pas du tout aimé que le musée soit fermé le dimanche.

EX. 3. *Suggestion de réponses :*
1. Je suis content que ton art soit enfin reconnu !
2. C'est génial que notre ville ait mis en place cette politique.
3. Il est inadmissible que le gouvernement n'ait pas réalisé l'importance de l'art dans l'éducation.
4. C'est complètement fou que quelqu'un ait dépensé autant d'argent pour un morceau de tissu.
5. Je suis surpris(e) que tu ne sois jamais allé dans un musée !

MÉTHODOLOGIE

6. DÉCRIRE ET ANALYSER UN TABLEAU

A. Réponse libre.

B. *Suggestion de réponse :*
C'est une œuvre de Claude Monet intitulée *Coquelicots*. Il s'agit d'une huile sur toile peinte en 1873. Le tableau mesure 50 cm de hauteur et 65 cm de largeur. Il est exposé au musée d'Orsay.

C. Réponse libre.

D.

7. INTERPRÉTER UN TABLEAU

A. Réponse libre.

B. Réponse libre.

8. C'EST À VOUS !

Réponse libre.

LEXIQUE

1. *Suggestion de réponses :*
La peinture : outils ➞ un pinceau, une toile, une palette, un tube de peinture ; mouvements artistiques ➞ impressionnisme, romantisme, expressionnisme, art abstrait, cubisme ; artistes ➞ Claude Monet, Vincent Van Gogh, Paul Cézanne, Eugène Delacroix, George de la Tour, René Magritte.
La sculpture : artistes ➞ Auguste Rodin, Louise Bourgeois, César ; matériaux ➞ pierre, marbre, bronze, argile ; outils ➞ un poinçon, un marteau, une lime.
Le théâtre : accessoires ➞ un costume, un masque, un projecteur, le décor ; genres ➞ comique, tragique, sketchs, le théâtre de boulevard ; auteurs ➞ Molière, Racine, Beaumarchais, Eugène Ionesco, Samuel Beckett.
L'architecture : architectes ➞ Le Corbusier, Jean Nouvel, Philippe Starck ; bâtiments ➞ l'arche de la Défense à Paris, le viaduc de Millau, la pyramide du Louvre, l'Atomium à Bruxelles ; styles ➞ gothique, art déco, futurisme.
La photographie : artistes ➞ Robert Doisneau, Henri Cartier-Bresson, Brassaï, Yann Arthus-Bertrand, Marc Riboud ; œuvres ➞ *Le Violon d'Ingres*, *Le Baiser de l'hôtel de ville* ; outils ➞ un objectif, une lentille, une pellicule.

2. Henri Cartier-Bresson, photographe : 3 ; Raoul Dufy, peintre : 2 ; Alain Bashung, musicien : 4 ; Albert Camus, écrivain : 1.

3.
– Je ne peux pas le voir en peinture : je ne le supporte pas.
– Il fait tout un cinéma : il réagit de façon exagérée et théâtrale.
– Vous devez accorder vos violons ! : vous devez vous mettre d'accord !
– Il ne sait pas sur quel pied danser : il ne sait pas comment réagir ou se comporter dans cette situation.

5. Cette œuvre de Pierre Bonnard s'intitule *La Salle à manger sur le jardin*, elle date de 1932 et mesure 127 x 135 cm. La toile représente un ~~extérieur~~ **(intérieur)**, une salle à manger dans laquelle on voit, ~~à l'arrière-plan~~ **(au premier plan)**, une table, au deuxième plan un jeune garçon ~~sur la gauche~~ **sur la droite**, et au ~~premier~~ **(à l'arrière-)** plan un jardin et une montagne derrière une fenêtre ~~ouverte~~ **(fermée)**. Les grandes lignes de composition horizontales sont ~~le bouquet de fleurs~~ **(la table)** et la base de la fenêtre. La verticalité est marquée par la fenêtre et le jeune garçon. La table et le reste de l'intérieur montrent des couleurs ~~froides~~ **(chaudes)**, alors que l'extérieur présente des couleurs ~~chaudes~~ **(froides)**. La lumière vient de devant à ~~gauche~~ **(droite)** et se diffuse sur le côté gauche du tableau.

6. *Suggestion de réponses :*
Opinion positive ➞ C'est magnifique, c'est un véritable chef-d'œuvre, c'est original, c'est réussi.
Opinion négative ➞ C'est raté, c'est kitsch, c'est affreux/moche/laid.
Opinion mitigée ➞ C'est pas mal, c'est plutôt original, j'aime mais sans plus.

PHONÉTIQUE

1. *Échauffement.*

2. A.

	ALLONGEMENT	INTENSITÉ	INTONATION	PAUSES
1.		X		
2.			X	
3.	X			
4.				X

2. B. *Lecture à haute voix.*

3. A. 1. Chef-d'œuvre **2.** Trompe-l'œil **3.** Parti pris **4.** Tape-à-l'œil **5.** On-dit

3. B.
1. Heureusement que je n'ai pas écouté les **on-dit**, sinon je n'en serais pas là, artistiquement parlant, aujourd'hui.
2. Il y a un **trompe-l'œil** dans la station où je prends le métro tous les matins.
3. Je trouve l'art contemporain beaucoup trop **tape-à-l'œil** à mon goût.
4. Je me demande vraiment pourquoi *La Joconde* est considérée comme un **chef-d'œuvre.**
5. C'est le **parti pris** de l'artiste de n'utiliser qu'une seule couleur dans ses captations photographiques.

4. Réponse libre.

REGARDS CULTURELS

9. PROJETS ARCHITECTURAUX INSOLITES

A. Réponse libre.

B. L'objectif de Pierre Cardin était de prouver que l'on pouvait créer une construction uniquement avec des courbes et donc sans aucun angle. Moshe Safdie a voulu quant à lui créer un nouveau style architectural urbain abritant également des logements familiaux dans un espace réduit. L'objectif derrière la ville 100 % déchets est de sensibiliser le public sur le recyclage des déchets en montrant qu'il est possible de les réutiliser dans une nouvelle construction.
Ces architectures sont insolites d'une part parce qu'elles ont une esthétique qui sort de l'ordinaire : utilisation d'un seul type de ligne (courbe ou droite) ou utilisent des matériaux originaux (les déchets).

C. Réponse libre.

10. L'ARCHITECTURE DANS MA VILLE

A. Réponse libre.

B. Réponse libre.

8 NOUS IRONS VIVRE AILLEURS

DÉCOUVERTE

Premiers regards
- Découvrir les raisons qui poussent une personne à quitter son pays
- Parler des différentes formes d'exil

Premiers textes
- Découvrir des auteurs étrangers d'expression française qui parlent de l'exil
- Enrichir le lexique de l'exil, des migrations

OBSERVATION ET ENTRAÎNEMENT

Grammaire
- Le passé simple
- Les marqueurs temporels : *après que, le jour où, lorsque, depuis que, chaque fois que, avant que...*
- L'expression de la conséquence
- Les connecteurs logiques pour exprimer la cause, le but, l'opposition, la concession (rappel)

Méthodologie
- La synthèse de documents

Lexique
- L'exil, les migrations
- Les profils d'exilés
- Le lexique administratif

Phonétique p. 162
- *in* et *im* au passé simple
- [i] ou [ɛ̃] au passé simple
- Raconter un voyage

REGARDS CULTURELS

Document
- La Galerie des dons du musée de l'Histoire de l'immigration

TÂCHES FINALES

Tâche 1
- Réaliser un témoignage audio pour le musée de l'Histoire de l'immigration

Tâche 2
- Présenter l'histoire des migrations de notre pays

AVANT D'ENTRER DANS L'UNITÉ

Arrêtez-vous en groupe-classe sur l'intitulé de l'unité « Nous irons vivre ailleurs » et sur la photographie qui l'accompagne. Vous pouvez tout d'abord ne dévoiler que l'image et posez les questions suivantes aux apprenants :

- Quels objets sont représentés sur la photographie ? *Une valise et un livre.*
- Que vous évoquent-ils ? *Le voyage, les récits de voyage, les voyages sont instructifs, la littérature est un voyage intérieur...*
- Quel titre donneriez-vous à cette unité ? *Partir à l'aventure, découvrir le monde, c'est se découvrir soi-même, s'ouvrir aux autres...*

Écrivez ensuite au tableau « Nous irons vivre ailleurs » et invitez les apprenants à imaginer où.

DÉCOUVERTE

PREMIERS REGARDS

Objectifs
- Découvrir les raisons qui poussent une personne à quitter son pays
- Parler des différentes formes d'exil

1. OSER LE MONDE

Mise en route
Vous pouvez amener différentes revues de voyage en classe ou tapez « revue sur les voyages » dans un moteur de recherche sur Internet et affichez des couvertures de magazines. Faites identifier la nature des documents et demandez aux apprenants de les décrire (présentation d'un pays, de sa culture, d'un type de voyages/voyageurs, carnets de voyage, recommandations...). Demandez-leur s'ils achètent ce type de magazines et pourquoi. Laissez-les s'exprimer librement.

Déroulement
A. Invitez les apprenants à observer la page d'ouverture du dossier spécial d'une revue consacrée aux voyages et interrogez-les sur ce que leur évoque chaque photographie (la situation et les émotions). Laissez-les s'exprimer librement.

B. Demandez aux apprenants si les photographies répondent bien à la question du dossier « Partir vivre ailleurs, pourquoi ? » et invitez-les à identifier les raisons qui poussent ces personnes à partir en réemployant l'expression du but (de manière à découvrir une nouvelle culture, afin de trouver du travail, pour suivre son conjoint(e), pour des raisons économiques, de façon à découvrir le monde, pour vivre au soleil, pour profiter de sa retraite, pour apprendre une langue étrangère...). En guise de correction, notez les réponses des élèves au tableau en essayant de les regrouper par catégorie.

C. En continuité de l'activité B, demandez aux apprenants s'ils connaissent d'autres raisons qui poussent certaines personnes à s'expatrier (les études, le besoin de liberté ou de changements, pour des raisons médicales [climat], dans le but d'aider des peuples en difficulté...). Au préalable, faites expliquer le terme « s'expatrier » (quitter volontairement son pays). Il s'agit de bien faire la différence entre ce qui est de l'ordre de la démarche volontaire et ce qui est imposé.

D. Faites lire la citation d'Edmond Haraucourt en haut à droite de la page 141. Formez des petits groupes et demandez-leur ce qu'entend l'écrivain par cette phrase « Partir, c'est mourir un peu » et s'ils sont d'accord avec lui. À l'issue des échanges, faites un tour de table pour amener les apprenants à partager leurs points de vue.

Et vous ?
Demandez d'abord aux apprenants s'ils ont déjà vécu à l'étranger et dans quel but. Puis, lancez le sujet de discussion en classe : Seriez-vous prêts à tout quitter pour aller vivre ailleurs ? Pour qui ? Pour quoi ? Qu'est-ce qui vous manquerait le plus ? Où iriez-vous ? Laissez-les apprenants s'exprimer librement.

Inter(culturel)
Vous pouvez inviter les apprenants à commenter les chiffres et données sur l'immigration en France à partir de l'infographie suivante : http://www.france24.com/fr/20170118-immigration-chiffres-infographie-evolution-france-visas-sejour-migrants-interieur.

PREMIERS TEXTES

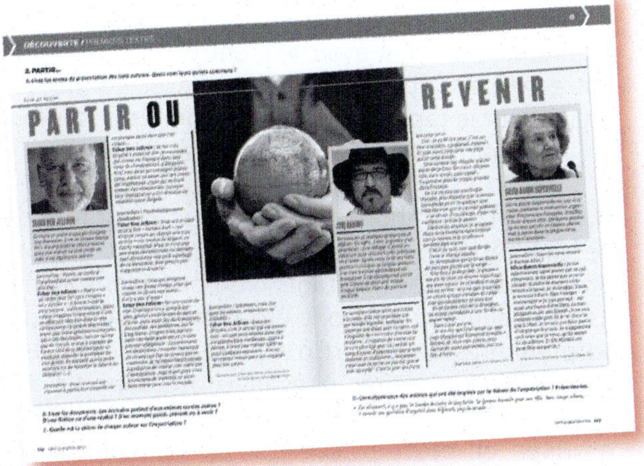
PARTIR OU
REVENIR

Objectifs
- Découvrir des auteurs étrangers d'expression française qui parlent d'exil
- Enrichir le lexique de l'exil, des migrations

2. PARTIR...

Mise en route
En groupe-classe, faites un remue-méninges sur le lexique de l'émigration. Écrivez les termes suivants au tableau et invitez les apprenants à les définir : « un émigré » (une personne qui a quitté son pays pour s'installer dans un autre), « un immigré » (une personne qui est accueillie dans un autre pays qui n'est pas son pays d'origine et qui compte s'y installer), « un réfugié » (une personne qui a quitté son pays d'origine pour éviter un danger), « un exilé » (une personne qui est expulsée ou obligé de vivre hors de sa nation), « un migrant » (une personne qui effectue une migration), « un émigrant » (une personne qui quitte son pays pour aller s'installer dans un autre) et « un immigrant » (qui vient s'installer dans un pays étranger au sien). Faites remarquer que les noms issus du participe présent (immigrant, émigrant) mettent l'accent sur le processus en cours, alors que les noms issus du participe passé (immigré, émigré) mettent l'accent sur son résultat.

Déroulement
A. Demandez aux apprenants de lire individuellement les textes de présentation des trois auteurs en repérant leurs points communs. Faites expliquer les termes suivants : « asile politique » (protection, refuge qu'on peut trouver dans un État étranger), « se mettre à » et « une patrie d'adoption ». Corrigez ensemble.

B. Proposez aux apprenants de lire les documents et de répondre aux trois questions posées. Mettez en commun les réponses. Dans un deuxième temps, faites expliquer les termes suivants : « le non-retour », « la clandestinité » (état d'une personne qui vit en violation des droits), « la villégiature » (séjour à la mer, à la campagne, pendant la belle saison, pour se reposer), « l'arrachement », « une terre d'asile », « un passeur » (personne qui fait clandestinement passer une frontière), « une terre natale », « la non-intégration » et « vivre en marge » (sans s'intégrer à la société, sans se soumettre aux normes).

C. Invitez les apprenants à relire les documents pour identifier la vision de chaque auteur sur l'expatriation. Pour les aider, posez-leur les questions suivantes : Quelles raisons poussent à s'expatrier ? Quels sentiments suscite cet exil ? Quelle est leur conception du retour ? Procédez à la mise en commun des réponses.

D. Expliquez aux apprenants que c'est maintenant à leur tour de présenter des artistes inspirés par le thème de l'expatriation. Précisez-leur qu'ils doivent faire une présentation de l'artiste (brève biographie), de l'œuvre choisie (recueil de poèmes, film, chanson...) et de la vision de l'expatriation qu'elle donne. Vous pouvez donner cette activité à réaliser à la maison pour permettre aux apprenants de faire les recherches préalables nécessaires. Lors du cours suivant, faites-les travailler en petits groupes et proposez-leur de présenter leur artiste respectif. Puis, chaque groupe sélectionne un artiste et en fait une courte présentation à la classe.

Pour aller plus loin

Projetez ou distribuez les trois premières planches du roman graphique silencieux (un album de bande dessinée sans texte) racontant l'histoire de tous les migrants *Là où vont nos pères* de Shuan Tan (http://www.dargaud.com/bd-en-ligne/la-ou-vont-nos-peres-tome-1,3909-c3d26f725abd27d2a058841eae7c0c9a). Interrogez les apprenants sur le thème abordé (l'émigration) et la raison qui pousse le père à émigrer (la famille est pauvre). Proposez aux apprenants de rédiger un texte qui accompagnerait les trois premières planches de la bande dessinée.

OBSERVATION ET ENTRAÎNEMENT

GRAMMAIRE ET LEXIQUE

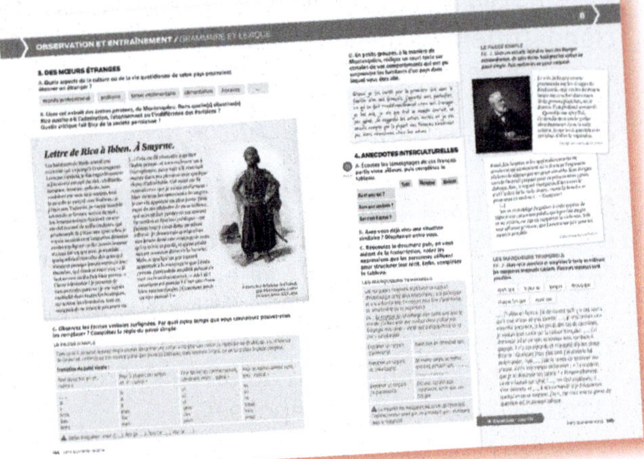

3. DES MŒURS ÉTRANGES

Déroulement

A. Formez des petits groupes et demandez-leur de lister des aspects de leur culture ou de la vie quotidienne de leur pays qui pourraient étonner un étranger. Pour les guider, faites prendre connaissance des étiquettes (« monde professionnel » – « politesse » – « tenue vestimentaire »...). Procédez à une mise en commun des réponses en incitant les apprenants à réagir.

B. Demandez d'abord aux apprenants s'ils connaissent Montesquieu. Si nécessaire, proposez-leur de faire des recherches sur Internet (écrivain français des Lumières, siégeait à l'Académie française, il publie *Les Lettres persanes* de manière anonyme, il s'agit d'un roman épistolaire...). Invitez-les ensuite à lire l'extrait des *Lettres persanes* individuellement et à dire de quoi il parle (les réactions des Parisiens face à un Perse : curiosité et indifférence). Levez les difficultés lexicales : « l'extravagance » (comportement qui choque ou qui surprend par son caractère singulier), « des lorgnettes » (paire de lunettes avec une poignée), « se résoudre à », « endosser » (mettre sur son dos), « un ornement », « le néant », « un bourdonnement » (bruit sourd, murmure de voix humaines). Amenez ensuite les apprenants à repérer dans quelle(s) situation(s) Rica suscite l'admiration, l'étonnement ou l'indifférence des Parisiens et quelle critique il fait de la société parisienne. Formez des binômes pour comparer les réponses. Puis, procédez à une mise en commun des réponses au sein du groupe-classe.

C. Demandez au groupe-classe de retrouver l'infinitif des verbes surlignés en jaune dans le texte en s'aidant du contexte (« arriver, « être, « faire », « voir », « avoir », « entrer ») et par quel autre temps ils pourraient les remplacer. Complétez finalement le tableau sur le passé simple ensemble en y faisant reporter les occurrences du texte.

D. Précisez aux apprenants que c'est à leur tour de décrire certains de leurs comportements qui ont pu surprendre les habitants d'un pays dans lequel ils sont allés ou s'ils ont été témoins de mœurs surprenantes de la part d'expatriés. Si nécessaire, invitez-les à inventer une anecdote à partir des réponses fournies à l'activité A. Formez des petits groupes et précisez-leur qu'« à la manière de Montesquieu » implique le réemploi du passé simple. En guise de correction, invitez chaque groupe à lire son texte à la classe et les autres à faire des commentaires.

Pour aller plus loin

En classe, les apprenants peuvent réaliser l'exercice 1 page 145 avant l'activité D.

Les apprenants pourront s'exercer en autonomie en effectuant les exercices 1 et 2 page 199.

4. ANECDOTES INTERCULTURELLES

Mise en route

Écrivez l'expression « faire un faux pas » au tableau et demandez aux apprenants ce qu'elle signifie (faire une faute, commettre une maladresse, un impair qui nous met dans une situation embarrassante). Demandez-leur ensuite quelles situations peuvent conduire à faire un faux pas quand on voyage (par ignorance d'une coutume ou des mœurs d'un pays, par manque d'empathie, par étourderie...). Laissez les apprenants discuter librement au sein du groupe-classe.

Déroulement

PISTE 17

A. Annoncez aux apprenants qu'ils vont écouter des témoignages de Français partis vivre ailleurs. Lors de la première écoute, demandez-leur de repérer le point commun entre les anecdotes évoquées (les témoins n'étaient pas au courant d'un aspect culturel du pays), puis de compléter le tableau avec les informations qu'ils ont entendues. Formez des binômes pour comparer les réponses.

B. Faites travailler les apprenants par petits groupes. Demandez aux apprenants s'ils ont vécu des situations similaires et ce qu'ils ont éprouvé (gêne, honte, surprise...). Selon le profil du groupe, il est possible d'élargir le thème de la discussion en leur demandant s'ils ont déjà commis un impair par maladresse ou manque d'attention (ne pas porter la tenue vestimentaire adéquate à un événement, s'asseoir avant d'y avoir été invité...). Proposez à chaque groupe de choisir la situation la plus cocasse présentée par ses membres et de l'expliquer au reste de la classe.

STE 17 **C.** Avant de faire réécouter le document audio, invitez les apprenants à prendre connaissance du tableau sur les marqueurs temporels. Lors de la deuxième écoute, amenez-les à relever les expressions que les personnes qui témoignent utilisent pour structurer leur récit et à les reporter dans le tableau. Pour compléter leurs réponses, faites lire les transcriptions pages 225-226. Corrigez ensemble. Levez les difficultés lexicales si nécessaire : « s'écarter », « s'éterniser » (durer trop longtemps), « entamer » (commencer) et « instaurer » (mettre en place, fonder).

Pour aller plus loin

En classe, les apprenants peuvent réaliser l'exercice 2 page 145 avant l'activité C.

Les apprenants pourront s'exercer en autonomie en effectuant les exercices 3 et 4 page 200.

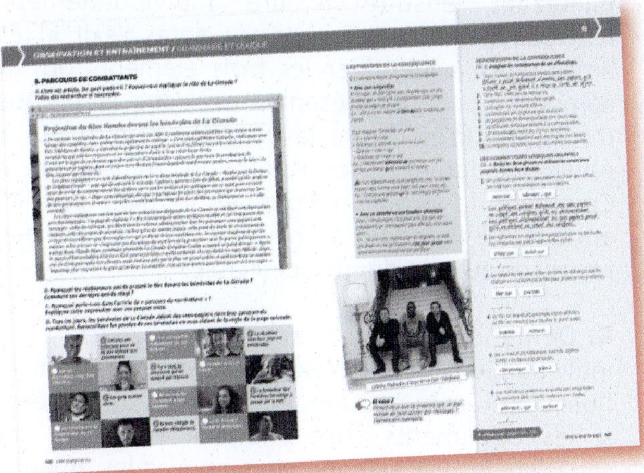

5. PARCOURS DE COMBATTANTS

Mise en route

Faites visionner la bande-annonce du film d'Olivier Nakache et d'Éric Tolédano *Samba* (http://www.allocine.fr/video/player_gen_cmedia=19547620&cfilm=224453.html) et invitez les apprenants à identifier le thème (le travail des illégaux, les sans-papiers) et le genre du film (une comédie romantique). Il est possible d'interroger les apprenants sur l'identité des acteurs (Omar Sy, Charlotte Gainsbourg, Tahar Rahim).

Déroulement

A. Invitez les apprenants à lire l'article « Projection du film *Samba* devant les bénévoles de La Cimade » et à dire de quoi il parle (objectif du film *Samba* et sa réception par les bénévoles de La Cimade). Faites expliquer les termes suivants : « un demandeur d'asile », « le ronronnement des chiffres » (la monotonie des chiffres), « déshumaniser », « un gage » (une preuve), « un centre de rétention » (centre où sont retenus les étrangers auxquels l'administration ne reconnaît pas le droit de séjourner sur le territoire français et a décidé de procéder à leur éloignement forcé), « clivant » (qui divise profondément l'opinion). Puis, interrogez-les sur le travail effectué par La Cimade et invitez-les à faire des recherches sur Internet sur cette association (http://www.lacimade.org/). Procédez à une mise en commun des informations collectées (elle existe depuis plus de 70 ans, elle a pour but de manifester une solidarité active avec les personnes opprimées et exploitées, 2 000 bénévoles...).

B. Poursuivez l'étude du texte en demandant aux apprenants quel était l'objectif de la projection du film devant les bénévoles de La Cimade et comment ces derniers ont réagi. Procédez à une mise en commun des réponses au sein du groupe-classe.

C. Formez des binômes et invitez-les à expliquer l'expression « parcours du combattant » avec leurs propres mots. Mettez en commun les propositions pour aboutir à une explication commune. Vous pouvez également les inviter à faire des recherches sur l'origine de l'expression (entraînement des soldats consistant à une succession d'obstacles à franchir).

D. Proposez aux apprenants de prendre connaissance du tableau sur l'expression de la conséquence. Assurez-vous que toutes les explications grammaticales sont bien comprises. Puis formez des binômes et demandez-leur de reconstituer les paroles des bénévoles. Corrigez avec l'ensemble du groupe.

Et vous ?

Faites travailler les apprenants en petits groupes et lancez la discussion : Pensez-vous que la comédie soit un bon moyen de faire passer des messages ? Vous pouvez guider la réflexion à l'aide des questions suivantes : Le genre de la comédie diminue-t-il l'impact d'un sujet traité ? Permet-il de toucher un plus large public ? Rend-il supportables certaines critiques envers la société ? Dénature-t-il le propos ? Que peut-on parfois reprocher à une comédie ? (Traitement léger du sujet, stéréotypes des sans-papiers, des personnages en général, fin peu réaliste, sujet édulcoré...). Demandez aux apprenants d'illustrer leur point de vue à l'aide d'exemples concrets et/ou personnels. Incitez-les à réemployer l'expression de la conséquence.

Pour aller plus loin

En classe, les apprenants peuvent réaliser les exercices 1 et 2 page 147 avant l'activité D.

Les apprenants pourront s'exercer en autonomie en effectuant les exercices pages 200-201.

MÉTHODOLOGIE

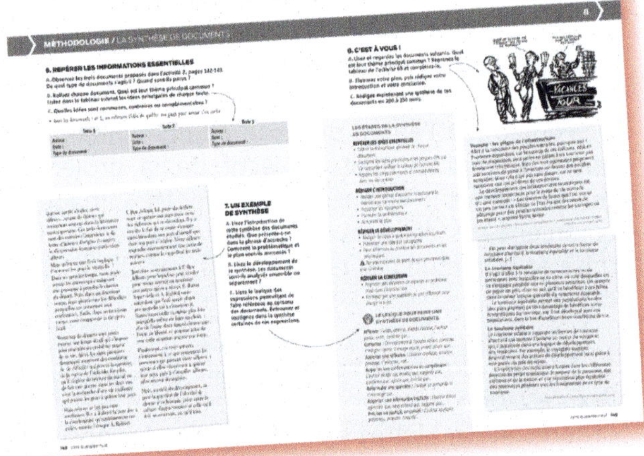

6. REPÉRER LES INFORMATIONS ESSENTIELLES

Mise en route
Questionnez les apprenants sur le sens du mot « synthèse » (fait de réunir en un tout cohérent, structuré et homogène divers éléments concernant un domaine particulier) et demandez-leur s'ils ont déjà rédigé une synthèse de documents et dans quel cadre (concours territoriaux, diplômes de fin d'études secondaires, examen en études de lettres ou en journalisme...). Le cas échéant, invitez le groupe-classe à énumérer des recommandations pour sa rédaction (présenter les documents, repérer les idées communes et contradictoires dans les documents, ne pas recopier des extraits des documents...). Vous pouvez également leur demander quelle(s) étape(s) de la synthèse de documents ils trouvent difficiles (l'identification des idées communes, la reformulation des points de vue...). Laissez-les intervenir librement au sein du groupe-classe.

Déroulement
A. Demandez aux apprenants d'observer les trois documents proposés à l'activité 2 pages 142-143 et d'identifier leur nature et leur date de parution. Corrigez ensemble. Faites reporter les informations recueillies dans le tableau sous l'activité C page 148.

B. Proposez une relecture individuelle des documents pages 142-143 afin de relever le thème commun et les idées principales développées dans chacun. Notez-les au tableau. Pour les aider, suggérez-leur de consulter le tableau de l'activité 2 C. Formez des binômes pour comparer les réponses. Procédez à une mise en commun des réponses au sein du groupe-classe.

C. À présent, proposez aux apprenants de regrouper les idées principales de chaque document selon qu'elles sont communes, contradictoires ou complémentaires. Procédez à une mise en commun des réponses au sein du groupe-classe.

7. UN EXEMPLE DE SYNTHÈSE !

Déroulement
A. Faites observer l'exemple de synthèse pour que les apprenants repèrent sa structure (introduction, développement en trois paragraphes et conclusion). Invitez-les ensuite à lire individuellement l'introduction (jusqu'à « la vie après l'exil ») et amenez-les à identifier les trois éléments qui la composent : Que présente-t-on dans la phrase d'accroche (c'est-à-dire la première phrase qui a pour fonction d'attirer l'attention du lecteur) ? Comment la problématique et le plan sont-ils annoncés ? Procédez à une mise en commun des réponses au sein du groupe-classe.

B. Demandez aux apprenants de lire individuellement le développement de la synthèse (jusqu'à « comme une force ») et de repérer si les documents sont analysés ensemble ou séparément. Par ailleurs, vous pouvez les amener à remarquer que l'auteur de la synthèse n'exprime jamais son point de vue personnel, mais qu'il reformule les propos des auteurs des documents, et que chaque paragraphe développe une idée. Puis, proposez aux apprenants de lire la conclusion et de repérer les éléments qui la composent (réponse aux questions de la problématique suivie d'un élargissement du sujet). Finalement, faites prendre connaissance du tableau de la page 149 sur les étapes de la synthèse de documents.

C. Après avoir fait expliquer les verbes *s'insurger contre* et *sous-entendre* (faire comprendre de façon indirecte, de manière implicite, ce qu'on veut dire) dans la liste du lexique pour faire une synthèse de documents, invitez les apprenants à souligner les expressions employées dans l'exemple de synthèse. Corrigez ensemble. Il est également possible de faire repérer les connecteurs logiques *(mais, ainsi, en effet, toutefois, même si)* et chronologiques *(dans un premier temps, puis, enfin, ensuite, finalement)*. Insistez sur leur importance pour articuler correctement les idées émises par les auteurs des documents et ainsi structurer la synthèse de documents.

Pour aller plus loin

Étant donné que le temps alloué pour la rédaction d'une synthèse de documents est limité, vous pouvez inviter les apprenants à mutualiser leurs techniques de lecture rapide (s'entraîner à repérer les mots-clés d'une phrase, développer la vue périphérique, utiliser son doigt comme guide visuel et rythmique, ne jamais revenir en arrière pour relire une phrase...).

8. C'EST À VOUS !

Mise en route
Demandez aux apprenants ce qu'est l'ethnotourisme (tourisme dans des tribus). Pour les aider à découvrir sa signification, invitez-les à découper ce mot-valise (une ethnie + le tourisme). Ensuite, demandez-leur s'ils aimeraient pratiquer cette forme de tourisme et pourquoi. Sur Internet, vous pourrez facilement trouver et montrer aux apprenants des exemples de voyages ethnologiques, chez les Masaï par exemple.

Déroulement
A. Annoncez aux apprenants que c'est à leur tour de rédiger une synthèse de documents. Faites prendre connaissance des trois documents et demandez-leur d'identifier le thème commun (l'ethnotourisme). Formez des binômes et invitez-les à suivre la même démarche que précédemment (identification des types de document, date de parution, idées principales, idées communes, contraires ou complémentaires). Proposez-leur d'organiser leur analyse dans un tableau similaire à celui de l'activité 6 B. Mettez en commun les réponses.

B. Gardez les mêmes binômes et demandez-leur d'élaborer le plan de leur synthèse. Rappelez que l'introduction est en trois parties, que chaque paragraphe du développement présente une idée et que la conclusion est composée de deux parties. Passez dans les groupes pour valider les plans. Puis, faites rédiger l'introduction et la conclusion. Rappelez aux apprenants que la conclusion doit répondre à la problématique énoncée dans l'introduction.

C. Proposez aux apprenants de rédiger le développement. La rédaction de la synthèse peut être faite individuellement à la maison. Lors du cours suivant, invitez les apprenants à échanger leur production avec leur voisin(e). Chaque apprenant doit vérifier si les étapes de la synthèse de documents ont bien été respectées. En guise de correction, demandez à quelques apprenants de lire leur production à la classe. Pour une correction plus personnalisée, ramassez les écrits.

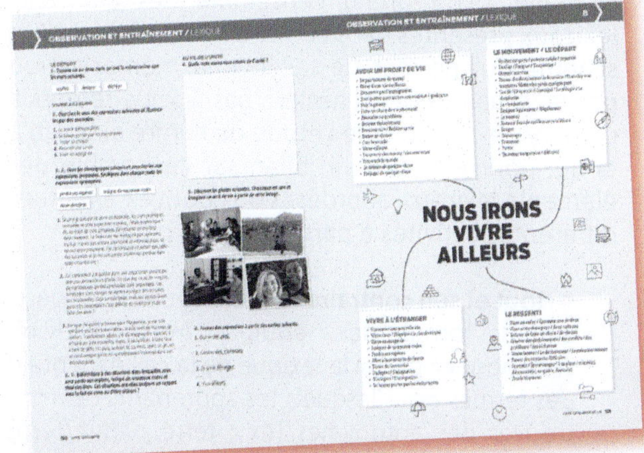

LEXIQUE

La plupart des exercices de cette page peuvent être réalisés en classe : ce sont des activités complémentaires pour travailler plus spécifiquement l'expression orale.

Exercice 2
Demandez tout d'abord à l'ensemble de la classe de chercher le sens des cinq expressions. Puis, formez des binômes et invitez-les à illustrer chacune d'elles par des exemples. Procédez à la mise en commun des propositions en demandant aux apprenants de jouer la situation plutôt que de la raconter.

Exercice 3 B
En continuité de l'activité 3 A, proposez aux apprenants de réfléchir individuellement à des situations dans lesquelles ils ont perdu leurs repères, intégré de nouveaux codes et tissé des liens. Faites-les ensuite travailler en petits groupes pour qu'ils se racontent leurs expériences. À l'issue des échanges, demandez à quelques apprenants de partager une expérience avec la classe. Finalement, demandez au groupe-classe si ces situations ont

toujours un rapport avec le fait de vivre ou d'être ailleurs, dans un milieu moins familier (nouveau poste, changement d'établissement scolaire, réorientation professionnelle...). Laissez les apprenants s'exprimer librement.

Exercice 4

Formez des binômes et amenez-les à lister les mots qu'ils souhaitent retenir. Vous pouvez leur proposer de présenter leur sélection en créant un nuage de mots à l'aide de logiciels comme Wordle ou Tagxedo. Corrigez ensemble. Assurez-vous que tous les termes choisis sont compris en demandant aux apprenants de les expliquer.

Carte mentale

La page 151 reprend l'ensemble des éléments lexicaux présentés dans l'unité 8 sous la forme d'un schéma qui permet de faciliter la mémorisation par la visualisation. N'hésitez pas à vous référer à cette page au cours de l'étude de l'unité ainsi qu'à la fin, pour effectuer un bilan sur l'ensemble des éléments lexicaux abordés. Vous pouvez effectuer différentes activités à partir de cette page :

- **Tout et son contraire :** Divisez la classe en deux afin de former deux équipes. Avant l'activité, sélectionnez parmi le lexique de la carte mentale des termes pour lesquels les apprenants devront trouver des antonymes (ex : terre natale/terre d'asile, légal/illégal, un retour définitif/un retour temporaire, vivre en marge/s'intégrer...) et d'autres pour lesquels ils devront proposer des synonymes (s'intégrer/s'adapter, déboussolé/perdu, le déchirement/l'arrachement, la clandestinité/l'illégalité). Reportez ces mots sur des petits morceaux de papiers de deux couleurs différentes (synonyme ou antonyme). À tour de rôle, un des membres de l'équipe doit faire deviner le plus de termes à son équipe. À la fin du tour, comptez les points pour découvrir quel groupe a retrouvé le plus de mots.
- **Définitions express :** Voir unité 2 page 35.

REGARDS CULTURELS

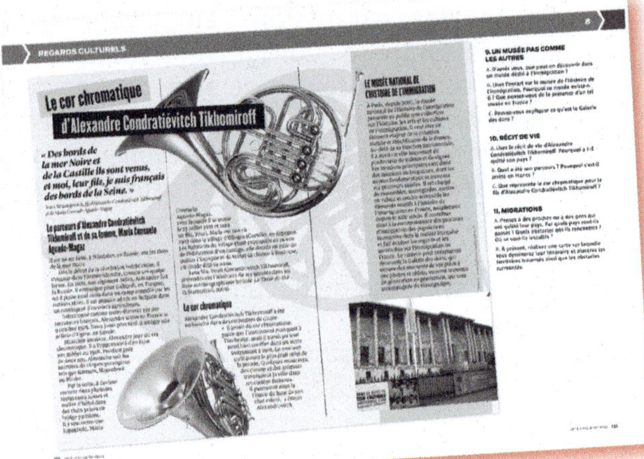
REGARDS CULTURELS

Le cor chromatique d'Alexandre Condratiévitch Tikhomiroff

« Des bords de la mer Noire et de la Castille ils sont venus, et moi, leur fils, je suis français des bords de la Seine. »

9. UN MUSÉE PAS COMME LES AUTRES

Mise en route

Faites visionner cette vidéo présentant le concept de la mémoire collective (https://www.youtube.com/watch?v=kpgOeizmB58) et posez les questions suivantes aux apprenants :

- Qu'est-ce que la mémoire collective ? *C'est la mémoire d'une somme d'individus, les représentations qu'un groupe partage de son passé.*
- Que permet la mémoire collective ? *Elle permet à l'individu de se forger sa propre identité.*
- La mémoire collective est-elle figée ? *Non, elle est intimement liée à nos sociétés, à ses évolutions et à ses bouleversements.*
- Quelles formes la mémoire collective peut-elle prendre ? *Les musées, l'enseignement, les livres, les mémoriaux, les médias, les commémorations...*

Demandez aux apprenants si la mémoire de l'immigration est importante et pourquoi (valoriser l'identité plurielle de la population, tisser du lien social, croiser l'histoire nationale et l'histoire des communautés pour fonder un cadre historique partagé, laisser une trace humaine là où le territoire se transforme...). Laissez les apprenants s'exprimer librement au sein du groupe-classe.

Déroulement

A. Questionnez les apprenants sur la forme que peut prendre la mémoire de l'immigration (documentaire, récit de vie, sculpture/art urbain, exposition...) et celle qui leur semble la plus appropriée à marquer les esprits. Demandez-leur ensuite s'ils pensent qu'un musée est un lieu opportun pour parler d'immigration et ce que l'on peut y découvrir. Laissez-les s'exprimer librement au sein du groupe-classe.

B. Proposez aux apprenants de lire la présentation du musée national de l'Histoire de l'immigration page 153 et de repérer quels sont ses fonctions et ses objectifs. Corrigez ensemble. Invitez les apprenants à expliquer pourquoi un tel musée existe en France. Si nécessaire, amenez-les à se reporter aux infographies commentées à la séquence 1 et à effectuer de plus amples recherches sur l'immigration en France. Vous pouvez aussi distribuer le document suivant : il s'agit de la présentation d'un débat sur l'immigration maghrébine en France au musée national de l'Histoire de l'immigration qui résume de manière claire et concise le sujet (http://www.histoire-immigration.fr/agenda/2017-01/l-immigration-maghrebine-en-France). Laissez-les s'exprimer librement au sein du groupe-classe.

C. Demandez au groupe-classe d'expliquer ce qu'est la Galerie des dons et invitez-les à émettre des hypothèses sur les objets exposés. Projetez quelques exemples d'objets de la Galerie des dons (http://www.histoire-immigration.fr/agenda/2016-03/la-galerie-des-dons). Puis, pour les préparer à la tâche 1 page 154, invitez-les à imaginer l'importance de ces objets dans le parcours de leur propriétaire. Laissez-les échanger librement au sein du groupe-classe.

10. RÉCITS DE VIE

Mise en route

En continuité de la séquence 9, écrivez « cor chromatique » au tableau. Invitez les apprenants à observer la photographie de cet instrument page 152 et à le décrire (instrument à vent de la famille des cuivres). Précisez que cet instrument est exposé dans la Galerie des dons du musée national de l'Histoire de l'immigration. Formez des petits groupes et amenez-les à émettre des hypothèses sur l'histoire de son propriétaire. Lors de la mise en commun, chaque groupe présente son hypothèse au reste de la classe. Incitez-les à réemployer le passé simple.

Déroulement

A. Avant d'aborder la lecture du récit de vie d'Alexandre Condratiévitch Tikhomiroff, demandez aux apprenants ce qu'ils connaissent à propos de la révolution russe de 1917, de l'Armée blanche et de l'Armée rouge (février 1917 : chute du tsar Nicolas II, prise du pouvoir par les bolcheviks et installation de la République socialiste soviétique fédérative de Russie ; après la révolution d'Octobre 1917, l'Armée blanche (armée russe luttant contre le nouveau pouvoir) se bat contre l'Armée rouge, composée d'ouvriers et de paysans soutenant les bolcheviks). Si nécessaire, proposez-leur de faire des recherches sur Internet sur cette période. Faites ensuite lire individuellement le récit de vie d'Alexandre Condratiévitch Tikhomiroff et demandez-leur pourquoi il a quitté son pays. Procédez à une mise en commun des réponses au sein du groupe-classe.

B. Après une deuxième lecture, demandez aux apprenants de retracer le parcours d'Alexandre Condratiévitch Tikhomiroff et de donner les raisons de son installation en France. Procédez à une mise en commun des réponses au sein du groupe-classe.

C. Demandez aux apprenants ce que représente le cor chromatique pour le fils d'Alexandre Condratiévitch Tikhomiroff. Laissez-les s'exprimer librement au sein du groupe-classe en encourageant les interactions.

11. MIGRATIONS

Déroulement

A. Invitez les apprenants à réfléchir à des proches ou à des gens qui ont quitté leur pays : Par quels pays sont-ils passés ? Quels obstacles ont-ils rencontrés ? Où se sont-ils installés ? Donnez cette activité à faire à la maison. Demandez aux apprenants de faire des recherches sur Internet pour répondre à ces questions. Procédez à une mise en commun des réponses lors du cours suivant.

B. À partir des renseignements récoltés, invitez les apprenants à réaliser une carte géographique sur laquelle ils tracent l'itinéraire de ces personnes et placent les territoires traversés et les obstacles surmontés. Lors du cours suivant, affichez les cartes au tableau. En guise de correction, demandez à quelques apprenants de raconter le parcours de la personne dont ils ont tracé l'itinéraire et le reste de la classe doit deviner à quelle carte il correspond.

TÂCHES FINALES

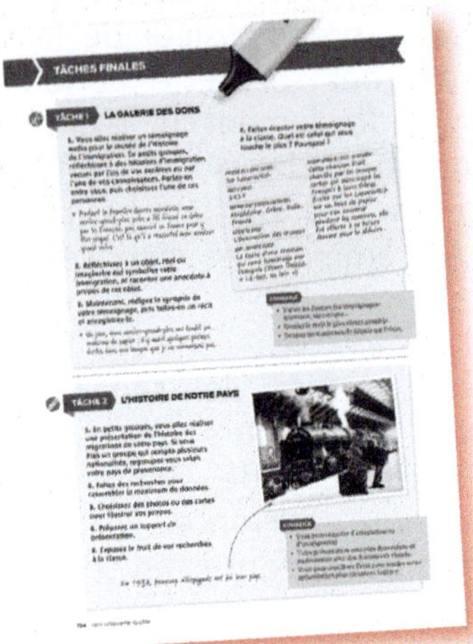

Tâche 1 : La galerie des dons

Cette tâche étant à dominante orale, invitez les apprenants à parler et à intervenir le plus possible.

1. Annoncez aux apprenants qu'ils vont réaliser un témoignage audio pour le musée de l'Histoire de l'immigration. Formez des groupes de trois ou quatre apprenants et invitez-les à réfléchir à des histoires d'immigration vécues par l'un de leurs ancêtres ou par l'une de leurs connaissances. Dans chaque groupe, les apprenants choisissent ensemble la personne dont ils souhaitent recueillir le témoignage.

2. Proposez aux apprenants de réfléchir à un objet, réel ou imaginaire, qui symbolise cette immigration. Proposez-leur de le décrire et de raconter une anecdote en lien avec cet objet. Pour organiser leurs idées, faites compléter une fiche comme celle proposée.

3. À présent, demandez aux apprenants de rédiger le synopsis, un court résumé, de leur témoignage. Incitez les apprenants à varier la forme de leur récit (interview, monologue...) et à employer le passé simple. Puis invitez-les à désigner une personne dans chaque groupe pour être le témoin et à l'enregistrer.

4. Proposez à chaque groupe de faire écouter son témoignage à la classe. À la fin des présentations, demandez aux apprenants celui qui les a le plus touchés et pourquoi. Laissez-les en discuter librement.

Tâche 2 : L'histoire de notre pays

Cette tâche étant à dominante écrite, attirez l'attention des apprenants sur les formes spécifiques à l'écrit étudiées dans cette unité.

1. Annoncez aux apprenants qu'ils vont réaliser une présentation de l'histoire des migrations de leur pays. Formez des petits groupes. Dans le cas d'une classe comptant plusieurs nationalités, regroupez les apprenants selon leur pays d'origine. Précisez qu'ils peuvent parler d'émigration (ressortissant de leur pays parti vivre ailleurs) ou d'immigration (personne venue s'installer dans leur pays).

2. Proposez aux apprenants de faire des recherches sur Internet afin de recueillir le maximum d'informations sur l'histoire des migrations de leur pays (histoire, flux migratoire, raisons qui poussent à migrer, pays de prédilection...).

3. Invitez les apprenants à choisir des photographies, des cartes, des lettres... pour illustrer leurs propos et pour rendre leur présentation plus dynamique et intéressante.

4. Demandez aux apprenants de choisir un support pour leur présentation (Prezi, carte mentale, PowerPoint...) et de le préparer.

5. Invitez chaque groupe à faire sa présentation devant la classe et les autres apprenants à poser des questions. L'enseignant pourrait décider d'organiser une exposition dans l'école.

DÉCOUVERTE

PREMIERS REGARDS

1. OSER LE MONDE

A. Les photographies évoquent différents aspects liés à la vie à l'étranger : la notion d'aventure (la jeune fille avec le sac à dos), de détente (le hamac), la dimension administrative (le passeport), les relations interculturelles (les employés en costume qui discutent/ le couple qui se tient dans les bras), mais également l'exil subi, la fuite de son pays (le bateau transportant des immigrés).

B. Elles semblent répondre à la question du dossier car elles mettent en avant les différentes motivations pour vivre ailleurs : le travail, la vie amoureuse, le goût pour l'aventure, l'envie d'exotisme et la quête d'une vie meilleure.

C. *Suggestion de réponses :*
- Faire des études.
- Rejoindre des membres de sa famille.
- Passer sa retraite dans un coin tranquille.

D. Lorsqu'on quitte son pays, on abandonne une partie de soi car on quitte des membres de sa famille, des amis. Partir, c'est également laisser derrière soi un mode de vie auquel on est habitué. Bien que l'on retrouve une nouvelle vie dans le pays d'accueil, la vie que l'on a été contraint de laisser derrière soi nous manque parfois.

PREMIERS TEXTES

2. PARTIR...

A. Les trois auteurs sont des personnes d'origine étrangère qui ont immigré en France. Ils ont tous les trois écrit des livres en français, la langue de leur pays d'adoption.

B. Atiq Rahimi et Silvia Supervielle parlent de leurs sentiments face à l'immigration dans un pays étranger.
- Tahar Ben Jelloun parle des autres en décrivant une situation réelle et actuelle. Il offre une analyse de la situation dans son pays natal, le Maroc. Il explique les causes et les conséquences du phénomène d'immigration.
- Atiq Rahimi parle de lui-même et des autres et établit un parallèle avec une histoire fictive de réfugiés palestiniens.
- Silvia Baron Supervielle parle de sa situation personnelle (donc réelle) à l'heure actuelle. Elle décrit son sentiment d'être étrangère partout où elle se trouve.

C. Tahar Ben Jelloun associe l'expatriation à l'idée de détermination et la notion de non-retour. Il voit l'immigration comme une décision, qui, une fois prise, pousse les gens à aller jusqu'au bout.
Atiq Rahimi perçoit l'exil comme une feuille blanche : cet acte nous pousse à commencer, à « écrire » une nouvelle vie. Silvia Baron Supervielle analyse les effets de l'expatriation sur l'identité personnelle : cette situation condamne les gens à devenir des étrangers où qu'ils se trouvent ; l'intégration dans un pays devient alors impossible.

D. Réponse libre.

OBSERVATION ET ENTRAÎNEMENT

GRAMMAIRE ET LEXIQUE

3. DES MŒURS ÉTRANGES

A. Réponse libre.

B. Rica suscite de l'étonnement lorsqu'il se promène dans les lieux publics, vêtu de son costume persan traditionnel (dans la rue, dans les salles de spectacle). Cet étonnement se transforme en admiration, au point que son portrait est diffusé dans toute la ville. Lorsqu'il quitte son costume traditionnel, il passe au contraire inaperçu et souffre de l'indifférence des Parisiens.
Dans cet extrait, il critique le fait que les Parisiens sont excessivement curieux (« une curiosité qui va jusqu'à l'extravagance ») et prennent uniquement en considération la tenue vestimentaire. Les gens ne s'intéressent qu'à l'aspect physique de Rica et non à sa personnalité.

C. Les formes verbales surlignées dans le texte peuvent être remplacées par le passé composé.

LE PASSÉ SIMPLE

Dans un récit au passé, le passé simple permet d'exprimer une action accomplie sans notion de répétition ou d'habitude, à la différence de l'imparfait. Ce temps est très souvent utilisé dans les récits littéraires, mais rarement à l'oral car on lui préfère le passé composé.

Formation du passé simple :

Pour les verbes en *-er* : radical +	Pour les verbes en *-ir* : radical +	Pour les verbes comme *recevoir, apercevoir, croire* : radical +	Pour les verbes comme *venir, tenir* : radical +
ai	is	us	ins
as	is	us	ins
a	it	ut	int
âmes	îmes	ûmes	înmes
âtes	îtes	ûtes	întes
èrent	irent	urent	inrent

⚠ Verbes irréguliers : *avoir* (j'***eus***), *être* (je ***fus***), *faire* (je ***fis***), *voir* (je ***vis***)

D. Réponse libre.

4. ANECDOTES INTERCULTURELLES

A.

	YANN	FILOMÈNE	JÉRÉMIE
Où et avec qui ?	Au Japon avec les responsables d'une grande entreprise.	En Ukraine avec le propriétaire d'un appartement.	Au Burkina Faso avec des interlocuteurs burkinabés.
Dans quel contexte ?	Lors d'une présentation orale professionnelle.	Lors de la visite de l'appartement.	Lors de la signature d'un contrat.
Que s'est-il passé ?	Il n'a pas respecté le rituel lié à l'échange de cartes de visite.	Elle a souhaité serrer la main au propriétaire, ne sachant pas que cela portait malheur de saluer quelqu'un sur le pas de la porte.	Il ne comprend pas pourquoi son interlocuteur lui pose autant de questions personnelles et réalise ensuite que cette étape est nécessaire avant la signature d'un contrat.

B. Réponse libre.

C.

LES MARQUEURS TEMPORELS

Les marqueurs temporels établissent un rapport chronologique entre deux propositions : une principale et une subordonnée. Ce rapport peut être d'antériorité, de simultanéité ou de postériorité.
Ex. : Au moment où j'ai échangé mes cartes avec tout le monde, j'ai bien senti que quelque chose n'allait pas.
Échanger mes cartes – sentir que quelque chose ne va pas = simultanéité

Exprimer un rapport d'antériorité	*Avant que, en attendant que,* depuis que
Exprimer un rapport de simultanéité	*En même temps que, au même moment, pendant que,* au moment où, au fur et à mesure, lorsque, le jour où, quand, chaque fois que
Exprimer un rapport de postériorité	*Dès que, aussitôt que, auparavant, après que, une fois que*

La majorité des marqueurs sont suivis de l'indicatif. Certains comme *avant que, en attendant que...* s'utilisent avec le subjonctif.

EX. 1.

Le soir, je fis une courte promenade sur les rivages de Reykjavik, et je revins de bonne heure me coucher dans mon lit de grosses planches, où je dormis d'un profond sommeil.

➡ Le soir, j'ai fait une courte promenade sur les rivages de Reykjavik, et je suis revenu de bonne heure me coucher dans mon lit de grosses planches, où j'ai dormi d'un profond sommeil.

Quand je me réveillai, j'entendis mon oncle parler abondamment dans la salle voisine. Je me levai aussitôt et je me hâtai d'aller le rejoindre.

➡ Quand je me suis réveillé, j'ai entendu mon oncle parler abondamment dans la salle voisine. Je me suis levé aussitôt et je me suis hâté d'aller le rejoindre.

Aussi, les hourras et les applaudissements ne cessèrent qu'au moment où le docteur Fergusson réclama le silence par un geste aimable. Il se dirigea vers le fauteuil préparé pour sa présentation ; puis, debout, fixe, le regard énergique, il leva vers le ciel l'index de sa main droite, ouvrit la bouche et prononça ce seul mot :
– Excelsior ! [...]

➡ Aussi, les hourras et les applaudissements n'ont cessé qu'au moment où le docteur Fergusson a réclamé le silence par un geste aimable. Il s'est dirigé vers le fauteuil préparé pour sa présentation ; puis, debout, fixe, le regard énergique, il a levé vers le ciel l'index de sa main droite, a ouvert la bouche et a prononcé ce seul mot : - Excelsior !
[...]

Joe se crut obligé de goûter à cette espèce de bière forte ; mais son palais, quoique fait au gin et au whisky, ne put en supporter la violence. Il fit une affreuse grimace, que l'assistance prit pour un sourire aimable.

➡ Joe s'est cru obligé de goûter à cette espèce de bière forte ; mais son palais, quoique fait au gin et au whisky, n'a pas pu en supporter la violence. Il a fait une affreuse grimace, que l'assistance a prise pour un sourire aimable.

EX. 2.

Depuis que j'habite en France, j'ai découvert qu'il y a des sujets qu'il vaut mieux ne pas aborder. **Chaque fois que** je rencontrais une nouvelle personne, je lui posais des tas de questions, je voulais tout savoir sur la culture française. **Le jour où** j'ai demandé à l'un de mes nouveaux amis combien il gagnait, il n'a pas répondu et m'a parlé d'autre chose. Bizarre ! Quelques jours plus tard, j'ai voulu lui redemander, mais **avant que** j'aie le temps de terminer ma phrase, il m'a interrompu sèchement : « Tu voudrais que je te demande ton salaire ? » Personnellement, ça ne m'aurait pas gêné ! **Après qu**'on s'est expliqués, il s'est détendu, et **lorsqu**'il m'a demandé si je fréquentais quelqu'un en ce moment, j'ai ri, car chez moi ce genre de question est totalement tabou.

5. PARCOURS DE COMBATTANTS

A. Cet article parle de la projection d'un film (*Samba*), tiré d'un roman écrit par une bénévole de La Cimade qui retrace le parcours difficile de sans-papiers.
La Cimade est une association qui aide les migrants, les réfugiés et les demandeurs d'asile. Elle les soutient et les accompagne dans leurs démarches administratives et juridiques (droit au séjour, droit d'asile, expulsion). L'association compte également deux centres d'hébergement qui permettent d'accueillir temporairement les personnes en situation irrégulière.

B. Le film a été projeté devant les bénévoles de La Cimade car ils ont participé au tournage du film. Par ailleurs, les situations présentées dans le film reflètent les actions qu'ils mènent au quotidien. Ceux-ci ont réagi positivement au film car ils pensent que le long-métrage reflète de manière très juste ce que vivent les demandeurs d'asile. Le secrétaire général de La Cimade a aimé le réalisme du film mais regrette néanmoins que les auteurs et les acteurs ne reprennent pas le thème de manière plus politique, afin de faire passer un message. Delphine Coulin, auteure du roman, pense au contraire que la dimension grand public du film permettra de toucher un grand nombre de personnes.

C. L'article parle de « parcours du combattant » pour décrire la vie des demandeurs d'asile car ceux-ci sont confrontés à de nombreux problèmes en France : démarches administratives complexes et parfois humiliantes, problèmes avec la justice, exploitation... Les personnes réfugiées doivent se battre quotidiennement afin de pouvoir espérer s'intégrer dans la société française.

D.

1. Certains ont tellement peur de ne pas obtenir leur convocation **qu'ils dorment devant la préfecture.**
2. La situation dans leur pays est intolérable, **au point qu'**ils le fuient.
3. Il y a tant de personnes qui ne parlent pas français, **que les associations sont très sollicitées.**
4. Les gens veulent vivre, **c'est pourquoi ils embarquent sur ces bateaux.**
5. La fermeture des frontières les oblige à passer par la mer, **par conséquent, ils mettent leur vie en danger.**
6. Ils sont obligés de travailler illégalement, **de sorte qu'ils s'exposent à être expulsés.**

EX. 1.

Suggestion de réponses :

1. *Olivier a passé tellement d'années sans papiers qu'il a hurlé de joie quand il a reçu sa carte de séjour.*
2. Cette ONG a si peu de ressources qu'elle parvient à peine à payer ses employés.
3. Yasmina est une bénévole tellement engagée qu'elle a déjà aidé plus d'une centaine de demandeurs d'asile.
4. La situation est tellement difficile que beaucoup de personnes sont contraintes de quitter leur pays.
5. Les bénévoles ont de plus en plus de travail de sorte qu'ils ont mis en place une nouvelle campagne de recrutement.
6. Les procédures de demande d'asile sont si restrictives que certaines personnes abandonnent avant d'avoir fini.
7. Les difficultés de langue nuisent à la communication si bien que les associations d'aide aux réfugiés font appel à des traducteurs.
8. Certains réfugiés vivent des drames personnels, en conséquence, ils ont besoin d'être soutenus.
9. Les associations travaillent avec des moyens limités alors elles font souvent appel aux dons.
10. Les migrants occupent des emplois si peu qualifiés qu'ils ont du mal à subvenir à leurs besoins.

EX. 2.

1. *Les politiques parlent tellement des sans-papiers en citant des chiffres qu'ils les déshumanisent.*
   – Les politiques déshumanisent les sans-papiers parce qu'ils en parlent en citant des chiffres.
2. Les bénévoles ont aidé à rendre le film réaliste si bien que les réalisateurs ont organisé une projection pour eux.
   – Les réalisateurs ont organisé une projection pour les bénévoles du fait que ceux-ci les ont aidés à rendre le film réaliste.
3. Les bénévoles ont aimé le film bien que certains aient été déçus que les réalisateurs n'utilisent pas le film pour dénoncer des problèmes.
   – Les bénévoles ont aimé le film, pourtant, certains ont été déçus que les réalisateurs n'utilisent pas le film pour dénoncer des problèmes.
4. Le film est inspiré d'expériences réelles difficiles, toutefois il est romancé pour toucher le grand public.
   – Le film est romancé pour toucher le grand public même s'il est inspiré d'expériences réelles difficiles.
5. Les acteurs et les réalisateurs sont très célèbres, c'est pourquoi *Samba* a eu beaucoup de succès.
   – Grâce à ses acteurs et réalisateurs très célèbres, *Samba* a eu beaucoup de succès.
6. Les réalisateurs avaient eu tellement de succès avec *Intouchables* qu'ils pouvaient faire ce qu'ils voulaient avec *Samba*.
   – Puisque les réalisateurs avaient eu du succès avec *Intouchables*, ils pouvaient faire ce qu'ils voulaient avec *Samba*.

MÉTHODOLOGIE

6. REPÉRER LES INFORMATIONS ESSENTIELLES

A. Les trois documents présentés sont deux entretiens et une lettre. Le premier est paru en 2006, le deuxième en 2014 et le troisième en 2013.

B. Le thème commun à ces trois documents est l'expatriation.

TEXTE 1	TEXTE 2	TEXTE 3
Auteur : Tahar Ben Jelloun **Date :** 2006 **Type de document :** Entretien	**Auteur :** Atiq Rahimi **Date :** 2014 **Type de document :** Lettre	**Auteur :** Silvia Baron Supervielle **Date :** 2013 **Type de document :** Entretien
Idées principales : – L'exil se définit par une décision sans appel qui implique un non-retour. C'est une idée ancrée dans la tête de beaucoup de jeunes Marocains qui veulent fuir les difficultés économiques de leur pays. – L'émigration implique parfois de passer par des actions illégales. – L'exil est une expérience enrichissante mais également douloureuse car on abandonne sa vie au pays. – L'immigration, c'est aussi le retour au pays qui permet de montrer sa réussite aux autres.	Idées principales : – Le statut d'exilé est généralement mal perçu au sein du pays d'accueil et d'origine. L'exilé est condamné. – L'immigré ne peut se situer ni dans le temps ni dans l'espace. – Lorsque l'on fait le choix de l'émigration, on laisse derrière soi une vie remplie d'événements et on se tourne vers une feuille blanche, sur laquelle on doit écrire une autre vie.	Idées principales : – On ne choisit pas d'être immigré ; on est souvent porté par une situation qui s'impose à nous. – Être étranger se caractérise par la non-intégration à un groupe social. Cette situation apporte une forme de liberté.

C.

Idées communes aux documents 2 et 3 :

– Le migrant, du fait qu'il fuit souvent la guerre ou une situation insoutenable dans son pays voit souvent l'émigration s'imposer à lui.

– L'immigration se caractérise par le fait de créer, d'inventer une nouvelle vie.

Idées communes aux documents 1 et 2 :

– L'idée de quitter son pays pour mieux s'en sortir (guerre, conditions économiques).

– L'exil passe nécessairement par l'abandon de sa vie au pays natal mais peut également apporter un grand enrichissement.

– Le fait de passer par des chemins illégaux pour émigrer dans un pays.

– L'exilé est exposé aux regards des autres, que ce soit dans son pays d'origine ou chez lui.

Idées contraires :

– Le document 3 associe l'absence d'intégration à une forme de liberté.

– Dans le document 1, l'immigration implique la possibilité de revenir au pays pour faire état de sa réussite aux autres.

7. UN EXEMPLE DE SYNTHÈSE

A. La phrase d'accroche met en avant le thème abordé dans les trois documents.
La problématique est présentée sous forme de question (« Mais qu'est-ce que l'exil implique ? Comment les gens vivent-ils ? ») et le plan à l'aide de connecteurs (« Dans un premier temps », « Puis », « Enfin, ») et de mots-clés mettant en avant le thème abordé dans chaque partie (« causes », « difficultés » , « la vie après l'exil »).

B. Les documents sont analysés ensemble : les différentes idées de chacun ont été réorganisées et présentées à travers un plan qui regroupe celles-ci par thème.

C.

Quitter, partir, s'exiler, vivre ailleurs... autant de thèmes qui reviennent souvent dans la littérature contemporaine. Ces trois documents sont des extraits d'interviews et de lettre d'auteurs d'origine étrangère et d'expression française partis vivre ailleurs.
Mais qu'est-ce que cela implique ? Comment les gens le vivent-ils ? Dans un premier temps, nous analyserons les causes qui conduisent une personne à prendre le chemin du départ. Puis, dans un deuxième temps, nous aborderons les difficultés auxquelles ces personnes sont confrontées. Enfin, dans un troisième temps, nous évoquerons la vie après l'exil.
Beaucoup de départs sont vécus comme une forme d'exil qui s'impose pour résoudre un problème majeur de sa vie. Ainsi, les deux premiers documents montrent des conditions de vie difficiles qui posent la question de la survie de l'individu. En effet, qu'il s'agisse de trouver du travail ou de fuir une guerre, dans les deux cas, c'est la recherche d'une vie meilleure qui pousse les gens à quitter leur pays.
Mais cela ne se fait pas sans souffrance. Il y a d'abord la peur liée à la clandestinité qu'expérimentent ces exilés, comme l'évoque A. Rahimi. T. Ben Jelloun, lui, parle du déchirement de quitter son pays mais aussi des richesses qui en découlent. Il y a ensuite le fait de se sentir étranger aussi bien dans son pays d'accueil que dans son pays d'origine. Vivre ailleurs engendre nécessairement une perte de repères comme le rappellent les trois auteurs.
Toutefois, contrairement à T. Ben Jelloun, pour lequel on peut s'exiler pour mieux revenir en montrant aux autres qu'on a réussi, S. Baron Supervielle et A. Rahimi sous- entendent que l'exil serait plutôt une nouvelle vie à s'inventer. S. Baron Supervielle va même plus loin puisqu'elle refuse de faire un choix : elle vit l'entre-deux (pays) comme une forme de liberté, et propose ainsi de voir cette situation comme une force.

Finalement, ces trois auteurs s'intéressent à ce que ressentent les personnes qui partent vivre ailleurs : même si elles réussissent à quitter leur pays, puis à s'installer ailleurs, elles restent étrangères. Mais, au delà du déracinement, se pose la question de l'identité de chaque être humain prise entre la culture d'appartenance et celle qu'il doit se construire, où qu'il vive.

8. C'EST À VOUS !

A. Le thème de ces trois documents est le tourisme responsable.

DOCUMENT 1	DOCUMENT 2	DOCUMENT 3
Auteur : Boll **Date :** / **Type de document :** Caricature, dessin de presse	**Auteur :** Juliette Serfati **Date :** / **Type de document :** Article	**Auteur :** Jean-Baptiste B. **Date :** 2016 **Type de document :** Article
– Les offres de voyages qui se disent « éthiques » ne le sont pas toujours vraiment.	– De nombreuses agences de voyages proposent désormais des séjours au sein de communautés nomades. – Ce type de voyage a des conséquences néfastes sur les populations locales : exploitation, destruction de l'environnement.	– Deux nouvelles tendances sont apparues dans le domaine du tourisme : le tourisme équitable et solidaire. – Le tourisme équitable propose aux voyageurs de vivre au sein d'une communauté locale tout en assurant que celle-ci en tire également parti. – Le tourisme solidaire est respectueux des populations locales, des cultures et de la nature et assure une répartition équitable des bénéfices liés aux frais de séjour.

B. *Suggestion de plan :*

I. Les conséquences négatives de certains types de tourisme alternatif

II. Les difficultés des consommateurs dans le choix des séjours

III. Deux exemples de tourisme responsable

C. *Suggestion de réponse :*

Après s'être largement démocratisé, le tourisme revêt une nouvelle forme : le tourisme dit « alternatif ». De nombreuses agences de voyages proposent désormais des séjours dits « éthiques », « ethno », « équitables » ou « solidaires ». Ces offres font écho auprès du public qui est tenté par ces nouvelles formules. Mais qu'appelle-t-on exactement tourisme responsable ? Le tourisme alternatif correspond-il vraiment à un tourisme responsable ? Nous mettrons en avant les éventuelles conséquences négatives de ce type de tourisme. Puis nous verrons que le choix du tourisme responsable n'est pas évident pour le consommateur. Enfin, nous préciserons les pratiques véritablement responsables.

Un séjour proposant des activités proches de la nature ou des populations locales n'est pas nécessairement « responsable ». Dans le cas de l'ethno tourisme, l'installation d'infrastructures destinées à accueillir les visiteurs constitue une menace pour l'environnement local. De plus, les bénéfices générés ne profitent pas toujours à l'économie locale.

Les agences de voyages peuvent en effet essayer de séduire les consommateurs avec des offres qui se présentent comme « éthiques », mais comme le suggère le dessin, l'appellation n'est parfois qu'un argument de vente sans fondement.

Le tourisme peut dans certains cas être véritablement éthique. Les tourismes équitables et solidaires proposent des séjours garantissant une juste répartition des bénéfices. Le tourisme n'est plus imposé aux populations, il est développé en collaboration avec eux dans le respect de la nature et de la culture.

La décision revient donc au consommateur qui fait son choix parmi les offres proposées afin d'avoir la garantie « éthique » pour le prix engagé.

251 mots

LEXIQUE

1.

Souffrir : la souffrance, souffrant, un souffre-douleur.
Émigrer : émigration, un émigré.
Déchirer : un déchirement, une déchirure.

2.

1. Se sentir déboussolé(e) : se sentir perdu(e), ne plus avoir de repères.
2. Se laisser porter par les événements : ne pas prendre de décision mais se laisser au contraire guider par les événements qui se présentent à nous.
3. Tenter sa chance : entreprendre une action dans le but que celle-ci réussisse.
4. Reconstruire sa vie : recommencer sa vie dans un contexte différent, repartir de rien.
5. Vivre en marge de : être exclu d'un groupe, généralement de la société. Se dit souvent de personnes qui n'ont pas de travail ou de statut légal dans un pays.

3. A.

1. Perdre ses repères.
Quand je suis partie vivre en Australie, les trois premières semaines se sont super-bien passées, j'étais euphorique ! Et au bout de trois semaines, j'ai ressenti un profond déracinement. La France ne me manquait pas vraiment, mais je n'avais pas encore apprivoisé ce nouveau pays, ce nouvel environnement. J'ai compris que ce n'était pas juste des vacances et je me suis sentie totalement perdue dans cette nouvelle vie !

2. Tisser des liens
J'ai commencé à travailler dans une association venant en aide aux demandeurs d'asile. En plus des cours de français, de nombreuses sorties conviviales sont

organisées. Les bénévoles sont chargés de mettre en place des activités socioculturelles. Cela semble futile mais cet aspect-là est aussi très important ! C'est difficile de s'intégrer et de se faire des amis !

3. Intégrer de nouveaux codes
Lorsque j'ai quitté la France pour l'Argentine, je me suis retrouvée seul face à moi-même. Je suis sortie de ma zone de confort. Fraîchement adulte, j'ai dû réapprendre à parler, à m'habituer à de nouvelles règles, sociabiliser, à faire face à tant de défis ! Et puis au bout de 6 mois voire un an, on se rend compte qu'on est complètement immergé dans son nouveau pays.

PHONÉTIQUE

2. A.
*« Vincent **mit** l'âne dans un pré et s'en **vint** dans l'autre. »*

3.

	[i] EX : NOUS VÎMES	[ɛ] EX : ILS VINRENT
1.		X
2.	X	
3.		X
4.	X	

4. A.

	VOIR	VENIR	VIVRE
1.	X		
2.			X
3.		X	
4.	X		

4. B. *Suggestion de réponses :*
1. Et ils vécurent heureux entre deux pays.
2. Elle revint vivre dans son pays natal mais dans de meilleures conditions.
3. Elle vit son pays d'accueil la première fois lors d'un voyage avec ses parents.
4. Il revécut sur cette terre d'asile 10 ans plus tard.

5. A.
1. Le boulet atteignit son but...
2. « Ah ça ! dit le vieux canonnier...
3. – Malédiction !
4. « La chasse recommença, et le commandant... »
5. « Je poursuivrai l'animal jusqu'à ce que... »
6. – Oui, répondis-je...

REGARDS CULTURELS

9. UN MUSÉE PAS COMME LES AUTRES

A. *Suggestion de réponses :*
des photographies ou vidéos sur le thème de l'immigration, une fresque chronologique, des objets d'époque (objets personnels, registres d'immigration, passeports).

B. Ce musée a pour objectif de rassembler des objets ou d'autres éléments relatifs à l'immigration en France pour mettre en avant l'intégration des populations immigrées au fil des années. Cette démarche permet de changer le regard du public sur l'immigration.
La présence d'un musée de ce type semble importante en France car l'immigration est un phénomène qui est souvent relaté sous un angle politique (les lois relatives à l'immigration, les chiffres de l'immigration) ou économique (les effets de l'immigration sur l'économie). La dimension personnelle – le parcours individuel des personnes – est rarement mise en avant.

C. La galerie des dons est une galerie qui présente les objets personnels offerts au musée par des visiteurs du musée qui ont vécu l'immigration. Ces objets sont accompagnés de témoignages et permettent de mettre en contexte la vie et le parcours de ces personnes, faisant passer leur expérience de la sphère intime à la sphère publique.

10. RÉCITS DE VIE

A. Alexandre Condratiévitch a quitté son pays car il était engagé dans l'Armée blanche, un groupe de soldats qui, après la révolution russe, se sont opposés au nouveau pouvoir pendant la guerre civile russe (1917-1923). En 1920, l'Armée blanche a perdu du terrain face aux armées rouges et certains membres ont, par conséquent, fui la Russie.

B. Alexandre a d'abord passé 9 mois en Turquie dans un campement puis est allé en Bulgarie pour travailler comme ouvrier agriculteur. C'est là qu'il a été sélectionné par un recruteur français et a occupé un poste d'ouvrier dans une usine de production d'acier en Savoie. Il a ensuite occupé différents emplois en France (musicien dans un cirque, serveur). Il est finalement resté en France car il a rencontré une femme d'origine espagnole résidant en France avec qui il s'est marié et a eu un fils.

C. Pour le fils d'Alexandre Condratiévich, le cor chromatique représente l'intégration de son père en France. À travers la musique, il devient membre d'un groupe avec lequel il est amené à se « mettre au diapason », à s'adapter. Ces spectacles lui permettent également d'être exposé publiquement sous l'étendard français.

11. MIGRATIONS

A. A. Réponse libre.

B. B. Réponse libre.

DOSSIER CULTUREL

MARSEILLE

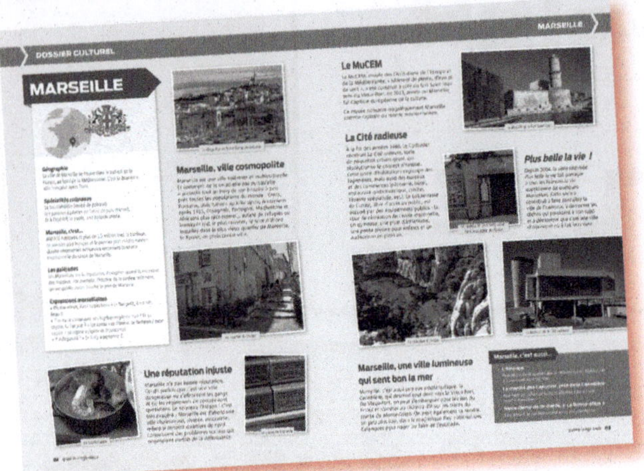

1. Activité de mise en route
Faites visionner le générique de la série *Plus belle la vie* disponible à l'adresse suivante : https://www.youtube.com/watch?v=o262WWgskQg. Demandez aux apprenants d'identifier la nature du document et s'ils connaissent la série. Si ce n'est pas le cas, invitez alors un apprenant à la présenter. Expliquez-leur que la série est suivie par près de 6 millions de téléspectateurs. Elle connaît un grand succès principalement parce qu'elle parle du quotidien des Français et que les téléspectateurs peuvent s'identifier aux personnages comme s'il s'agissait de leur propre vie. Refaites visionner le générique de la série et invitez les apprenants à décrire ce qu'ils voient (basilique Notre-Dame-de-la-Garde, gare, mer, marché, métro, plage, port, mixité culturelle...). À partir des éléments fournis dans la vidéo, les apprenants doivent deviner dans quelle ville la série se déroule et parvenir à la localiser. Pour les aider, il est possible d'afficher la carte de la page 82 du manuel (sans le nom de la ville).

Variante
Si vous enseignez à Marseille, demandez aux apprenants de citer quelques éléments (historique, culturel, culinaire, urbanistique, architectural...) caractéristiques de la ville.

2. Activité de compréhension orale et écrite
Avant la lecture des pages 82-83 du manuel, les apprenants doivent d'abord, à l'oral, faire des hypothèses sur la ville à partir des titres de paragraphes du manuel (*Marseille, ville cosmopolite – Une réputation injuste – Le MuCEM – La Cité radieuse – Plus belle la vie ! – Marseille, une ville lumineuse qui sent bon la mer)*. Ils peuvent prendre des notes sur la **fiche photocopiable**. Dans un deuxième temps, demandez-leur de lire individuellement les textes de présentation de la ville de Marseille dans le manuel. Afin de vous assurer de la bonne compréhension du texte, en groupe-classe ou en binômes, demandez aux apprenants de résumer chaque paragraphe en une phrase à l'aide des termes proposés dans la **fiche photocopiable** *(histoire, réputation, capitale, cité, série et nature)* sans consulter le dossier culturel. Vous pouvez également écrire ces termes au tableau. Procédez à une mise en commun des réponses en groupe-classe.

Histoire : De tout temps, Marseille a accueilli les immigrés et les réfugiés.	**Cité :** Le Corbusier a construit La Cité radieuse qui a révolutionné le concept de l'habitat.
Réputation : Marseille est réputée pour être une ville dangereuse, alors qu'elle est chaleureuse, vivante et extravertie.	**Série :** La série Plus belle la vie a permis de défaire les clichés sur la ville.
Capitale européenne : Marseille a été capitale européenne en 2013.	**Nature :** Non loin de Marseille, les Calanques permettent de se baigner et de faire de l'escalade dans un lieu magique.

3. Activité de production écrite et orale
Avant de lancer cette activité, demandez aux apprenants s'ils savent quelle réputation ont les Marseillais (ils ont la réputation d'exagérer). Inscrivez sur des morceaux de papier les cinq expressions marseillaises page 82 (ton minot, tapin beau, un cacou, une cagole, y a degun ici). Formez des groupes et faites-leur tirer au sort un des papiers. À partir de cette expression, les apprenants doivent imaginer une courte scène de la série *Plus belle la vie*. Ils inventent les personnages. Pour cela, les apprenants écrivent d'abord le scénario avant de le jouer : ils doivent définir leur scène dans les grandes lignes (le lieu, le moment, les personnages...) avant de passer à la rédaction d'un ou plusieurs dialogues. Incitez-les à utiliser des formules d'exagération : des expressions marseillaises typiques *(un truc qui tue !)*, des préfixes pour amplifier le sens d'un mot (*méga-*, *hyper-*, *ultra-*, *extra-*), des adverbes d'intensité (*beaucoup, tellement, énormément*...). Précisez-leur d'écrire aussi les indications de jeu (gestes et intonations). Passez dans chaque groupe pour corriger les productions. Ensuite, les apprenants peuvent jouer leur scène devant l'ensemble de la classe. Vous pouvez leur proposer de se filmer. Lors du visionnage des saynètes, invitez-les à corriger les éventuelles erreurs.

4. Activité pour aller plus loin

Faites relever dans les textes de présentation de la ville pages 82-83 les adjectifs caractérisant Marseille (« tolérante », « multiculturelle », « chaleureuse », « vivante » et « extravertie »). C'est au tour des apprenants de trouver les bons mots pour caractériser leur propre ville (ex. : Genève : calme, international, historique). Formez des petits groupes et amenez-les à choisir trois adjectifs qui décrivent leur ville : incitez-les à faire preuve d'originalité et de créativité. Puis, demandez-leur d'associer un élément emblématique (architectural, culturel, culinaire, urbanistique...) à chacun d'eux (ex. : Genève : paisible = le bord du lac Léman et ses quais, la Croix-Rouge internationale ; international = le siège européen de l'ONU, le mélange des générations et des cultures aux Bains des Pâquis ; historique = la cathédrale Saint-Pierre, le Mur des réformateurs...). Invitez-les ensuite à rédiger un paragraphe par élément afin d'expliquer cet aspect de la ville et fournir de plus amples informations sur l'élément emblématique choisi. Pour illustrer leur production, proposez-leur de photographier les éléments en question et de rédiger une légende. Les apprenants peuvent présenter leur travail sur une grande feuille blanche ou le faire sur ordinateur (sous la forme d'un document Prezi par exemple). En guise de correction, affichez les productions au tableau et demandez aux groupes, à tour de rôle, de présenter leur ville.

La fiche photocopiable est téléchargeable sur : espacevirtuel.emdl.fr

NANTES

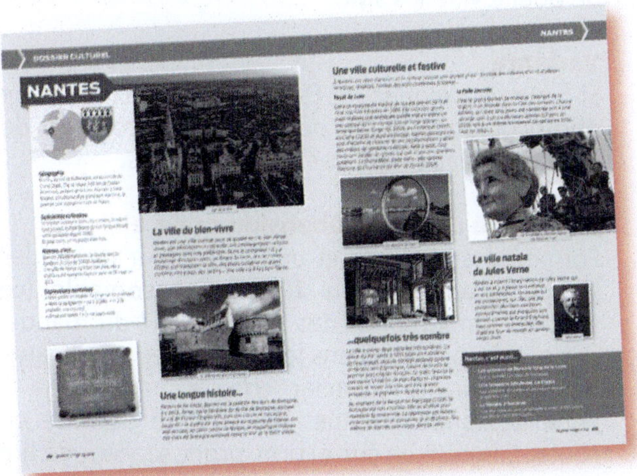

1. Activité de mise en route

Pour faire deviner aux apprenants de quelle ville il s'agit, écrivez au tableau : *La ville du bien vivre*. Interrogez-les sur ce qui, selon eux, caractérise une telle ville. Notez leurs propositions au tableau. Dans un deuxième temps, lisez-leur le paragraphe *Géographie* page 84 du manuel sans mentionner le nom de la ville. Proposez-leur alors de localiser la ville sur une carte de France (vierge). Enfin, faites lire individuellement le paragraphe « La ville du bien-vivre » page 84 du manuel et invitez-les à comparer leurs propositions de départ aux caractéristiques de la ville mentionnées dans le texte.

Variante :

Si vous enseignez à Nantes, demandez aux apprenants s'il y fait bon vivre et invitez-les à justifier leur réponse.

2. Activité de compréhension écrite

Distribuez la fiche photocopiable aux apprenants. Demandez-leur de lire individuellement les pages 84-85 du manuel en repérant les éléments-clés de chaque paragraphe et invitez-les à les reporter dans la **fiche photocopiable**. Formez des binômes pour comparer leurs réponses. Procédez à la mise en commun avec l'ensemble de la classe.

PARAGRAPHES	ÉLÉMENTS-CLÉS
La ville du bien-vivre	– Climat doux, effervescence culturelle, aménagements urbains, espaces verts
Une longue histoire	– Capitale des ducs de Bretagne, annexée au royaume de France en 1491
Une ville culturelle et festive	– Festivals (musique, théâtre, cinéma) – Royal de Luxe, compagnie de théâtre de rue, construit des marionnettes géantes
... souvent très sombre	– Premier port négrier français, grande prospérité – Soutient la monarchie lors de la Révolution française : multiples emprisonnements et massacres
La ville natale de Jules Verne	– Musée consacré à l'écrivain – Plusieurs machines extraordinaires évoquant ses œuvres sur l'île

Dans un deuxième temps, faites visionner la vidéo officielle de l'Office du tourisme de Nantes (https://vimeo.com/26871990) et demandez-leur de trouver quels éléments présentés dans le dossier culturel sont également promus par l'Office du tourisme. Invitez-les à fournir un maximum d'informations à leur sujet et à les reporter sur la **fiche photocopiable** (ex. : Le château des ducs de Bretagne : depuis le Xe siècle, Nantes est la capitale des ducs de Bretagne, le château a été construit entre le XIVe et le XVIIIe siècle...).

Les anneaux de Buren, la Loire et l'Erdre, le Grand-Éléphant, les espaces verts, le château des ducs de Bretagne, l'histoire de la ville en tant qu'important port français, le musée de Jules Verne, la Cité des congrès où se déroule le grand festival de musique classique, une marionnette géante de la compagnie Royal de Luxe, des spécialités culinaires, la brasserie La Cigale. En outre, les images mettent en avant les aménagements urbains de la ville, l'effervescence culturelle et le fait qu'il est agréable de flâner dans les rues.

3. Activité de production écrite et orale

Demandez aux apprenants s'ils ont déjà vu les géants de Royal de Luxe ou s'ils connaissent d'autres compagnies de théâtre ou animations culturelles avec des marionnettes géantes. Invitez-les ensuite à repérer le sujet de l'une des dernières créations de la compagnie nantaise, *La Grand-Mère* (elle raconte l'histoire de l'humanité). Formez des binômes et proposez-leur d'imaginer le texte de *La Grand-Mère*. Les apprenants peuvent aborder une période précise ou se concentrer sur l'évolution d'un aspect de l'humanité (la liberté, les droits de l'Homme, la sédentarisation...). Limitez la production à une page et demie maximum (400 mots environ). Corrigez les productions écrites. En guise de correction, invitez chaque groupe à interpréter leur texte devant la classe. Suggérez-leur de créer leur propre personnage : caractéristiques, gestuelle, manière de s'exprimer (registre de langue, débit de la parole) et à employer des accessoires pour se déguiser. Incitez-les à garder à l'esprit le profil des seniors développé dans l'unité 2 pour ne pas tomber obligatoirement dans le stéréotype de la vieille mamie aux cheveux blancs et à la voix chevrotante.

4. Activité pour aller plus loin

Proposez aux apprenants de faire des recherches sur Jules Verne dans le but de faire une présentation à plusieurs mains de cet auteur. Formez des groupes de trois ou quatre élèves et attribuez à chacun un aspect de la vie ou de l'œuvre de l'auteur (sa vie, ses œuvres, ses inventions, sa ville et les monuments qui lui sont consacrés...). Demandez aux groupes de mettre leur travail en commun et d'harmoniser les formulations. Proposez-leur de réaliser un poster commun qu'ils pourront afficher au tableau et de désigner quelques personnes pour vous le présenter. Vous pouvez également les inviter à réaliser une vidéo pour l'Office du tourisme de leur ville en s'inspirant de celle de Nantes.

La fiche photocopiable est téléchargeable sur : espacevirtuel.emdl.fr

DAKAR

1. Activité de mise en route

Distribuez la **fiche photocopiable**. Demandez aux apprenants d'observer les photographies et invitez-les à les décrire. Amenez-les à faire des hypothèses sur l'identité de la ville et sa localisation (ville d'Afrique, à l'extrémité occidentale, au bord de la mer, située en face du Cap-Vert, souvent la ville d'arrivée d'un célèbre rallye/compétition automobile qui partait initialement de Paris, capitale du Sénégal...). Lisez la présentation de la ville page 86 du manuel (encadré blanc) pour vous assurer que tous les apprenants ont deviné de quelle ville il s'agit.

Variante

Si vous enseignez à Dakar, distribuez la fiche photocopiable et proposez aux apprenants de rédiger les légendes des photographies.

2. Activité de compréhension orale et écrite

Formez des binômes et demandez-leur de lire les six paragraphes de la **fiche photocopiable** (ce sont les paragraphes des pages 86-87 du manuel dans le désordre et sans leur titre). Les apprenants doivent ensuite associer chaque paragraphe à l'une des photographies de l'activité de mise en route. En guise de correction, proposez-leur de lire les pages 86-87 du manuel et questionnez-les sur l'aspect de la ville qu'ils préfèrent.

3. Activité de production écrite et orale

Annoncez aux apprenants qu'ils vont – comme Léopold Sédar Senghor – écrire un poème pour rendre hommage à un homme ou à une femme de leur choix (issu de leur culture ou de la culture africaine). Pour les aider, faites lire les poèmes *À mon frère blanc* et *Femme noire* de Léopold Sédar Senghor : http://www.unjourunpoeme.fr/poeme/poeme-a-mon-frere-blanc, http://www.unjourunpoeme.fr/poeme/femme-noire. Assurez-vous que les apprenants comprennent ces textes. Formez des binômes et faites travailler chacun sur la rédaction d'un texte poétique (en rimes ou en prose libre, dans les deux cas, la sonorité des mots est importante). Avec les apprenants, créez un recueil de poèmes : demandez-leur de l'illustrer à l'aide de dessins ou photographies et imprimez-le. En guise de correction, invitez quelques apprenants à lire leur poème au reste de la classe en y mettant le ton et en associant à leurs paroles, pourquoi pas, des gestes.

4. Activité pour aller plus loin

Invitez les apprenants à effectuer des recherches sur un artiste sénégalais et à le présenter (biographie, œuvre, idées et causes défendues...). Au cours suivant, formez des petits groupes et invitez-les à présenter les personnalités artistiques qu'ils ont choisies. En guise de correction, demandez à quelques apprenants de parler de leur artiste sans donner son nom et proposez à la classe de deviner de qui il s'agit.

La fiche photocopiable est téléchargeable sur : espacevirtuel.emdl.fr

MAYOTTE

1. Activité de mise en route

Distribuez la **fiche photocopiable** aux apprenants. Demandez-leur de localiser les cinq départements et régions d'outre-mer (DROM, anciennement appelés DOM) sur la carte : la Guadeloupe, la Guyane, la Martinique, Mayotte et La Réunion. Lisez ensuite au groupe-classe la description géographique de Mayotte page 88 du manuel (encadré blanc) sans citer son nom pour faire deviner de quel département il s'agit. Enfin, localisez Mayotte sur un planisphère.

2. Activité de compréhension orale et écrite

Formez des trinômes et faites-leur lire les pages 88-89 du manuel. Dans chaque groupe, chaque apprenant lit deux paragraphes puis les résume oralement aux deux autres apprenants. Les apprenants referment ensuite leur manuel et complètent ensemble le tableau de la **fiche photocopiable** qui reprend les dates et informations importantes sur Mayotte, prélevées des textes. Procédez à une correction collective à l'oral.

1841	La France achète Mayotte à un sultan.
1974	Suite à un référendum, Mayotte devient française.
2011	Mayotte devient un département français et une Région d'outre-mer.
500 h/km^2	Il s'agit de la densité de la population.
Les Quatre Frères	C'est une légende liée à l'existence de quatre îlots au nord de Mayotte.
Le maki	Il s'agit d'un singe qui est une espèce emblématique de l'île.
l'ylang-ylang	Fleur très odorante dont la cueillette est la principale ressource de l'île.
Les femmes	Mayotte est une société matriarcale.

3. Activité de production écrite et orale

Formez des binômes et faites visionner la vidéo *Les DOM TOM pour les nuls* : https://www.youtube.com/watch?v=HNw91bMd6dc. Demandez d'abord aux apprenants de trouver des points communs entre ces différents territoires. Ils peuvent les noter sur la **fiche photocopiable**.

Les points communs entre les différents territoires d'outre-mer :
– Il y a des plages magnifiques et il fait chaud.
– Les Français de métropole adorent y passer leurs vacances : c'est exotique sans être trop dépaysant.
– On y chante la Marseillaise.
– On y parle français.
– La plupart des postes à responsabilité sont occupés par des Blancs.

Invitez-les ensuite à définir chaque acronyme et à donner les particularités de chaque territoire en remplissant le tableau de la fiche photocopiable.

	ACRONYMES	PARTICULARITÉS
DOM	Département d'outre-mer	Départements français depuis 1946.
TOM	Territoire d'outre-mer	– Plus autonomes que les départements. – Les TOM sont devenus des COM en 2003.
DROM	DOM-ROM (Région d'outre-mer)	– Ils existent depuis 1982. – Ils sont aussi appelés DOM-ROM – C'étaient anciennement des DOM-TOM – Ils font partie de l'Union européenne. – La loi française s'y applique. – Les habitants votent aux élections nationales. – Les plaques d'immatriculation sont plus ou moins semblables à celles de la métropole.
COM	Collectivité d'outre-mer	– Ces îles sont françaises, mais elles ne font pas partie de l'Union européenne. – Elles bénéficient d'une autonomie douanière et fiscale. – Elles ont leur propre système de protection sociale. – Pour la défense et la sécurité, c'est la France qui décide.

Puis, proposez aux apprenants de s'intéresser à l'évolution du statut de Mayotte depuis son acquisition par la France en 1841 jusqu'à aujourd'hui en faisant des recherches sur Internet. Enfin, invitez chaque binôme à présenter oralement ses réponses à l'ensemble de la classe.

Évolution de Mayotte :
1841 : achat par la France
1841-1946 : colonie française
1946 : Territoire d'outre-mer (TOM)
2003 : Collectivité d'outre-mer (COM)
2011 : département français et une Région d'outre-mer (101e département français)
2014 : Région ultrapériphérique (RUP). Mayotte fait donc partie de l'UE

4. Activité pour aller plus loin

Faites visionner deux extraits (6'10 à 7'18 et 8'54' à 10'10) de l'émission *Tam-Tam jeunes* (https://www.youtube.com/watch?v=LtSOp1qvkeU) dédiée aux contes mahorais en faisant repérer leurs utilités (moyen d'éducation [sexualité, rapports familiaux], transmission des règles fondamentales de la société, défense des valeurs [courage, fidélité et respect des aînés], différenciation entre le mal et le bien, facteurs structurantq de la société, appréciation des jeunes de la lecture...) et pourquoi les contes sont importants à Mayotte (tradition de l'oralité]un conte se raconte], richesse culturelle [caractère unique de Mayotte], ne pas uniformiser la culture, défendre cette particularité). Dans un deuxième temps, formez des trinômes et invitez-les à inventer un conte pour expliquer l'existence de l'îlot des sables et des makis, le fait que la tortue a une carapace, l'odeur de l'ylang-ylang ou d'autres éléments mahorais s'ils le souhaitent. Certains contes mahorais sont disponibles à cette adresse : http://philmayotte2013.unblog.fr/2013/08/17/contes-et-legendes-de-mayotte/. En guise de correction, rassemblez les apprenants en cercle. Chaque groupe raconte son conte à la classe de manière vivante en incarnant leurs personnages.

La fiche photocopiable est téléchargeable sur : espacevirtuel.emdl.fr

LA FRANCOPHONIE AU NATUREL DE 1 À 5

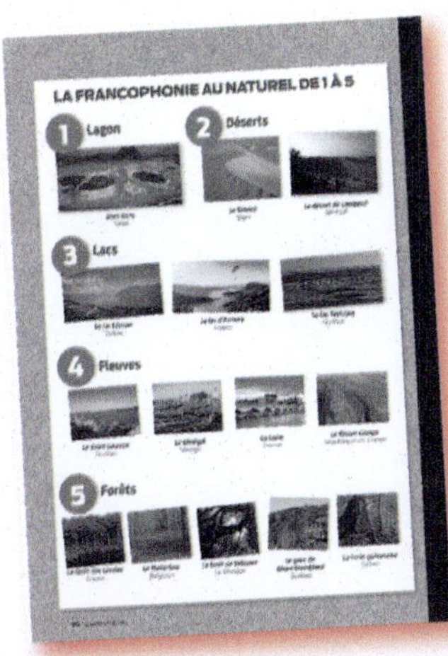

1. Activité de mise en route

Demandez aux apprenants de citer des espaces naturels (forêt, montagne...) et d'évoquer les problèmes écologiques en lien avec ces espaces (montagne : érosion, fonte des glaciers/ forêt : déforestation...). Distribuez la **fiche photocopiable**, formez des groupes, et demandez-leur d'associer les photographies aux lieux/paysages francophones. En guise de correction, invitez-les à lire la page 90 du manuel.

Lagon	Le lagon de Bora-Bora (Polynésie française), le lagon de Saint-François, à l'est de Grande Terre (Guadeloupe), le lagon de Glenrock, New Castle (Australie), le lagon Kanoï, Phukhet (Thaïlande)...
Désert	Le désert du Sahara, le désert de Gobi, le désert de Chihuahua, le désert de Nubie...
Lac	Le lac Léman, le lac Victoria, le lac Pukaki...
Fleuve	Le Nil, l'Amazone, la Volga, le Mékong...
Forêt	La Forêt-Noire (Allemagne), Brocéliande (France), la forêt de Tijuca (Brésil), Sequoia National Park (USA)...

2. Activité de compréhension orale et écrite

Diffusez la première minute du clip de Yannick Noah *Aux arbres citoyens* sans le son (https://www.youtube.com/watch?v=U8DD1c24bwk). Demandez aux apprenants d'identifier le sujet/ thème de la chanson. Rediffusez le clip cette fois avec le son et demandez-leur de repérer les problèmes écologiques évoqués (sécheresse, pollution de l'air, fonte des glaces, déforestation, déchets radioactifs), à quelle autre chanson celle de Yannick Noah fait référence (l'hymne national français la *Marseillaise*, « Aux armes, citoyens ») et quelles sont les réactions des enfants (colère, prise du pouvoir). Enfin, interrogez les apprenants pour savoir s'ils connaissent d'autres chanteurs engagés dans la protection de l'environnement (Myckey3D, Tryo, Les Cowboys fringants...).

3. Activité de production écrite et orale

Discutez avec les apprenants de leur implication éventuelle dans la protection de la nature. Demandez-leur ensuite quelle place occupait la nature durant leur enfance et si cette place a évolué à l'âge adulte (est-elle devenue plus importante ?). Puis, invitez-les à décrire un endroit dans la nature caractéristique de leur enfance en faisant appel à leur cinq sens. Proposez aux apprenants de rédiger ce souvenir sous la forme écrite de leur choix (journal, poème, chanson, slam, conte, etc.). Après avoir corrigé les productions écrites, proposez-leur de raconter tout ou une partie de leur souvenir au reste de la classe.

4. Activité pour aller plus loin

Créez un arbre à souhaits pour la Terre ou l'humanité. Dessinez l'arbre ou amenez une branche en classe pour représenter l'arbre (exemple d'arbre à souhaits : http://scrat.hellocoton.fr/img/classic/diy-arbre-a-souhaits-4356251.jpg). Proposez à chaque apprenant d'y inscrire un souhait. Vous pouvez également réaliser cette activité à l'aide d'un logiciel de mindmapping (il en existe des versions gratuites sur Internet), lequel vous permettra de présenter les souhaits sous la forme d'une carte que vous pourrez partager avec l'ensemble de la classe et faire évoluer avec le temps.

La fiche photocopiable est téléchargeable sur : espacevirtuel.emdl.fr

ENTRE NOUS TOUT EN UN - MÉTHODE DE FRANÇAIS

GUIDE PÉDAGOGIQUE - NIVEAU B2

AUTEURE
Stéphanie Witta, Lisa Prunières (corrigés)

ÉDITION
Camille Delenclos-Ledoux

RÉVISION PÉDAGOGIQUE
Virginie Karniewicz

CORRECTION
Isabelle Meslin

CONCEPTION GRAPHIQUE ET COUVERTURE
Guillermo Bejarano

MISE EN PAGE
Enric Rújula

© PHOTOGRAPHIES ET IMAGES
couverture : jonpic/iStock.com.com ; ArtMarie/iStock.com.com ; wjarek/iStock.com.com ; LianeM/iStock.com.com ; photlook/Fotolia.com.com ; MichalLudwiczak/iStock.com.com ; ArtMarie/iStock.com.com ; aterrom/Fotolia.com.com

ISBN : 978-84-16347-95-7
Réimpression : novembre 2019
Imprimé dans l'UE

www.emdl.fr/fle